Histoire de la littérature acadienne

Marguerite Maillet

Histoire de la littérature acadienne

De rêve en rêve

éditions d'acadie
collection universitaire

Cet ouvrage a été publié grâce à une subvention de la Fédération canadienne des études humaines, dont les fonds proviennent du Conseil de recherches en sciences humaines du Canada.

L'éditeur désire remercier le Ministère des Ressources Historiques et Culturelles et la Commission du Bicentenaire du Nouveau-Brunswick pour leur contribution à la réalisation de ce livre.

Conception graphique: Raymond Thériault

ISBN 2-7600-0095-8

INTRODUCTION

Avant que la désormais célèbre Antonine Maillet ne prête sa voix à la Sagouine, on a peu parlé de littérature acadienne. Sauf pour remarquer qu'elle se confondait avec la littérature canadienne-française ou pour l'inclure dans la production littéraire sur l'Acadie[1], ou encore pour signaler qu'il était possible qu'elle existât un jour[2], voire qu'elle était peut-être en train de naître[3]. À partir de 1971, l'intérêt provoqué par les oeuvres vivantes, nombreuses d'Antonine Maillet favorisa un groupe de jeunes écrivains et, de façon générale, l'ensemble de la littérature acadienne. Celle-ci devenait de plus en plus visible grâce surtout à la fondation, en 1972, d'une première maison d'éditions en Acadie.

En rompant le silence de trois siècles dont elle dit descendre, Antonine Maillet contribua largement à mettre l'Acadie à la mode. D'un ouvrage à l'autre, sans reprendre son souffle, elle présenta, bellement transformés, contes, légendes, faits divers puisés à la tradition orale. Il se dégage de sa production littéraire une image de l'Acadien qu'elle juge authentique et qui la constitue, selon plusieurs, le meilleur porte-parole de l'Acadie. À son exemple, d'autres se sont tournés vers le patrimoine du pays soit pour le fixer, soit pour s'en inspirer. Mais devant ce mouvement de récupération jugé susceptible d'entraîner l'Acadie vers la folklorisation, certains écrivains —

---

1. Gérard Malchelosse, ''La Bibliothèque acadienne'', dans *les Cahiers des Dix,* no 19, 1954, p. 263-286, et Marguerite Michaud, ''L'Acadie dans la littérature'', dans *l'Action nationale,* vol. 29, no 4, avril 1947, p. 273-284, et vol. 30, no 2, octobre 1947, p. 112-125, et ''Nos auteurs acadiens'', *ibid.,* vol. 50, no 8, avril 1961, p. 752-762.
2. Sr Marie-Grégoire, ''Possibilité d'une littérature acadienne'', dans *l'Action nationale,* vol. 50, no 10, juin 1961, p. 953-960.
3. Jean-Guy Pilon, ''Acadie 1969'', dans *Liberté,* août-septembre-octobre 1969, p. 9.

des poètes d'abord — ont fait entendre leurs protestations et mises en garde: il ne fallait pas, encore une fois, se réfugier dans le passé au lieu de dénoncer l'inacceptable réalité du présent. Ces auteurs engagés ont le sentiment, tout comme Antonine Maillet, de représenter la véritable Acadie et d'être à l'origine de la première prise de la parole en Acadie.

Croirait-on qu'il y a un siècle, à l'aube de cette période dite de renaissance, de jeunes Acadiens diplômés de collèges avaient pensé, eux aussi, sortir l'Acadie de l'ombre, susciter une première prise de conscience collective chez les leurs, voire donner naissance à une littérature écrite? Il est vrai qu'en 1970, personne n'aurait pu se procurer, dans une bonne librairie, quinze ouvrages acadiens[4]. Mais Marguerite Michaud avait déjà relevé une trentaine de noms d'auteurs[5]. Des recherches ont démontré, depuis, que son bilan n'était pas complet.

C'est en 1971 qu'à l'Université de Moncton des chercheurs, professeurs et étudiants, entreprirent de faire un inventaire bibliographique et critique des lettres acadiennes. Dès janvier 1972, Pierre Roy et Gérard LeBlanc signèrent une excellente étude de la poésie des vingt dernières années[6]; Bernard Émont commença une recherche semblable pour les publications en prose. Ce projet, transformé, prit de l'envergure et aboutit, en 1979, à une anthologie[7] regroupant plus de deux cents extraits (poésie et prose) de soixante-cinq auteurs. Sans avoir hérité d'une tradition de lecture, les Acadiens n'en possédaient donc pas moins un ensemble d'écrits suffisamment important pour qu'on puisse conclure qu'ils ont une littérature.

Dans cette première *Histoire de la littérature acadienne,* nous avons voulu, en remontant la lignée des oeuvres, inven-

---

4. Marguerite Maillet, ''La Littérature acadienne de 1874 à 1960: état de la recherche'', dans *Revue de l'Université de Moncton,* vol. 11, no 2, mai 1978, p. 61-62.
5. Voir plus haut, p. 7, note 1.
6. Pierre Roy et Gérard LeBlanc, ''Bilan des 20 dernières années'', dans *la Revue de l'Université de Moncton,* vol. 5, no 1, janvier 1972, p. 6-12. (Numéro spécial: ''Poésie acadienne''.)
7. Marguerite Maillet, Gérard LeBlanc et Bernard Émont, *Anthologie de textes littéraires acadiens,* Moncton, Éditions d'Acadie, [1979], 643 p.

torier l'héritage, faire la reconnaissance du domaine (pour les années 1604-1957, quinze noms d'auteurs se sont ajoutés à ceux que l'*Anthologie de textes littéraires acadiens* avait tirés de l'oubli). Mais, en réalité, ce domaine restera inexploré aussi longtemps que les oeuvres ne seront pas lues par plus d'une génération. Aussi longtemps, autrement dit, que l'on ne saura pas établir la continuité ou la rupture qui va d'Antonine Maillet à Pascal Poirier et à Marc Lescarbot par exemple, ou de Raymond LeBlanc à Napoléon-P. Landry. Pour reprendre une phrase de Georges-André Vachon à propos de la littérature québécoise[8], il y a en Acadie une tradition de lecture à inventer. Elle, seule, pourra faire exister vraiment cette littérature dont les origines acadiennes remontent à la fin du XIXe siècle et les origines françaises, au début du XVIIe, cette littérature qui a grandi, comme un arbre, et donne aujourd'hui ses plus beaux fruits.

Évidemment pour agrandir ainsi le domaine, il faut prendre la littérature au sens large du terme, c'est-à-dire ''la collection matérielle des oeuvres produites dans les limites d'un territoire national[9]''. En ne se limitant pas à l'aspect purement esthétique des publications, d'autres peuples avant nous — dont les Québécois — ont ainsi récupéré un héritage méconnu, et il semble bien que leur littérature ne s'en porte que mieux.

Il peut être utile de signaler au lecteur que la littérature acadienne a connu un développement assez semblable à celui de la littérature canadienne-française, tout en accusant sur celle-ci, jusqu'à tout récemment, un retard d'un demi-siècle et parfois davantage. Pour celui qui connaît l'histoire du peuple acadien, les causes principales de ce décalage sont évidentes. Le présent ouvrage les souligne à maintes reprises. Qu'il suffise donc de les mentionner: conquête définitive de l'Acadie par l'Angleterre, en 1710; déportation et dispersion débutant en 1755, suivies d'abord d'un siècle d'isolement et de manque d'éducation supérieure, puis d'un siècle d'enseignement

---

8. Voir Georges-André Vachon, ''Le Domaine littéraire québécois en perspective cavalière'', dans *Histoire de la littérature française du Québec*, de Pierre de Grandpré, t. I, Montréal, Librairie Beauchemin Ltée, 1967, p. 30.
9. *Ibid.*, p. 27.

anglicisant (École normale anglaise, High School unique, lois scolaires anti-françaises).

Dépossession territoriale, dénuement culturel, climat d'affrontement, voilà les conditions dans lesquelles se développa la littérature proprement acadienne dont les racines remontent aux écrits de Marc Lescarbot. Épousant de très près toutes les vicissitudes de l'histoire, elle est taillée à la mesure d'un peuple qui se cherche, lutte pour sa survie, rêve d'avenir meilleur, et de paradis retrouvé.

Jusqu'à ces dernières décennies, cette littérature écrite s'est développée en marge de l'orale. Aussi, l'image de l'Acadien laissée par les ouvrages publiés avant 1960 est-elle passablement différente de celle que présentent les contes et les légendes du pays; elle est plus austère, plus ascétique, dira-t-on. Il est permis de le regretter. Toutefois, l'on ne saurait nier que, malgré la grande richesse de la littérature orale, c'est à travers l'écrite que s'est faite la canalisation ou l'orientation des idées et des sentiments. L'Acadien a été, et demeure, influencé par ce que les auteurs du XIXe siècle ont écrit. En effet, ceux-ci furent les protagonistes d'une idéologie qui a inspiré, jusqu'au milieu du XXe siècle, toute l'action à entreprendre pour la réorganisation de la société et pour la survie des Acadiens; une idéologie qui a été véhiculée, dans la littérature écrite, depuis les premières conventions nationales jusqu'au bicentenaire de la déportation. Nul ne s'étonnera donc de constater que les ouvrages contemporains se comprennent beaucoup mieux quand on les lit à la suite de ceux des générations précédentes.

À notre avis, la littérature acadienne, écrite, s'est développée en quatre temps. Retracer son évolution à partir de la fondation de Port-Royal jusqu'à nos jours, c'est laisser voir ce que l'Acadie des écrivains a de réel, de mythique, d'idéologique ou de proprement littéraire. C'est montrer comment et pourquoi l'on est passé de l'enthousiasme à l'exil, à l'isolement, puis à la lutte pour la survie dans un paradis perdu, et finalement à des revendications en faveur d'une vie à part entière dans un pays à nommer. C'est également démontrer — au moyen même des ouvrages présentés — jusqu'à quel point la littérature a été influencée par les conditions historiques, économiques, politiques et culturelles dans lesquelles elle est née et s'est développée.

La première partie de cette histoire de la littérature embrasse plus de deux siècles et demi (1604-1866); elle présente des relations de visiteurs, de colonisateurs, de missionnaires qui ont vu dans l'Acadie une Terre promise à coloniser et à évangéliser. Seules des lettres de missionnaires et d'exilés rompent le silence du siècle qui suivit la déportation de 1755. La deuxième partie (1867-1928) sonne le réveil et le rassemblement des Acadiens, et l'on assiste à la naissance d'une littérature proprement acadienne; orateurs, essayistes, historiens édifient une idéologie de la survie basée sur la fidélité à la langue, à la religion, aux traditions nationales, bref, à l'histoire. La troisième (1929-1957) voit l'apparition des genres traditionnellement appelés littéraires: le théâtre, le roman, la poésie, qui se font, aussi, véhicules de l'idéologie officielle; l'histoire malheureuse est ressassée par certains, sublimée par d'autres; le mythe d'Évangéline atteint son apogée. Le dernier chapitre, consacré aux oeuvres publiées à partir de 1958, souligne les tendances nouvelles: récupération des traditions populaires et de la petite histoire; contestation de l'idéologie des conventions nationales et des symboles nationaux devenus synonymes de peur, d'infériorité, de colonisation. Cette littérature contemporaine juge en quelque sorte celle des trois temps qui l'ont précédée.

Dans cette histoire de la littérature, le terme Acadie recouvre deux territoires différents. Dans le premier chapitre: les terres et les îles du Cap-Breton à Gaspé (c'est l'Acadie cédée à Nicolas Denys, en 1653); à partir du chapitre II: les provinces Maritimes (c'est l'Acadie conquise et réorganisée, par la suite, en trois provinces — le reste étant rattaché au Québec, et Terre-Neuve n'ayant produit aucun auteur). Nous considérons comme auteur acadien tout francophone qui a vécu quelque temps en Acadie et a publié au moins un volume se rapportant au pays, et tout francophone né dans les provinces Maritimes qui a publié un ouvrage littéraire. Font aussi l'objet de notre étude les auteurs de discours et de lettres, et ceux qui se sont essayés dans un genre inexploré même s'ils n'ont publié que dans les journaux.

Sauf pour le premier chapitre, où nous n'avons rien changé aux titres d'ouvrages, nous avons suivi les règles énoncées par A.-V. Thomas[10] pour l'emploi des majuscules, l'accord et les contractions dans les titres de volumes et d'articles. Nous n'avons pas uniformisé l'orthographe des noms de lieux; nous n'avons apporté aucun changement aux textes que nous citons, et nous n'avons jamais indiqué par un (*sic*) les incorrections imputables aux auteurs.

*

* *

Au début de cet ouvrage, nous voudrions dire notre reconnaissance à toutes les personnes qui, de quelque façon, nous ont aidée et encouragée dans nos recherches et, plus particulièrement, à celles qui nous ont fourni des renseignements et des documents ayant trait à la littérature acadienne; nous tenons à signaler l'efficace et irremplaçable concours du personnel du Centre d'études acadiennes.

Notre plus vive gratitude, nous la devons à monsieur René Dionne qui nous a prodigué ses conseils avec une compétence, une sagesse et une amitié que nous n'oublierons pas. Son intérêt réel pour la littérature canadienne des francophones hors Québec a été pour nous un précieux stimulant au cours de nos huit années de recherche sur la littérature acadienne.

Nos remerciements vont ensuite aux premiers chercheurs de l'Université de Moncton, notamment aux collaborateurs et aux assistants de l'*Anthologie de textes littéraires acadiens* et, de façon générale, à nos étudiants dont les travaux et surtout l'intérêt pour les ouvrages acadiens nous ont grandement incitée à étudier ceux-ci dans une perspective historique.

---

10. Adolphe-V. Thomas, *Dictionnaire des difficultés de la langue française*, Paris, Librairie Larousse, [1956], 435 p.

SIGLES

AAQ	Archives de l'archevêché du Québec (Québec)
CEA	Centre d'études acadiennes de l'Université de Moncton (Moncton)
ONF	Office national du film (Montréal)
NDSC	Archives des religieuses Notre-Dame du Sacré-Coeur (Moncton)

PREMIÈRE PARTIE

DU RÊVE À LA RÉALITÉ
(1604-1866)

Chapitre premier

LA TERRE PROMISE (1604-1754)

Enthousiasme dans l'Acadie française. — De Louisbourg à
Beauséjour: ce qu'il reste du grand rêve.

Remonter à la fondation de l'Acadie, en 1604, pour y découvrir les racines d'une littérature qui, en 1980, réclame le
droit à la différence et à l'existence, c'est retracer l'évolution
d'une succession de rêves et d'idéaux tenaces. À leur origine:
un grand rêve français, celui d'établir en Amérique une France
nouvelle plus belle que l'ancienne, de conquérir à Dieu tout un
continent.

Déjà le XVIe siècle avait été témoin de quelques tentatives
de colonisation française en Amérique; leur insuccès, il faut
bien le dire, valut au Canada la réputation d'un pays in-
habitable, réputation que colonisateurs et mémorialistes
s'emploieront longtemps à faire oublier. Par contre, ce sont
probablement les échecs de ses prédécesseurs qui amenèrent le
sieur de Monts, nommé lieutenant général de la Nouvelle-
France en 1603, à délaisser le Saint-Laurent pour explorer les
rivages de l'Atlantique dans l'espoir de trouver une terre et un
climat propices au peuplement.

On connaît la suite: en 1605, fut fondé Port-Royal, première colonie française outre-Atlantique; plus ou moins
négligée par la France, soumise à d'incessantes tracasseries in-
ternes et externes, la colonie changea d'allégeance neuf fois en
cent ans avant d'être conquise définitivement par les Anglais,
en 1710, et de connaître son ''grand dérangement'', en 1755.
Rêve royal qui tournait court. Rêve à nourrir et à reprendre pour
ceux qui vivaient une histoire fort peu propice au peuplement,
à la vie intellectuelle, à l'éclosion des lettres.

16

Nonobstant des débuts difficiles, il s'est trouvé, en Acadie, des visiteurs, des explorateurs, des missionnaires, des sédentaires et des fonctionnaires, venus de France, qui racontèrent la naissance et le développement de la colonie. Documents historiques précieux, ouvrages de propagande, ou textes apologétiques, ces écrits d'inégale valeur littéraire sont d'un intérêt humain, chrétien et mythique incontestable. Avec ces oeuvres, l'Acadie, terre promise et pays de cocagne, fit son entrée dans la littérature.

Enthousiasme dans l'Acadie française

Lors du premier voyage du sieur de Monts dans la région atlantique, en 1604, le sieur de Poutrincourt se fit céder Port-Royal moyennant la promesse d'y installer quelques familles avant deux ans. *Marc LESCARBOT* (1575?-1642), un jeune avocat de Paris, se joignit à son expédition de 1606; il séjourna un an en Acadie et raconta, dans des pages empreintes d'enthousiasme, la naissance du premier établissement français, fixe, en Amérique.

Dans son *Histoire de la Nouvelle France*[1], publiée à Paris en 1609, Lescarbot fait d'abord le bilan des tentatives antérieures à celle du sieur de Monts; il essaie à la fois d'expliquer leur insuccès et de détruire certains mythes farfelus véhiculés au XVIe siècle. Dans le quatrième livre, il développe lui-même un autre mythe — celui de l'Acadie, Éden et Terre promise — beaucoup plus favorable celui-là au projet français de colonisation et d'évangélisation du Nouveau Monde. En effet, pour attirer des colons, il fallait, en plus de faire valoir les richesses naturelles du pays, détruire certains préjugés, ayant trait aux dangers de la traversée, au froid et à la neige au

---

1. Marc Lescarbot, *Histoire de la Nouvelle France. Contenant les navigations, découvertes, & habitations faites par les François ès Indes Occidentales & Nouvelle France souz l'avoeu et authorité de noz Rois Tres-Chrétiens, & les diverses fortunes d'iceux en l'execution de ces choses, depuis cent ans jusques à hui. En quoy est comprise l'Histoire Morale, Naturelle, et Geographique de ladite province; Avec les Tables & Figures d'icelle*, Paris, Chez Jean Milot, 1609, 888 p.

Canada. La cause fut bien plaidée par le premier chroniqueur de la Nouvelle-France, ainsi qu'en témoigne l'accueil chaleureux que lui ont réservé les lecteurs de son temps[2] et la place que lui ont accordée les historiens de la littérature.

C'est dans un style pittoresque et en des termes inspirés de l'Écriture que l'historien-chroniqueur décrit l'arrivée du "Jonas", à Port-Royal, après une traversée longue et périlleuse. Les dangers rencontrés sur mer et sur terre s'apparentent, selon l'auteur, à ceux que connut le peuple élu, esclave en Egypte ou errant dans le désert. Mais, puisque Dieu veille sur les pionniers français comme il le fit sur les Israélites, Poutrincourt, son lieutenant, les mènera à bon port, où l'émerveillement les attend.

> Dés le commencement nous fumes désireux de voir le païs à-mont la riviere, où nous trouvames des prairies préque continuellement jusques à plus de douze lieuës, parmi lesquelles decoulent des ruisseaux sans nombre qui viennent des collines et montagnes voisines; les bois fort épais sur les rives des eaux et tant que quelquefois on ne les peut traverser[3].

On le voit, la description de cette terre de félicité renvoie directement au texte de Moïse[4], cité d'ailleurs par Lescarbot[5].

Cette vision édénique de l'Acadie ne se démentira pas tout au long du quatrième livre: la terre est fertile, les eaux regorgent de poissons, les bois sont pleins de gibier, le travail est agréable, la nourriture est abondante et variée. Bien sûr, la vie en Acadie présente certains inconvénients ou "incommodités"; mais on peut les éviter, y remédier, voire tirer profit de tout, même de l'hiver[6], saison tant décriée par les devanciers.

2. L'*Histoire de la Nouvelle France* connut du vivant de l'auteur trois éditions (1609, 1611 et 1617), deux réimpressions (1612 et 1618), des traductions partielles en anglais (1609) et en allemand (1613).
3. M. Lescarbot, *Histoire de la Nouvelle France,* Paris, Tross, 1866, vol. II, p. 522 (548); la pagination de l'édition originale est indiquée entre parenthèses.
4. *Deutéronome,* chap. 8, v. 7.
5. M. Lescarbot, *Histoire de la Nouvelle France,* p. 523 (549).
6. *Ibid.,* p. 466-467 (493-494), 557 (585).

Marc Lescarbot lisant *Le Théâtre de Neptune*,
dessin de C.W. Jefferys. (Archives publiques Canada, Ottawa.)

Les sauvages eux-mêmes, peuple heureux pour qui la nudité ne fait pas problème, cadrent bien avec ce décor paradisiaque. Lescarbot leur consacrera, du reste, tout le sixième livre, "premier traité méthodique d'ethnographie nord-américaine, montrant la vie indienne de façon complète, du berceau à la tombe[7]", au dire de René Baudry. Ce tableau sera néanmoins complété ou corrigé par Nicolas Denys et Chrestien Le Clercq, entre autres.

En annexe à son *Histoire,* le chroniqueur publie un petit recueil de quelque deux mille vers qui a valu à son auteur d'être le premier poète français de l'Amérique du Nord. Si ce titre ne lui est pas disputé, par contre la valeur des *Muses de la Nouvelle France*[8] est loin de faire l'unanimité des critiques. Le dernier à lui consacrer une étude[9], Bernard Émont, soutient que "malgré ses imperfections, Lescarbot est un authentique poète. Même si des vers sentent la cheville, si çà et là percent des négligences, il a pour lui la poésie du coeur[10]." Nous souscrivons volontiers à ce jugement.

De cette oeuvre poétique, on détache communément le *Théâtre de Neptune* (243 vers), divertissement rimé à la hâte pour fêter le retour de Poutrincourt d'un voyage au pays des Armouchiquois. Cette suite de harangues, qui n'ont rien de proprement dramatique, ni de poétique dans l'ensemble[11], expriment bien l'admiration de Lescarbot pour Poutrincourt et son exaltation à la pensée qu'il participait à la fondation d'une Nouvelle-France. Avec ce jeu nautique et avec les *Muses* où l'eau est présente presque à chaque page, Lescarbot inaugure en Acadie une thématique durable: la mer, lieu de dispersion, mais aussi de réunion; la mer, soutien, refuge, promesse.

---

7. René Baudry, *Marc Lescarbot,* Montréal, Fides, [1968], p. 10.
8. Marc Lescarbot, *Les Muses de la Nouvelle France,* Paris, Chez Jean Milot, 1609, 66 p.
9. Bernard Émont, *Les Muses de la Nouvelle France de Marc Lescarbot. Édition critique,* thèse, D. 3e cycle, Université de Bordeaux, 1975, 332 p.
10. Bernard Émont, "Marc Lescarbot, premier poète de l'Acadie et de la Nouvelle France", dans *la Revue de l'Université de Moncton,* 7e année, no 2, mai 1974, p. 98.
11. Voir Roméo Arbour, *"Le Théâtre de Neptune* de Marc Lescarbot", dans *le Théâtre canadien-français* (Archives des lettres canadiennes, t. V), Montréal, Fides, [1976], p. 26-29.

"L'ordre de bon temps",
dessin de C.W. Jefferys. (C13986, Archives publiques Canada.)

21

En 1613, paraissent *les Voyages*[12] de **Samuel de CHAMPLAIN** (1570?-1635) dans lesquels il retrace minutieusement ses explorations en Acadie, de 1604 à 1607. Lors d'un premier voyage au Canada, en 1603, il avait visité Gaspé et entendu parler de l'Acadie: un beau pays où se trouvaient des mines et peut-être un passage rapide vers l'Asie. Fasciné par cette mystérieuse Acadie, il sut convaincre le sieur de Monts d'aller chercher, au sud du Saint-Laurent, le site idéal où établir une colonie.

La réalité allait être décevante. Durant trois ans, Champlain parcourut tout le littoral atlantique, du Cap-Breton au cap Cod, sans trouver les trésors miniers du malouin Prévert ni la route de l'Asie. En outre, d'après le récit qu'il a laissé de ses explorations, il ne semble pas que l'Acadie lui soit apparue comme un paradis terrestre même si, selon lui, quelques endroits sont fort plaisants, agréables ou d'une richesse naturelle incroyable.

Les rapports officiels de Champlain, dénués de valeur mythique et esthétique, ne pourront susciter, en 1613, le même intérêt que l'ouvrage de propagande déjà publié par Lescarbot. Le grand mérite des *Voyages* tient à l'impartialité de l'auteur, à l'exactitude et à la précision des descriptions qu'il fait de ses moindres expéditions.

Quand le privilège de la traite accordé au sieur de Monts fut révoqué en 1607, l'entreprise coloniale en Acadie sembla compromise. Champlain chercha alors, du côté du Saint-Laurent, les conditions idéales à la fondation d'une colonie permanente. L'historien Marcel Trudel résume: "En 1603, Champlain avait été responsable de l'engouement des Français pour l'Acadie; en 1608, il se rendait responsable de la nouvelle option du Saint-Laurent[13]."

12. Samuel de Champlain, *Les Voyages du Sieur de Champlain Xaintongeois, Capitaine ordinaire pour le Roy, en la marine. Divisez en Deux livres. ou, Journal tres-fidele des observations faites ès descouvertures de la Nouvelle France: tant en la descriptiô des terres, costes, rivieres, ports, havres, leurs hauteurs & plusieurs declinaisons de la guide-aymant; qu'en la creâce des peuples, leur superstition, façon de vivre & de guerroyer: enrichi de quantité de figures*, À Paris, Chez Jean Berjon, 1613, 325 p.
13. Marcel Trudel, *Histoire de la Nouvelle-France*, t. II: Le *Comptoir, 1604-1627*, Montréal, Fides, [1966], p. 86.

Dans son désir d'attirer des colons en Acadie, Lescarbot avait-il exagéré les avantages qu'offrait le Nouveau Monde? *Pierre BIARD* (1567?-1622) répondrait par l'affirmative. Quatre ans après son séjour de deux ans en Acadie, le jésuite publie, en 1616, une *Relation*[14], dans le but, écrit-il, de "dépeindre briefvement et en toute vérité[15]" ce qu'il a connu de ces contrées; il avoue plus explicitement désirer détruire les illusions qu'auraient pu créer certains récits antérieurs; il paraît évident qu'il songe à Lescarbot[16].

> Je dy ceci parce que ceste prudence importe de beaucoup à ceux qui vont défricher nouvelles contrées, ainsi que nous autres, François, y allons volontiers à yeux clos et teste baissée, croyants, par exemple, qu'estants en Canada et ayants faim, nous ne ferons qu'aller en un'isle et là escrimants d'un gros baston à dextre et à sénestre, autant de coups, autant arrêterons-nous d'oiseaux, desquels chacun vaudra bien un canart[17].

Par ailleurs, sa propre description des terres et des habitants n'est pas pessimiste pour autant. Le pays est beau, il offre de grandes possibilités et la France se doit de continuer l'oeuvre de colonisation et d'évangélisation qu'elle a commencée. Sans voir les indigènes comme des espèces de demi-dieux, il observe leurs moeurs, coutumes et croyances d'un oeil favorable; pour être aussi heureux que les Français, il ne leur manque, somme toute, que la connaissance de Dieu et la grâce du salut:

> [...] je ne sçay si, en vérité, ils n'ont point bonne raison de préférer, comm'ils font, leur félicité à la nostre; au moins, si nous parlons de la félicité temporelle que les riches et mondains cherchent en ceste vie. Car si bien ils n'ont pas toutes ces délices que les enfans de ce siècle

14. Pierre Biard, *Relation de la Nouvelle France, de ses Terres, Naturel du Païs & de ses Habitans*, Lyon, Chez Louys Muguet, 1616, 338 p.
15. Lucien Campeau, *Monumenta Novae Franciae*, t. I: *La Première Mission d'Acadie (1602-1616)*, Rome, "Monumenta Hist. Soc. Iesu", Québec, Les Presses de l'université Laval, 1967, p. 462.
16. *Ibid.*, p. 477, note 7. Voir aussi Gilbert Chinard, *L'Amérique et le rêve exotique dans la littérature française au XVIIe siècle et au XVIIIe siècle*, Genève, Slatkine Reprints, 1970, p. 128-129 (reproduction de la première édition, Paris, Hachette, 1913, VIII, 448 p.).
17. L. Campeau, *Monumenta Novae Franciae*, t. I, p. 477.

recherchent, ils sont francs des maux qui les suivent et ont du contentement qui ne les accompagnent pas[18].

Dans le même style direct, Biard relate, dans la seconde partie de son ouvrage, les voyages et l'oeuvre des jésuites en Acadie laissant percer discrètement un souci apologétique: le missionnaire se défend d'avoir causé la perte de Saint-Sauveur et de Port-Royal. Sa *Relation de la Nouvelle France* fournit un éclairage indispensable sur les causes de désaccord entre le missionnaire et les seigneurs de Port-Royal aussi bien que sur les débuts de la lutte séculaire entre la France et l'Angleterre pour la domination de l'Amérique du Nord. Elle constitue également un document important sur les difficultés et les espoirs de l'évangélisation des indigènes. En somme, la *Relation* de 1616 ne dissimule pas les nombreux conflits qui déchiraient la petite colonie; authentique écrivain[19], Biard a su donner à ces conflits une profondeur qui confine à l'universel.

Plusieurs missionnaires, de diverses congrégations, partageront les préoccupations et les convictions de Biard quant à l'importance de connaître la langue des sauvages pour bien leur communiquer les valeurs chrétiennes. Le récollet **Chrestien LE CLERCQ** (1641-1700?), qui fut missionnaire en Gaspésie pendant une dizaine d'années, inventera même un système d'écriture hiéroglyphique pour l'aider dans son enseignement[20].

En 1691, cinq ans après son départ de Percé, il publie, à Paris, *Nouvelle Relation de la Gaspésie*[21], ouvrage d'une valeur littéraire certaine. Dans une langue vivante et imagée, avec beaucoup de sensiblité, il fait la peinture des moeurs et de la vie des Micmacs de la Gaspésie et du nord-est du Nouveau-

---

18. *Ibid.*, p. 508.
19. Voir l'excellent article de G.-André Vachon, ''Primitifs canadiens'', dans *Études françaises,* vol. 4, no 1, février 1978, p. 57-65.
20. Chrestien Le Clercq, *New Relation of Gaspesia with the Customs and Religion of the Gaspesian Indians,* traduction et édition de l'original, par W.F. Ganong, Toronto, The Champlain Society, 1910, p. 357.
21. Chrestien Le Clercq, *Nouvelle Relation de la Gaspésie, qui contient les Moeurs & la Religion des Sauvages Gaspésiens Porte-Croix, adorateurs du Soleil, & d'autres Peuples de l'Amérique Septentrionale, dite le Canada,* Paris, Chez Amable Auroy, 1691, XXV, 572 p.

Brunswick. La *Relation* de Le Clercq constitue une source de documentation importante pour l'étude des Micmacs, même s'il est parfois difficile, comme le remarque Lucien Campeau, de "discerner ce qu'il a appris par expérience propre de ce qu'il a glané chez ses prédécesseurs[22]", en particulier chez Nicolas Denys.

Le négociant **Nicolas DENYS** (1598-1688), gouverneur de l'Acadie orientale — du cap Canceau jusqu'au cap des Rosiers — , connaissait bien les Micmacs pour les avoir côtoyés pendant plus de quarante ans. Son témoignage de première main est irremplaçable. Il corrige, corrobore et enrichit celui trop superficiel et mythique de Lescarbot, et celui, réaliste mais incomplet, de Biard. Le dernier chapitre de l'*Histoire naturelle du Païs*[23] se révèle particulièrement intéressant. L'auteur y décrit, avec force détails, les changements dramatiques survenus dans la vie des indigènes depuis l'introduction du vin et de l'eau-de-vie. Pour s'en procurer, les hommes se ruinent, les femmes deviennent voleuses, menteuses, infidèles; ivres, ils perdent la tête, se battent, s'entretuent[24]. Ces "sauvages" qui possédaient des dons naturels, des qualités morales et physiques enviables ont été, selon Denys, victimes des pêcheurs, matelots et capitaines qui ne voulaient que profiter des richesses du pays. Ce reproche à l'endroit des gens de mer rejoint celui — implicite dans l'oeuvre de Denys — adressé aux marchands, aux seigneurs, voire à l'administration française: leur convoitise, jalousie ou ineptie entrave l'établissement de la pêche sédentaire et le développement de la colonisation en Acadie. Il conclut catégoriquement tout en répondant à certaines attaques personnelles:

---

22. L. Campeau, *Monumenta Novae Franciae*, t. I, p. 127*.
23. Nicolas Denys, *Description geographique et historique des costes de l'Amerique Septentrionale. Avec l'Histoire naturelle du Païs*, Paris, Louis Billaine, 1672, t. I, XXIII, 268 p., t. II, I, 481 p.
24. Nicolas Denys, *The Description and Natural History of the Coasts of North America (Acadia)*, traduction et édition de l'original, par W.F. Ganong, Toronto, The Champlain Society, 1908, p. 603-605 (471-476); la pagination de l'édition originale est indiquée entre parenthèses.

Ainsi tant qu'il n'y aura point d'ordre & que l'on ne sera point asseuré de la Joüissance de ses concessions, le païs ne se peuplera jamais & sera toûjours à l'abandon des Ennemis de la France[25].

Le caractère apologétique, doublé d'un souci publicitaire, des écrits de Denys est déjà sensible dès la dédicace au Roi ainsi que dans l'avertissement au lecteur et le premier chapitre de sa *Description geographique et historique des costes de l'Amerique Septentrionale*. Il résume lui-même ses mésaventures et ses préoccupations: il a vécu quarante ans en Acadie; il a essayé d'établir la pêche sédentaire, d'intéresser les Français à se fixer au pays; mais des gens qui ne voulaient que s'enrichir par la pêche ordinaire, et autres ressources, ont décrié le pays (les hivers en particulier) et lui ont fait tort personnellement: ils l'ont dépossédé de ses titres et concessions, l'ont pillé, l'ont amené prisonnier (à Port-Royal et en France); son fort a été incendié[26]. Bref, il a tout perdu; il n'a pu voir au peuplement de son domaine; mais il s'est entêté à rester en Acadie, parce qu'il était convaincu de l'existence de ressources énormes en ce pays; et, à l'âge de soixante-quatorze ans, il écrit pour qu'on reprenne son rêve qui est, en fait, celui de son regretté compagnon et associé de La Hève, le commandeur Isaac de Razilly[27]: "faire connoistre la bonté du païs pour y attirer du monde[28]".

Ce n'est certes pas avec le lyrisme ou l'enthousiasme d'un Lescarbot que Denys plaide la cause du peuplement en Acadie. Aussi son style descriptif, précis, et sa vaste connaissance des lieux sont-ils, au premier abord, autant de gages d'une plus grande véracité. Toutefois, ce que l'ouvrage perd en poésie et en émerveillement, il le reprend par la profusion et la répétition des détails. Dans une langue médiocre, le prosateur Denys réduit le mythe édénique à celui de l'abondance: Acadie, pays

---

25. *Ibid.*, p. 499 (193).
26. *Ibid.*, p. 465-469 (4-23).
27. Après la restitution de l'Acadie à la France, en 1632, Isaac de Razilly vint prendre possession officielle du territoire et installa trois cents colons au port atlantique de La Hève. Trois ans plus tard, il mourut prématurément; Charles d'Aulnay recueillit sa succession et transporta le siège du gouvernement à Port-Royal où la plupart des colons le suivirent.
28. *Ibid.*, p. 482 (99).

de cocagne. Terme qu'il emploie d'ailleurs, et dans un beau texte, celui-là:

> [...] j'ay nommé cette riviere la riviere de Cocagne, parce que j'y trouvay tant dequoi y faire bonne chere pendant huit jours que le mauvais temps m'obligea d'y demeurer, & tout mon monde estoit tellement rassasié de gibier & de poisson qu'ils n'en vouloient plus; soit d'outardes, canars, sarcelles, pluviers, beccasses, beccassines, tourtres, lapins, perdrix, perdreaux, saumon, truites, maquereaux, esperlans, huistres, & d'autres sortes de bons poissons; tout ce que je vous en puis dire, c'est que nos chiens se couchoient contre la viande & le poisson tant ils en estoient rassasiez[29] [...].

En arrivant en Acadie, en 1699, *DIÈREVILLE* (1670?-1710?) ne cache pas sa déception à la vue de l'habitation de Port-Royal, des chaumières "mal bousillées", des cheminées d'argile et de la pauvreté générale. Cette première impression pouvait tenir un peu à la fatigue du voyage, long de cinquante-quatre jours; mais Dièreville l'attribue principalement à l'idée toute différente qu'il s'était formée du pays sur "la fausse représentation[30]", dit-il, qu'on lui en avait faite. Quoi qu'il en soit, il s'attachera à donner une image vraie de l'Acadie, de sa faune, de sa flore et surtout il s'emploiera à décrire dans sa quotidienneté la vie des Acadiens et celle des Indiens.

Ses observations, consignées dans sa *Relation du Voyage du Port Royal de l'Acadie*[31], publiée à Rouen en 1708, sont justes en général; et le fait de les avoir transcrites primitivement en vers ne semble pas avoir nui à leur véracité. Bien plus, la poésie confère au récit une chaleur, une fraîcheur qui plaît au lecteur et peut lui faire regretter que, sur le conseil de ses amis, Dièreville ait consenti à mettre en prose plus de la moitié de son récit poétique. Les deux formes, cependant, se fondent har-

---

29. *Ibid.*, p. 496 (173-174).
30. Dièreville, *Relation of the Voyage to Port Royal in Acadia or New France*, traduction et édition de l'original, par Mrs. C. Webster, Toronto, The Champlain Society, 1933, p. 224.
31. Dièreville, *Relation du voyage du Port Royal de l'Acadie, ou de la Nouvelle France, dans laquelle on voit un Détail des divers mouvemens de la Mer dans une Traversée de long cours; la Description du Païs, les Occupations des François qui y sont établis, les Manieres des differentes Nations Sauvages, leurs Superstitions & leurs Chasses; avec une Dissertation exacte sur le Castor*, Rouen, Chez Jean-Baptiste Besongne, 1708, 236 p.

monieusement et de sa prose comme de sa poésie se dégage, quant à la peinture des moeurs acadiennes, une impression d'insouciance et de sérénité.

> L'oysiveté leur plaît, ils aiment le repos,
> De mille soins facheux le Pays les délivre,
>   N'étant chargez d'aucuns Impôts.
>   Ils ne travaillent que pour vivre.
>   Ils prennent le temps comme il vient,
>   S'il est bon ils se réjouissent,
>   Et s'il est mauvais ils patissent,
>   Chacun comme il peut se maintient.
>   Sans ambition, sans envie,
> Ils attendent le fruit de leurs petits travaux,
> Et l'aveugle fortune en les rendant égaux
>   Les exempte de Jalousie.
>   Dans ce Pays les Habitans
> Se donnant au travail peu de grandes fatigues,
>   Font à leurs femmes beaucoup d'enfans[32].

Ces gens, enracinés dans ce pays depuis deux ou trois générations, restent très attachés au Roi de France, qui pourtant ne s'occupe guère d'eux. Étonné de cette fidélité, Dièreville ne peut s'empêcher d'observer:

> Que de Peuples réduits à leur extrémité,
> Pour être plus heureux auroient changé de Maître[33]!

Puis, avec beaucoup d'à-propos et de courage, il dénonce l'infériorité de la France sur les plans de la colonisation et du commerce. Défendant la cause des Acadiens qui n'osent même pas commercer d'une Habitation à l'autre[34], il préconise surtout le libre commerce du bois et du poisson, et ce sur les flots:

> N'avons-nous pas des Vaisseaux & des Ports,
> Pourquoi n'allons-nous point negocier sur l'Onde,
>   Et puiser dans son sein les immenses Tresors
>   Dont elle enrichit tant de Monde?
>   Quel bien ne reviendroit-il pas

---

32. Dièreville, *Relation of the Voyage to Port Royal in Acadia or New France*, p. 256 (72-73); la pagination de l'édition originale est indiquée entre parenthèses.
33. *Ibid.*, p. 260 (82).
34. Port-Royal, les Mines et Beaubassin.

Du Bois & du Poisson que produit l'Acadie?
On formeroit de l'un, Madriers, Courbes, Mâts,
L'autre satisferoit aux besoins de la vie.
    Elle serviroit d'Entre-Port
    Entre les Isles & la France,
Et de pauvre qu'elle est s'enrichiroit bien-tôt,
    En se procurant l'abondance.
Les habitans iroient trafiquer sur les flots,
Et pourroient ruiner le riche & grand Commerce,
Qu'avec tant de succès l'Anglois voisin exerce,
Et feroient pour leur Prince encor des Matelots[35].

Robert CHALLES[36] (1659-1721) déplore, lui aussi, la politique à courte vue de la France en rapport avec sa colonie acadienne. Défenseur des moins favorisés, homme aux idées avant-gardistes, il propose une politique qui respecterait les principes fondamentaux de toute entreprise coloniale et qui aurait pour résultat de former en Nouvelle-France ''une espèce de royaume aussi florissant que la vieille France européenne[37]''. Résumant les rapports qu'il avait communiqués, en 1684, à M. de Seignelay, fils de Colbert, il fait remarquer:

> [...] si les conseils que je donnais dans mes Mémoires avaient été suivis, les Anglais ne se seraient pas hasardés à venir insulter ni le Port-Royal, ni le reste de l'Acadie, ou ils auraient eu, du moins, bien de la peine à s'en emparer[38].

L'on retrouve dans ces pages à l'allure rapide, au style incisif, à la fois l'enthousiasme de Lescarbot pour la nouvelle colonie et la confiance de Denys dans les ressources naturelles illimitées du pays. Il faut lire la consternation et les regrets de Challes au rappel de la perte de l'Acadie en 1713:

---

35. *Ibid.*, p. 261 (85-86).
36. Ce Français vit la lieutenance de l'Acadie lui échapper par les machinations de la famille Duret de Chevry (voir *Mémoires de Robert Challes, écrivain du Roi,* publiés par A. Augustin-Thierry, Paris, Plon, 8e éd., 1931, p. 266-273); son ami, M. de Seignelay, lui procura l'emploi d'écrivain du Roi commis à la garde des marchandises; Robert Challes fit trois ou quatre voyages en Acadie entre 1682 et 1687. (Aujourd'hui, on écrit plutôt CHALLE que CHALLES.)
37. Robert Challes, *Mémoires de Robert Challes, écrivain du Roi,* publiés par A. Augustin-Thierry, p. 242.
38. *Ibid.*, p. 274.

Ces cessions faites par le traité d'Utrecht ne frappent point, ou frappent légèrement les Français d'Europe, parce qu'ils n'en aperçoivent pas les conséquences. Mais ceux qui, comme moi, ont été dans l'Acadie et le Canada et qui connaissent la pêche de la morue, la fertilité du terroir, l'étendue du pays, qui ont pratiqué la traite avec les sauvages et savent la facilité que les Anglais auront à nous boucher le fleuve du Saint-Laurent: ceux-là, dis-je, savent aussi qu'il aurait été plus avantageux à la France de leur céder la Normandie, la Bretagne et même l'Aquitaine, comme ils l'ont eue autrefois, que de leur céder l'Acadie, Terre-Neuve et la baie d'Hudson[39].

Tout en formulant ses prédictions, Challes souhaite être mauvais prophète: ''Québec et le Canada seront anglicanisés[40].''

Si convaincus fussent-ils des avantages que la France aurait pu retirer d'une Acadie mieux administrée, les mémorialistes Challes, Dièreville et Denys n'ont pas réussi, comme il fallait s'y attendre, à changer la politique des responsables de la colonie. Aussi d'autres rapports, mémoires ou lettres feront-ils état des mêmes lacunes administratives et d'autres Français proposeront-ils des solutions à la mesure des situations et de leur clairvoyance.

De Louisbourg à Beauséjour: ce qu'il reste du grand rêve

Deux mois seulement après la prise de Louisbourg par les Anglais, en 1745, un habitant de cette ville publie une relation détaillée[41] de ce malheureux siège. Il signe **B.L.N.**, initiales qui peuvent être aussi trompeuses que les noms de lieu et d'édition indiqués sur la page-titre: Québec, Chez Guillaume le Sincère, À l'image de la vérité. Ce dont on ne saurait douter, c'est que l'auteur prend grand soin de disculper le ministre de la Marine des accusations dirigées contre lui à la suite de la perte de Louisbourg:

---

39. *Ibid.*, p. 24.
40. *Ibid.*, p. 26.
41. [B.L.N.], *Lettre d'un habitant de Louisbourg, contenant une relation détaillée et circonstanciée de la prise de l'Isle-Royale, par les Anglais,* Québec, Chez Guillaume le Sincère, À l'image de la vérité, 1745, 81 p.

J'entens qu'on lui attribuë en partie le désastre de notre colonie, comme s'il pouvoit être responsable des fautes de ceux à qui il en avoit confié le soin. [...] tant qu'on lui liera les mains, qu'il n'obtiendra que des secours d'argent foibles et impuissans [...] tout esprit clairvoyant & impartial se donnera de garde rejetter sur lui les coups portés à notre commerce Maritime [...][42].

Au dire de l'auteur, si cette forteresse, construite à coups de millions, est passée à l'ennemi, la responsabilité première en revient à son gouverneur, l'ambitieux et imprudent M. Du Quesnel. Sa piètre victoire à l'île de Canceau a rompu trente années de paix avec les voisins anglais; l'expédition contre Port-Royal, en plus d'avoir été un gaspillage de munitions, a donné le signal de la guerre. Par la suite, les Français, pris de panique, ont "entassé fautes sur fautes[43]" durant tout le siège. Si bien que celui-ci n'aurait pas duré quarante-sept jours si les ennemis avaient eu plus d'habileté et d'expérience dans l'art de la guerre et s'ils avaient moins redouté les fortifications françaises:

Si les Anglais eussent sçu profiter de notre épouvante, il y auroit eu long-tems qu'ils nous auroient emportés, l'épée à la main. Mais il faut convenir à leur louange, qu'ils avoient autant de peur que nous. Cela m'a plusieurs fois rappellé la fable du Lièvre et des Grenouilles[44].

Seul document français non officiel sur le premier siège de Louisbourg, ce récit tend à démontrer que l'"on ne sçauroit apporter trop de sagesse dans le choix des Gouverneurs que l'on donne aux Colonies[45]." L'auteur exprime sa pensée avec netteté et parfois avec vigueur. Il a fait précéder sa relation des événements de 1744 et 1745 par une description de l'île Royale et de ses fortifications, description si exacte que l'ingénieur Franquet n'aura qu'à la compléter.

Arrivé à Louisbourg deux ans après la restitution de cette forteresse à la France, **Louis FRANQUET** (1697-1768) en-

---

42. [B.L.N.], *Louisbourg in 1745. The Anonymous Lettre d'un habitant de Louisbourg (Cape Breton). Containing a narrative by an eye-witness of the siege in 1745,* traduction de l'original, par George M. Wrong, Toronto, Warwick Bro's & Rutter, 1897, p. 71-72 (77-78).
43. *Ibid.,* p. 46 (48).
44. *Ibid.,* p. 58-59 (62-63).
45. *Ibid.,* p. 17 (13).

treprend aussitôt la visite des postes dont il est chargé de faire l'inspection. Le rapport de son voyage aux îles Royale et Saint-Jean, à la Baie-Verte et aux forts Gaspareau et Beauséjour en Acadie, en 1751, a été publié par l'archiviste de Québec, en 1924 [46].

Observateur intelligent, cultivé et maniant bien la plume, Franquet ne s'est pas contenté de dresser l'état des lieux visités, d'y joindre cartes, dessins, plans, et de noter les améliorations susceptibles d'assurer la défense des postes français. Il a enrichi ses rapports par de nombreuses considérations d'ordre économique et par des détails intéressants sur les préoccupations et les moeurs des habitants. Il signale, par exemple, le climat d'insécurité dans lequel vivent les réfugiés acadiens établis au fond de la Baie-Verte (isthme de Chignectou):

> Na. Que ces habitants ne s'y considèrent établis qu'en attendant que les limites de l'Acadie soient réglées, que si l'endroit de leur ancienne résidence devient en la possession des Anglais et que celui qu'ils occupent reste en celle du Roi, ils y demeureront, sans quoi ils passeront à l'île Royale ou à celle de St-Jean [47].

Le portrait qu'il a tracé des Acadiens est assez conforme, bien que moins flatteur, à celui qu'a laissé l'amusant Dièreville:

> Les Acadiens sont forts, robustes et vigoureux, travaillant tous de la hache et adonnés à la culture des terres, néanmoins un peu paresseux ne s'embarrassant que des besoins indispensables à la vie; ils peuplent beaucoup, l'on peut considérer les familles l'une dans l'autre entre 5 à 6 enfants; sont zélés pour la religion, même un peu superstitieux; ai-

---

46. "Iles Royales et Saint-Jean, 1751. Voyage du sieur Franquet au port Lajoie, au havre de Saint-Pierre, au port des Trois-Rivières de l'île Saint-Jean, à la Baie-Verte, à Beauséjour, au fort de Gaspareau, sur le continent du Canada, et au port de Toulouse de l'île Royale, avec des remarques sur ces endroits, de l'état actuel des postes qu'on y a établis, des forts qu'on y a construits, des augmentations dont ils sont susceptibles pour les mettre en état de défense, de ceux qu'on y projette et des avantages qu'on peut tirer de ces différents établissements'', dans *Rapport de l'Archiviste de la province de Québec pour 1923-1924,* Ls-A. Proulx, Imprimeur de Sa Majesté le Roi, 1924, p. 112-140. Le manuscrit de Franquet se compose de deux volumes. Le premier porte sur son voyage aux îles Royale et Saint-Jean, en 1751; le second, qui relate son voyage au Canada, en 1752-1753, a été publié par l'Institut canadien de Québec: *Voyages et Mémoires sur le Canada par Franquet,* Québec, Imprimerie générale A. Côté et Cie, 1889, 213 p.

47. *Ibid.,* p. 125.

ment l'argent, n'ont dans toute leur conduite, que leur intérêt pour objet; sont, indifféremment des deux sexes, d'une inconsidération dans leurs discours qui dénote de la méchanceté; les femmes travaillent des étoffes propres à leur vêtement et généralement elles font toutes de la toile, de manière qu'ils n'ont besoin d'aucuns secours étrangers pour fournir à leur nécessaire[48].

Certaines pages de Franquet, consacrées à l'île Saint-Jean en général, rappellent la description édénique de Port-Royal par Lescarbot et la confiance absolue de Denys dans les ressources de l'Acadie: terres fertiles, bois de toutes espèces, oiseaux de toutes sortes, variété et abondance de poissons, climat ''aussi constant au beau qu'il est chancelant à Louisbourg[49]''. Bref, promesses d'une colonie florissante où la vie serait agréable, mais à certaines conditions indispensables que le chroniqueur, perspicace, a fort bien précisées; il va jusqu'à préconiser, pour cette île, une entière indépendance de l'île Royale[50].

À partir de 1754, Franquet s'emploie à restaurer la forteresse de Louisbourg, plus particulièrement, semble-t-il, à construire des fortifications temporaires en prévision de l'attaque anglaise. Atteint d'une maladie qui s'aggrave peu à peu, il participe néanmoins à la défense de Louisbourg en juillet 1758; ses comptes rendus de ce deuxième et dernier siège sont ''d'une grande valeur historique[51]''.

Deux ans après la reprise de la forteresse, paraissait simultanément en français et en anglais un ouvrage anonyme[52] de *Thomas PICHON* (1700-1781), celui qu'on a surnommé ''le

---

48. *Ibid.*, p. 134-135.
49. *Ibid.*, p. 132.
50. *Ibid.*, surtout p. 119, 132.
51. F.J. Thorpe, art. ''Franquet, Louis'', dans le *Dictionnaire biographique du Canada,* vol. III (de 1741 à 1770), Québec, Les Presses de l'université Laval, [1974], p. 247.
52. *Lettres et Mémoires pour servir à l'histoire Naturelle, Civile et Politique du Cap-Breton, depuis son établissement jusqu'à la reprise de possession de cette Isle par les Anglois en 1758,* La Haye, chez Pierre Gosse, 1760, XVI, 327 p. La traduction anglaise du manuscrit parut à Londres, chez Jean Nourse, avec l'indication ''By an Impartial Frenchman''.

Judas de l'Acadie[53]". Dès son arrivée à Louisbourg, en 1751, il fut secrétaire du gouverneur de l'île Royale, le comte de Raymond, avec qui il se brouilla; il passa à Beauséjour, en 1753, où il avait été recommandé au poste de commissaire et garde-magasin. Comme à Louisbourg, ses qualités d'homme de bureau furent mises à profit par les autorités qui lui confièrent la rédaction, la correction ou la transcription de leurs rapports et de leurs lettres. A partir de 1754 au moins, Pichon, alias Tyrell, vendit ses services aux Anglais. De Beauséjour, il transmit au capitaine Scott, commandant du fort Lawrence, des documents de toute première importance sur l'état des établissements français en Acadie:

> Si M. Scott, comme j'ai lieu de le croire, a donné communication aux Chefs de la Nouvelle Ecosse de toutes les lettres que je lui ai faites, l'on ne pourra n'être pas convaincu de l'utilité dont j'etois pendant son sejour au fort Lawrence. [...]
>
> Je fis passer à M. Scott peu avant qu'il quitta son poste, un memoire fort détaillé sur les mesures que je croyois qu'on pouvoit prendre pour reussir à s'emparer des forts François etablis sur l'Isthme de Baye Verte et Beaubassin. Je ne crains pas d'avancer ici qu'on a suivi dans la grande partie le projet que j'en avois fait, et qu'ainsi je dois être regardé comme un des instrumens qui a servi pour cette importante conquête[54].

Les historiens, tant de langue anglaise que française, ont porté un jugement extrêmement sévère sur celui dont la trahison entraîna la capture facile du fort Beauséjour. Ils reconnaissent, néanmoins, que Pichon était un observateur intelligent et un homme capable et cultivé[55]. ''Sans livre que je serais à plaindre!'', s'écriait-il, alors qu'il était à Beauséjour et

53. C'est le titre qu'Albert David donne à son article publié dans *la Revue de l'Université d'Ottawa*, 3e année, 1933, p. 492-513, et 4e année, 1934, p. 22-35.
54. Lettre de Th. Tyrell à M. Henshelwood, Halifax, 26 juillet 1755, reproduite dans *le Canada français*, vol. II, juillet 1889 (p. 127-132), p. 128. Les Archives publiques de la Nouvelle-Écosse, à Halifax, conservent plusieurs documents et lettres de Pichon (Tyrell's Papers) qui s'échelonnent du 15 septembre 1754 au 4 octobre 1755.
55. Voir, à titre d'exemple, A.B. Warburton, *A History of Prince Edward Island*, St. John, Barnes & Co. Ltd., 1923, p. 55, et A. David, ''Le Judas de l'Acadie'', p. 33.

réclamait "quelques nouveautés littéraires[56]". Il légua par testament, à sa ville natale de Vire, en Normandie, une bibliothèque de trois mille volumes[57].

C'est sous forme de lettres envoyées à un ami que Pichon livra au public ses connaissances et ses réflexions sur les îles Royale et Saint-Jean, sur les moeurs des sauvages et sur la prise des forts Beauséjour et Louisbourg. Il incorpora à son récit plusieurs rapports; entre autres, du capitaine Hocquart de qui il raille le comportement naïf et imprudent lors de la prise de l'"Alcide" par les Anglais, en juin 1755, et du comte de Raymond dont il trace un portrait satirique qui traduit sa rancoeur:

> L'air imperieux, le ton du despotisme ne peuvent guére être soutenus heureusement avec un visage et une taille ignobles et desagreables, avec des jambes qui rappetissent facheusement celui qui voudroit s'élever au dessus de tout ce qui l'entoure. Un genie vaste, une fermeté éclairée repareroient ces défauts, les effaceroient mêmes; et précisement on assure presqu'unanimement que ces deux qualités ne peuvent produire ce bon effet en faveur de ce commandant. On veut qu'il eut seulement la démangeaison de se mêler de tout, de tout faire, sans talens pour justifier cette inquiétude et ce zéle[58].

Pichon choisit documents et faits de manière à déconsidérer la politique coloniale française en Amérique et ainsi être en état d'exalter "la probité, l'honneur et l'humanité des chefs Anglois[59]". Il s'en faut de beaucoup qu'il déclare toujours la provenance de ses renseignements; selon Albert David, plusieurs pages seraient "un tissu de notes que Pichon avait la faculté de recueillir dans les bureaux de Louisbourg[60]"; nous-même avons constaté qu'il a copié presque textuellement, dans sa lettre première, des passages publiés dans *Lettre d'un habitant de Louisbourg*[61]. Quoi qu'il en soit de ses emprunts, déclarés ou non, Pichon a produit un texte cohérent qui retient

---

56. Lettre probablement adressée au sieur de Surlaville, Beauséjour, 12 novembre 1754, CEA, fonds Placide-Gaudet, 1.12-32.
57. Voir A. David, "Le Judas de l'Acadie", p. 32-33.
58. [T. Pichon], *Lettres et Mémoires...*, p. 150.
59. *Ibid.*, p. 311.
60. A. David, "Le Judas de l'Acadie", p. 28.
61. Voir en particulier la description des maisons, du terrain et de la forteresse de Louisbourg dans *Lettres et Mémoires..* (p. 9-11) et dans *Lettre d'un habitant de Louisbourg* (p. 26-30).

l'attention et fixe sa propre représentation des événements et des hommes, à savoir celle d'un écrivain qui se veut anglophile et philosophe comme l'étaient tant d'adeptes des lumières en son temps.

Ses quatre lettres sur les moeurs des sauvages sont presque un sommaire du *Discours sur l'inégalité*; mais Pichon, fidèle à sa propre méthode, prend, consciemment ou non, le contre-pied de celle de Rousseau; ses conclusions sont basées sur l'observation et non sur le raisonnement abstrait:

> Souvenés vous, je vous prie, qu'il est question des sauvages tels que je vous les ai peints, et qu'ils sont en effet; qu'il s'agit par consequent de gens simples dont les ruses et la malice ont des bornes très momentanées; dont les vues s'étendent peu au de là du necessaire; dont les passions subsistent rarement après le premier assouvissement; d'ailleurs enclins à la bonne foi et accoutumés à une grossiere franchise qui, quoique rebutante, n'a aucun des dangers d'une polie dissimulation[62].

Des gens aussi naturellement simples et bons n'auraient pas déclaré la guerre aux Anglais si leur esprit n'avait été porté ''au fanatisme et à la vengeance[63]'' par les missionnaires et si le gouverneur n'avait pas ''soufflé le feu[64]''. Pichon semble croire qu'il peut rejeter ainsi sur les autorités françaises, civiles et religieuses, les conséquences de sa trahison. En effet, quand la France perdit les îles Royale et Saint-Jean, les habitants allèrent grossir le nombre de leurs compatriotes acadiens que les vainqueurs de Beauséjour avaient commencé à déporter en 1755.

Les oeuvres dont nous venons de parler témoignent des origines françaises de la littérature acadienne. Elles présentent, dans leur ensemble, une vision édénique du pays, qui trouvera plus d'un écho dans les oeuvres d'origine proprement acadienne. Mais auparavant, l'enthousiasme des débuts fera place au silence quasi complet pour un long temps: le rêve a été crevé.

---

62. [T. Pichon], *Lettres et Mémoires...*, p. 203.
63. *Ibid.*, p. 160.
64. *Ibid.*, p. 206.

Chapitre II

LE PARADIS PERDU (1755-1866)

Désarroi, exil, isolement. — L'héritage perdure. — Des étrangers brisent le silence.

Qui n'a lu ou entendu le récit de la déportation des Acadiens, en 1755? Dix à onze mille proscrits dispersés sur les continents américain et européen et traités de façon bien inhumaine, plus de deux mille vivant cachés dans les bois ou réfugiés au Québec. Dernier épisode du drame: cession de l'Acadie à l'Angleterre, en 1763, y compris, cette fois, les îles Royale et Saint-Jean. Disparition d'un peuple? Fin d'un siècle et demi de présence française en Acadie? Le croire serait ignorer ou sous-estimer l'entêtement de ces "French Neutrals" qu'on a délogés et leur attachement à cette Acadie qu'on leur a volée.

Il en est revenu de la Nouvelle-Angleterre, du Québec et de la France s'établir, par petits groupes, dans des régions non encore occupées par les conquérants ou par les immigrants étrangers. A l'aube du XIXe siècle, le nombre d'Acadiens aux provinces Maritimes s'élève à 8 408, selon le recensement effectué par Mgr Denaut. S'efforçant, semble-t-il, de faire oublier leur présence, ils vécurent isolés, sans se doter d'institutions propres, sans se percevoir comme peuple. Mais ils surent conserver les seuls biens qu'on n'avait pu leur dérober: leur héritage culturel, leur littérature orale.

Inutile de dire que, durant cette période d'isolement forcé, les oeuvres littéraires du cru firent totalement défaut. Seule la nécessité de garder contact soit avec les autorités civiles ou religieuses, soit avec les familles séparées ou avec les compatriotes dispersés inspira maints rapports, mémoires ou lettres. Le regroupement et l'évaluation de ces pièces, publiées en partie seulement, sont à peine amorcés. D'ores et déjà pourtant, il se dégage, de cette masse d'écrits, quelques documents qui ont une valeur certaine. Plusieurs font état du désarroi et de la souffrance des Acadiens, dispersés ou traqués.

Désarroi, exil, isolement

Deux lettres de *François LE GUERNE* (1725-1789) sur les événements entourant la dispersion des Acadiens retiennent l'attention: celle du 10 mars 1756, souvent citée par les historiens, et celle écrite en 1757, peu avant son départ de l'Acadie.

Après la prise du fort Beauséjour, le 15 juin 1755, Le Guerne se retrouve seul missionnaire, "caché et fugitif[1]", avec les quelque trois mille Acadiens établis à Tintamarre et sur les rivières Chipoudie, Petitcodiac et Memramcook. Persuadé que Monckton, le commandant anglais du fort, projette de les déporter, il veut les convaincre de s'avancer vers la mer pour ensuite passer à l'île Saint-Jean (restée française) et au Canada (Québec).

Dans sa lettre du 10 mars 1756, émouvante et circonstanciée, Le Guerne explique, avec une compréhension teintée de pitié, comment l'attachement au pays et la peur de l'exil empêchent ces "pauvres habitants" de quitter les bois où ils doivent se cacher:

> [...] il faut dire adieu à son pays, à son habitation, à sa maison, abandonner les animaux et tant d'autres objets pour lesquels on a un attachement démezuré, il est dur d'y penser seulement [...] À les [Acadiens] entendre, on est misérable partout ailleurs, on y mange de viande que le quart de saoul, l'Accadie, disent-ils jusqu'à ces dernières années, était un paradis sur terre, on pense encore que nous aurons la paix incontinent, ou que l'Accadie sera peut-être reprise par une flotte françoise dans le courant de l'été prochain ou dans 2 ans au plus, qu'on pourroit se cacher sûrement en attendant et vivre de ses bestiaux (ce qui n'est qu'à la portée d'un petit nombre) on voudroit encore attendre des nouvelles du Canada, on s'assemble (on demande l'avis d'un missionnaire ou d'un officier, puis on fait à sa tête) on délibère, l'un se cache bien, l'autre mal caché le découvre, est-il prit quelqu'un, on tremble, on veut s'en aller, mais on se rassure bientôt, on s'endort dans une fausse tranquilité, on vit dans des espérances flatteuses, mais

---

1. *Lettre de M. l'abbé Le Guerne, missionnaire de l'Acadie,* publiée par C.O. Gagnon, Québec, Imprimerie générale A. Côté et Cie, 1889, p. 27.

"La Déportation des Acadiens", bronze exécuté par Lucien Gosselin.

souvent chimériquement, telle est la conduite de ce peuple que son expérience rend malheureux[2].

Un autre pasteur français, *Pierre MAILLARD* (1709-1762), arrivé à l'île Royale en 1735, s'efforce de maintenir son troupeau fidèle à la domination française. Malgré sa présence auprès des Micmacs au siège d'Annapolis Royal en 1744, et sa participation aux campagnes militaires de Ramezay (1745-1747), ce missionnaire sut s'attirer l'admiration des chefs politiques et religieux tant anglais que français.

Dans sa correspondance avec les autorités anglaises, Maillard tantôt justifie la conduite des Micmacs et des Acadiens, tantôt en appelle à la compassion ou à l'équité des vainqueurs. Les réminiscences classiques sont nombreuses et le ton est tour à tour subtil, ironique ou convaincant.

> Est-il possible que le petit fort d'Annapolis Royal ait paru à nos vaillans Alcides sous la figure d'un monstre cent mille fois plus fier, plus indomtable, plus féroce, plus effrayant, et plus redoutable que le Pithon de la Fable ou si vous voulez mieux que L'hydre de Lerne.

Et dans un autre paragraphe de cette lettre à Edward How:

> Il faut avouer que ces pauvres habitans icy sont furieusement balottez, Comment m'y prendre pour vous porter à en avoir compassion, sans cependant exciter en même temps votre indignation contre ceux qui leur font faire tout ce que vous devrez necessairement ne point approuver. Je laisse tout cela a la Sagesse de vos Conseils[3] [...].

Sa ''Lettre sur les Missions de l'Acadie et particulièrement sur les Missions Micmaques[4]'' contient de précieuses indications concernant la langue et les moeurs de cette peuplade dont il fut l'apôtre pendant trente ans. Il possédait parfaitement leur

---

2. Lettre à M. Prévost, Ordonnateur à l'Isle Royale, Belair vers Cocagne, 10 mars 1756, publiée dans *le Canada français*, octobre 1889, p. 159-160.
3. Lettre à Edward How, Rivière de l'Original [Orignal], 3 novembre 1746, publiée dans *Rapport concernant les Archives canadiennes pour l'année 1905*, vol. II, p. 102-103.
4. Publiée dans *les Soirées canadiennes*, 3e année, 1863, p. 289-426.

langue et a rédigé en écriture hiéroglyphique[5] plusieurs livres ou cahiers, dont une grammaire et un manuel de prières, d'instructions et de chants[6].

Le croyant seul capable d'amener les Micmacs à signer un traité de paix, les Anglais l'invitèrent à Halifax. Ils lui laissèrent toute liberté de célébrer le culte catholique pour les Acadiens et les Micmacs qui le suivirent en assez grand nombre. C'est de ce poste qu'il correspondait avec les Acadiens déportés en Nouvelle-Angleterre et qu'il devint leur chef spirituel comme l'atteste une lettre adressée à Louis Robichaux[7]. Celui-ci se voit octroyée, à sa propre demande, la permission de marier, devant témoins, les Acadiens qui se trouvent dans Boston et dans ses environs.

Ce Louis Robichaux était fils d'un riche marchand né à Port-Royal en 1669. Il avait pu recevoir une bonne éducation et paraît avoir joui, à Boston où il fut déporté avec sa femme et ses dix enfants, de la même confiance et estime dont l'honoraient, en Acadie, ses compatriotes et les Anglais[8]. En 1755, la famille passe de Boston à Québec. Trois des six garçons vont s'établir dans la région de Miramichi, au Nouveau-Brunswick, où des Acadiens s'étaient réfugiés pour éviter la déportation.

Le Centre d'études acadiennes de Moncton possède une partie de la correspondance de *Vénérande ROBICHAUX* (1753-1839), la plus jeune des enfants. Elle est née à Port-Royal

---

5. Pierre Maillard a-t-il réellement inventé, comme il le dit (p. 355), un système hiéroglyphique ou a-t-il perfectionné le système laissé par Chrestien Le Clercq, ou encore les deux missionnaires ont-ils travaillé à partir de dessins qu'utilisaient les sauvages pour fixer leurs messages? La question reste pendante. Voir Micheline D. Johnson, art. ''Maillard (Maillart, Mayard, Mayar), Pierre'', dans le *Dictionnaire biographique du Canada,* vol. III, p. 449.
6. Privés de missionnaire pendant de longues années, les Micmacs ont copié ces cahiers et se les ont transmis pendant plus de cent ans. Le père Christian Kauder, rédemptoriste à Tracadie, en Nouvelle-Écosse, les fit reproduire en typographie par la Société Léopoldine de Vienne, en 1866. Un de ces volumes, le *Manuel de prières, instructions et chants sacrés en hiéroglyphes micmacs,* a été réimprimé par l'Action Catholique de Québec, en 1921.
7. Lettre à Louis Robichaux, Halifax, 17 septembre 1761, publiée dans *Rapport concernant les Archives canadiennes pour l'année 1905,* vol. II, p. 267-268.
8. Donat Robichaud, *Les Robichaud: histoire et généalogie,* Bathurst, Séminaire St-Charles, [1968], p. 170-173.

le 1er mars 1753; elle restera à Québec jusqu'à sa mort, le 22 novembre 1839, malgré son grand désir d'aller rejoindre son frère Otho, à Néguac. Échelonnées sur une période de quarante ans (1791-1831), ses lettres révèlent une personne intelligente, sensible et pourvue d'une bonne instruction[9].

Elle note ou commente des événements d'ordre politique, religieux ou économique survenus à Québec: l'arrivée du Prince Edward avec son régiment, le départ de Sir Guy Carleton pour l'Angleterre, la nomination de Clarke comme lieutenant gouverneur, la guerre sainte que mène Mgr Bailly contre le clergé, le prix de la farine qui est de quinze à vingt chelins le cent en 1799, etc. Une seule allusion aux malheurs de 1755:

> Qui l'aurait cru que notre pauvre Acadie, qu'ils nous ont volée, serait devenue d'une assez grande conséquence pour être commandée par un prince. Malgré tout cela les Anglais payeront peut-être les peines qu'ils nous ont causées[10].

Les commérages trouvent leur place dans ces longues lettres: ''la fille du vieux Hill'' est cause de querelle entre ses parents adoptifs; Olivier ''ne s'est pas couché une fois de tout l'hiver sans être ivre[11]''; le chapelain de Trois-Rivières a décampé en Nouvelle-Angleterre avec une religieuse qu'il a débauchée.

Mais c'est, avant tout, à sa famille que s'intéresse Vénérande. Estimée de ses frères et soeurs, elle fut en quelque sorte leur agent de liaison et l'arbitre de leurs différends. Ainsi elle s'occupe d'envoyer des marchandises à Miramichi, de récupérer leur argent laissé à Boston; elle tente de protéger la faible Esther, de réconcilier Otho et Florent de qui elle dépend presque pour survivre. Ses lettres à son frère Otho sont particulièrement émouvantes; on la sent constamment tiraillée entre son désir d'aller vivre auprès de lui, à Néguac, et la crainte que la mort de celui-ci l'y laisse plus désespérément seule qu'elle ne l'est à Québec.

---

9. Voir *ibid.*, p. 171.
10. Lettre à Otho Robichaux, Québec, 20 octobre 1799, CEA, fonds Placide-Gaudet, 1.31-13A.
11. Lettre à Otho Robichaux, Québec, 1er mai 1791, *ibid.*

Vous serez peut être fâché contre moi, mon cher Otho, de ce que je reste encore ici. Je ressens la dernière des peines et des chagrins de ce que je ne saurais me résoudre à faire ce qui serait véritablement raisonnable en moi. Ce n'est point cependant le plaisir ni les agrémens qui me retiennent en ville, car depuis deux ou trois ans je n'ai eu que des afflictions les plus amères, et à présent ma plus grande est de ne pouvoir pas souscrire à tout ce que vous souhaitez. Mais enfin de quel côté que je me tourne je ne puis envisager que misère si j'ai des jours à vivre. Car si je vais avec vous et que ce fut la volonté de Dieu de vous retirer du monde, je me trouverais dans un désert avec des sauvages et des étrangers. Si je reste ici je cours risque de demander mon pain, si j'en ai la force. Ainsi je n'ai point de ressources[12].

Plusieurs lettres d'un autre Acadien, *Joseph-Mathurin BOURG*[13] (1744-1797), ont été publiées dans la *Vie de l'abbé Bourg, premier prêtre acadien*[14]. Adressées à l'évêque de Québec et à son vicaire général, elles jettent une lumière particulière sur les conditions de vie très difficiles de quelques missionnaires oeuvrant en Acadie après le retour des déportés de même que sur l'éparpillement des groupes d'Acadiens reprenant souche ici et là dans les provinces Maritimes, la Gaspésie et les îles de la Madeleine[15]. À pied, à cheval, en canot ou en barque, l'abbé Bourg parcourt pendant plus de vingt ans son immense territoire. Sa correspondance témoigne de son zèle, de son énergie et de sa détermination — pour ne pas dire de son

---

12. Lettre à Otho Robichaux, Québec, 17 août 1791, *ibid*. Le 19 août de l'année suivante, de Québec toujours, Vénérande écrit à ce même frère *(ibid.)*: "Si Dieu me laisse vivre ainsi que vous jusqu'au printemps, et que je vois lieu de pouvoir rester ici, je trouverai une pension pour la moitié de ce qu'il m'en coûte à présent. La grande envie que j'ai de vous voir ainsi que votre femme et vos petits enfants me fera peut-être résoudre à autre chose, car je conviens avec vous qu'il n'y a point d'autre asile pour moi que chez vous."

13. J.-M. Bourg est né à Grand-Pré. Sa famille, expulsée de l'Acadie, fut transportée en Virginie, puis détenue en Angleterre pendant sept ans. Après le traité de Paris, elle put passer en France où le fils Mathurin fit ses études théologiques et reçut les Ordres mineurs. Il désirait se consacrer aux missions d'Acadie. Mgr Briand l'y nomma immédiatement après son ordination en 1773. Il devait desservir la Gaspésie, la Nouvelle-Écosse et le Nouveau-Brunswick actuel; son port d'attache était Tracadièche (aujourd'hui Carleton).

14. Arthur Melanson, *Vie de l'abbé Bourg, premier prêtre acadien, missionnaire et grand-vicaire pour l'Acadie et la Baie-des-Chaleurs, 1744-1797*, Rimouski, Le "Chez Nous", 1921, 175 p.

15. En 1764, les autorités britanniques autorisent le retour des Acadiens à condition, entre autres, qu'ils se dispersent en petits groupes.

opiniâtreté. Durant ses dernières années à la baie des Chaleurs, il est en butte à d'incessantes tracasseries qui l'ébranlent profondément et dont l'origine semble avoir été sa volonté de construire une église à Carleton. Certains en veulent deux (à Carleton et à Maria); d'autres s'opposent à toute construction aussi longtemps que le gouvernement ne leur donnera pas les titres de leurs terres. L'église est construite à Carleton, et les récriminations continuent, ponctuées par le refrain "comme en Acadie":

> Leur église a demie faite, ils ont voulus absolument y placer des bancs, comme à l'accadie et non par famille, cela gangné sur eux avec toute la peine possible ils prétendaient ensuite qu'ils ne fussent pas mis à la crié mais d'un même prix tiré au sort, comme à l'accadie. a force je les ai obligé de suivre les ordres de Sa Grandeur pour ce sujet, et essuier tant de mauvaises raisons de leur part, que cela a pour ainsi dire fini de mépriser. autre chose ils veulent ces stupides du premier ordre que les prêtres de la Baye des Chaleurs soient sur le même pied que les prêtres de l'accadie c'est à dire qu'ils n'aient qu'un petit garçon à les servir et faire leur cuisine, ce qui les a portés malgrés moy, étant encore en danger de mort d'éloigner ma cousine, dans une cariole sur la glace jusque de l'autre côté de la Baye[16] [...].

Après 1763, ce sont surtout des Canadiens français qui desservent les missions acadiennes; celles-ci relèvent du diocèse de Québec. Mgr Plessis vient constater de visu, lors de ses deux tournées apostoliques (1811 et 1815), la situation particulièrement difficile dans laquelle vivent ses prêtres et une population éparpillée. À la suite de ses prédécesseurs, il demande à Rome de diviser son vaste diocèse. Malheureusement, quand la réorganisation se fait, les Acadiens se voient placés sous l'autorité d'un vicaire apostolique ou d'un évêque de langue anglaise[17]. Cependant jusque dans les années 1840, les prêtres canadiens-français, missionnaires dans les provinces Maritimes

---

16. Lettre à Mgr Hubert, Carleton dit Tracadies, 28 mars 1795, CEA, fonds Placide-Gaudet, 1.54-15. Dans cette longue lettre, l'abbé Bourg raconte sa maladie et répond aux plaintes portées contre lui; cette même année son évêque le rappelle à Québec. Il y meurt deux ans plus tard, à l'âge de cinquante-trois ans.
17. En 1817, la Nouvelle-Écosse péninsulaire est érigée en vicariat apostolique relevant directement du Saint-Siège et l'Irlandais Mgr Burke est élu à cette charge. En 1819, un second vicariat est créé avec siège à Charlottetown comprenant les îles du Prince-Édouard et du Cap-Breton; en 1821, les îles de la Madeleine et le

et aux îles de la Madeleine, s'en remettront, pour l'essentiel, à leur évêque de Québec ou à son coadjuteur.

La correspondance des missionnaires canadiens est intéressante à plus d'un titre. Elle est capitale, il va sans dire, pour la compréhension du rôle grandissant de l'Église en Acadie, surtout dans le domaine de l'éducation. Précieuse pour l'étude des mouvements de migration et des acquisitions de terres, elle est irremplaçable comme mine de renseignements sur le caractère et les moeurs des Acadiens dans la première moitié du XIXe siècle.

> [...] l'ignorance est générale dans le village, et le pis, aucun désir de s'instruire, de sorte que laissés à eux-mêmes jamais ils ne feront aucun effort pour en sortir, et tous les vices qui naissent de l'ignorance y ont pris racines, et déjà elles sont profondes[18].

Ces remarques qu'un missionnaire établi au sud-est du Nouveau-Brunswick adresse à son évêque, nombre de pasteurs les reprennent en parlant de leurs propres paroissiens. Une longue habitude de vie indépendante, jointe à l'ignorance[19] et à une tendance naturelle à la joyeuse insouciance, n'a pas préparé les Acadiens à donner immédiatement leur confiance et leur collaboration à quiconque cherche à les organiser, même si c'est un curé. Ce trait ressort clairement, par exemple, des rapports relatifs à la construction d'églises: choix du village, du terrain, des dimensions, etc. Toutefois, malgré les difficultés de tous ordres qu'ils rencontrent, quelques-uns des missionnaires canadiens finirent par s'attacher à leur pays d'adoption.

Nouveau-Brunswick y seront rattachés; le vicariat est confié à l'Écossais Mgr MacEachern qui sera nommé évêque, en 1829, quand Charlottetown sera érigé en diocèse. Voir Antoine Bernard, *Histoire de la survivance acadienne, 1755-1935*, Montréal, Les Clercs de Saint-Viateur, [1935], p. 111-112, 117 et 347.

18. Antoine Gagnon, Lettre à Mgr Plessis, Bouctouche, 13 novembre 1814, AAQ, série 311 CN, vol. 5, F. 36.

19. Sous le Régime anglais, les Acadiens n'eurent leurs premières écoles qu'à partir de 1815. Avant cette date, c'est dans des maisons privées ou au presbytère que, dans quelques villages, des personnes plus instruites apprenaient aux enfants à lire et à écrire. Pour connaître la situation des écoles françaises dans les provinces Maritimes, de 1755 aux années 1870, on pourra lire la thèse d'Omer Le Gresley, *L'Enseignement du français en Acadie (1604-1926)*, Mamers, Gabriel Énault, 1926, p. 87-125.

En tête de cette liste vient assurément *Antoine GAGNON* (1785-1849) qui oeuvra quarante ans au Nouveau-Brunswick. Il voulut doter les Acadiens de leur première maison d'éducation, mais l'épiscopat de Charlottetown s'y opposa si bien qu'à sa mort, en 1849, la charpente de son collège de Grande-Digue "achevait de pourrir[20]". Les lettres d'Antoine Gagnon, pleines d'ironie ou de compassion, mériteraient de faire l'objet d'une étude. Pour s'en convaincre, il suffit de lire son récit d'un suicide survenu à Cocagne. D'une plume alerte, il expose les causes et les péripéties qui conduisirent à cet acte malheureux; puis, avec un sentiment qui tient de l'admiration, de la surprise et de l'embarras, il raconte les événements qui suivirent: improvisation d'un jury de douze hommes assermentés par un marchand, ruse déployée pour renverser le verdict et obtenir que la suicidée soit enterrée dans le cimetière catholique[21]. On trouve un exemple de la fine malice dont il pouvait faire preuve à l'occasion dans son compte rendu de la visite apostolique de Mgr MacDonald, évêque de Charlottetown:

> [...] quoique nous fussions quelquefois jusqu'à 5 Canadiens, cela n'empêche pas que ce n'ait été une Visite *à l'Ecossoise* dans toute la vérité. Il est vrai qu'il y eut instruction les jours de visite à la messe, mais c'est tout. Je n'ai vu faire d'entrée solennelle qu'à Richibouctou où Mgr Pâquet lui fit un petit compliment auquel le bon Évêque ne répondit pas un mot, ni même un mot d'avis ou d'édification aux fidèles qui se pressoient en foule derrière sa Grande Grandeur, et aussi à Caraquet où elle eut les oreilles étourdies par les éclats du salpêtre qui détonnoit d'une nombreuse mousqueterie et d'une vieille pièce d'artillerie exhumée je ne sais où, mais en revanche, ses oreilles et les nôtres furent diverties par la *mélodie* de plusieurs violons rassemblés dans la sacristie et qui jouoient des *rigodons* et des *jigs* à la façon du pays ce qui causa une grande hilarité dans la troupe Apostolique depuis le chef jusqu'au dernier[22].

L'héritage perdure

Il ne se trouve pas un seul Acadien des Maritimes, contemporain des missionnaires canadiens, qui ait laissé, semble-t-il,

---

20. Voir Pascal Poirier, *Le Père Lefebvre et l'Acadie*, Montréal, C.O. Beauchemin & fils, 1898, p. 95.
21. Lettre à Mgr Panet, Richibouctou, 19 novembre 1819, *ibid.*, F. 49.
22. Lettre à Mgr Turgeon, Shediac, 19 février 1840, *ibid.*, F. 100.

des écrits offrant quelque intérêt sur le plan littéraire. Vu les conditions géographiques, sociales et culturelles dans lesquelles se fait la réorganisation, il n'y a pas lieu, pensons-nous, de s'en étonner. Regroupés en petit nombre, incertains de posséder légalement les terres qu'ils habitent, tracassés par des lois anti-catholiques et anti-françaises, les Acadiens n'auront leurs premières écoles qu'à partir de 1815 et leur premier collège que cent ans après leur retour d'exil. Le nombre d'analphabètes fut élevé certes; mais l'Acadien ne perdit pas le goût de chanter, de fêter, de raconter; la tradition orale fut non seulement maintenue intacte, mais enrichie.

C'est Placide Gaudet qui affirmait, dans l'*Évangéline*[23], que Basile-A. Robichaud était poète et avait composé plus d'une chanson. Lui-même l'avait entendu réciter ce qu'il considérait comme son meilleur poème: un poème sur le pommier qu'il aimait. Si Basile-A. Robichaud avait couché sur papier ses rêveries poétiques, il serait surprenant que l'archiviste Placide Gaudet n'en ait pas obtenu une copie. Il a récupéré, quoiqu'il en soit, une complainte[24] composée par Frédéric (mort en 1863), frère dudit poète[25].

En vingt-huit couplets de huit vers chacun, il relate l'événement suivant. Le 14 septembre 1853, le ''Vinalia'' quitte la baie Sainte-Marie à destination de la Guadeloupe pour un échange commercial routinier. Sur le chemin du retour, une épidémie de fièvre frappe quatre des six membres de l'équipage. Les survivants jettent les corps à la mer et implorent la protection de la Vierge Marie.

---

23. [Placide Gaudet], ''Mort du sieur Basile A. Robichaud'', dans l'*Évangéline*, 6 novembre 1890, p. 2, col. 3.
24. ''Complainte sur le voyage du brick Vinalia, par feu Frédéric Robichaud'', dans l'*Évangéline*, 23 février 1905, p. 1, col. 6-7.
25. Leur père, Armand, né en exil, était cousin germain de Vénérande Robichaux. Il fut avec son père le fondateur de Meteghan, Nouvelle-Écosse, en 1785. Sa maison servit d'école aux enfants de son village. Frédéric, né en 1785, poursuivit ses études au presbytère du père Jean-Mandé Sigogne. Voir D. Robichaud, *Les Robichaud: histoire et généalogie*, p. 163-165.

Cette complainte du "Vinalia[26]" serait, semble-t-il, la plus ancienne[27] et en même temps la plus littéraire[28] qui nous ait été transmise. Ce qui est certain, c'est que les Acadiens composèrent des centaines de ces complaintes, sorte de journal familial ou paroissial. Il est tout aussi incontestable qu'ils se transmirent des chansons, des contes, des légendes dont la découverte fait la joie d'ethnologues et de folkloristes depuis les années 1920[29]. Il faut souhaiter que l'on passe, au plus tôt, de la cueillette à l'analyse de cette littérature orale, réputée d'une grande richesse. L'histoire littéraire en bénéficierait grandement. Dans quelques études publiées, nous pouvons d'ores et déjà relever certaines conclusions ou affirmations qui jettent un éclairage nouveau sur la littérature en Acadie.

Ainsi, une analyse quantitative des thèmes de la chanson[30] révèle que l'amour est la grande préoccupation ou la valeur première dans cette forme de littérature orale; elle lui accorde, par exemple, vingt-quatre fois plus d'importance qu'au nationalisme, à l'agriculture, à la France, et quarante-huit fois plus qu'aux ancêtres. Dans l'échantillonnage analysé, Raymond Mailhot n'a trouvé aucune mention de la déportation. Anselme Chiasson n'en relève pas davantage dans les chansons populaires qu'il recueillit dans la région de Chéticamp[31]. Catherine Jolicoeur remarque, avec surprise, une particularité semblable dans les légendes: on n'en a vu aucune qui ait été créée autour de personnages historiques, autour de Lawrence et

---

26. Mieux connue, au XXe siècle, sous le nom de "Complainte de Vanilia".
27. Voir Antonine Maillet, *Rabelais et les traditions populaires en Acadie,* Québec, Les Presses de l'Université Laval, 1971, p. 105, et Raymond LeBlanc, "Pour une interprétation critique des complaintes acadiennes", dans *Si Que II,* Université de Moncton, 8e année, no 2, mai 1975, p. 80.
28. Voir Jean-Claude Dupont, *Héritage d'Acadie,* Montréal, Leméac, 1977, p. 39-45.
29. Voir Charlotte Cormier, "Situation de la recherche en folklore acadien", dans *les Cahiers de la Société historique acadienne,* vol. 6, no 3, septembre 1975, p. 138-146.
30. Raymond Mailhot, "La Chanson folklorique acadienne: analyse quantitative de thèmes", dans *Revue d'histoire de la Société historique Nicolas Denys,* vol. 2, no 2, mars-mai 1974, p. 18-27.
31. Anselme Chiasson, *Chéticamp: histoire et traditions acadiennes,* Moncton, Éditions des Aboiteaux, 1961, p. 271.

de Winslow par exemple[32]. Dans sa thèse: *Rabelais et les traditions populaires en Acadie,* Antonine Maillet constate, elle aussi, qu'il existe peu de traces de la déportation et des années d'exil dans les contes, les légendes ou les chansons d'Acadie. Il s'en trouve, à titre exceptionnel, dans "quelques bribes de complaintes", affirme-t-elle en citant "la Prise de Louisbourg[33]". L'ethnologue Jean-Claude Dupont corrobore les conclusions d'Antonine Maillet et il constate: "Presque toutes les complaintes acadiennes se regroupent sous un thème commun, celui de départ: départ occasionné par un mariage, par le travail à l'étranger ou par la mort[34]". Des cent cinquante complaintes et chansons, proprement acadiennes, que nous-même avons lues, deux seulement contiennent des allusions aux années de déportation et d'exil, et elles sont, de toute évidence, postérieures aux premières conventions nationales, c'est-à-dire aux dernières décennies du XIXe siècle[35].

Ces études et enquêtes nous amènent à conclure que la littérature orale, conservée et développée par les Acadiens, durant leur longue nuit d'exil et d'isolement, est aux antipodes de celle écrite pendant le siècle qui les verra prendre peu à peu leur place au soleil. L'orale accorde la priorité au thème de l'amour et se contente de quelques rares allusions à l'histoire et aux malheurs de la déportation; l'écrite veillera à ce que les Acadiens n'oublient pas les événements de 1755, et elle nourrira un mythe créé, par un étranger, autour d'une héroïne de la dispersion.

---

32. Catherine Jolicoeur, "Légendes en Acadie", dans *Si Que 3,* Études françaises, Université de Moncton, automne 1978, p. 42.
33. P. 6-7. Faisons remarquer que le premier feuilleton publié dans *le Moniteur acadien* se rapporte également à cette forteresse française du Cap-Breton: "La Chute de Louisbourg", par ***.
34. J.-C. Dupont, *Héritage d'Acadie,* p. 29.
35. L'une, "En avant" (attribuée à Philippe LeBlanc de Cocagne, collection de J.-C. Dupont), est la version inachevée, très peu déformée et changée, de la chanson du même titre composée par l'abbé S.-J. Doucet et publiée, en 1916, dans *Chants populaires des Acadiens,* par la Société l'Assomption, sous la direction de MM. J.-L.-P. St-Coeur et Clarence-F. Cormier. La seconde, "La Marche de l'Acadien" (attribuée à Conrad Martin de Baie Sainte-Anne, collection de J.-C. Dupont), est calquée sur "la Marseillaise acadienne" d'A.-T. Bourque, publiée dans le même cahier.

Des étrangers brisent le silence

Ce sont, en effet, des écrivains étrangers qui, les premiers, s'emparèrent du thème de la déportation. L'Américain Longfellow publie son poème *Evangeline* en 1847; le Canadien français Napoléon Bourassa, son roman *Jacques et Marie,* en 1865-1866. Ni l'un ni l'autre ne sont venus en Acadie.

Dans un cadre édénique et ''cocagnien[36]'', **Longfellow** met en scène des Acadiens industrieux, gais et insouciants[37], propriétaires de riches terres et de nombreux troupeaux. Deux jeunes, Gabriel et Evangeline, se fiancent à la mode du pays. Le lendemain, un ordre de confiscation et de déportation met cruellement fin à leur idylle amoureuse ainsi qu'à l'âge d'or de leur peuple. Éplorée, Evangeline parcourt l'Amérique à la recherche de son fiancé, alors que celui-ci cherche l'oubli dans une fuite continuelle vers de nouveaux pays. Les deux se manquent de justesse en Louisiane, nouvel Éden où s'est fixé un groupe de proscrits. L'héroïne, vieillie, met fin à ses pérégrinations et se fait soeur de la Charité à Philadelphie. C'est là qu'elle retrouve Gabriel mourant dans un hôpital.

Il est hors de doute que cette histoire à saveur exotique et romantique connut immédiatement un grand succès. En l'espace de dix ans, trente-sept mille exemplaires furent vendus en Amérique[38] et le poème fut traduit en plusieurs langues: allemand, danois, hollandais, italien, polonais et suédois[39]. Des discussions animées tant sur la prosodie[40] que sur la vérité historique de l'oeuvre[41] contribuèrent à attirer l'attention de l'Amérique et de l'Europe sur les Acadiens — peuple dont Longfellow faisait l'éloge et déplorait la disparition.

Nous aimerions savoir à quel moment les Acadiens prirent connaissance de ce poème qui les sortait de l'ombre et quelle fut alors leur réaction. Nous sommes loin de pouvoir affirmer

---

36. Cadre familier au lecteur de Marc Lescarbot et de Nicolas Denys.
37. Traits caractéristiques notés par Dièreville.
38. Ernest Martin, *L'Évangéline de Longfellow et la suite merveilleuse d'un poème,* Paris, Hachette, 1936, p. 150.
39. Voir *ibid.,* p. 356-358.
40. Voir *ibid.,* p. 127-138.
41. Voir *ibid.,* p. 189-215.

Edmé Rameau de Saint-Père

Napoléon Bourassa
(PA-237054,
Archives publiques Canada.)

Henry-Wadsworth Longfellow

catégoriquement et sans nuances, comme le fait Robert Rumilly, qu'en Acadie *"Évangéline* se lit — se dévore — dans les paroisses, dans les familles" et que dans les écoles "les élèves l'apprennent par coeur[42]". Nous pouvons souligner, cependant, qu'en 1865 la traduction d'*Evangeline* en français, par Pamphile Lemay, arrivait au bon moment: entre la fondation du collège Saint-Joseph de Memramcook et celle du premier journal français en Acadie. Que le poème ait été reproduit en feuilleton dans *le Moniteur acadien* dès ses premiers numéros en 1867[43], qu'il ait été repris en 1887 dans le journal auquel justement l'héroïne donna son nom[44], cela témoigne d'un intérêt réel suscité par cette oeuvre. Il est également certain que la reproduction, dans le *Troisième livre de lecture*[45], de deux extraits d'*Evangeline* et d'une notice biographique de son auteur, ainsi que la chanson "Évangéline" d'A.-T. Bourque, publiée dans un recueil de chants populaires acadiens[46], ont fixé, dans l'esprit de plusieurs générations d'écoliers, les traits de la belle, pure, dévouée et fidèle fiancée de Grand-Pré immortalisée par Longfellow. Les Acadiens acceptèrent cette héroïne que créa le grand poète américain et qu'on leur présenta dans les écoles, les journaux et les rassemblements. Cri de ralliement et chant d'espoir pendant près d'un siècle, "Évangéline" est devenue

---

42. Robert Rumilly, *Histoire des Acadiens,* Montréal, [éd. par l'auteur, 1955], t. II, p. 715.
   En 1907, un professeur du collège Saint-Joseph, Philéas-F. Bourgeois, dans une conférence donnée à Moncton à l'occasion du centenaire de la naissance de Longfellow, disait: "C'est parce que je crois qu'un grand nombre de ceux qui m'entendent n'ont pas eu l'avantage de lire cette touchante idylle que j'en veux faire le résumé sur le texte d'une traduction française presque littérale." (*Henry Wadsworth Longfellow: sa vie, ses oeuvres littéraires, son poème Évangéline,* Shédiac, p. 11). Dans sa conclusion, il rappelle l'enthousiasme avec lequel le poème fut reçu par la nation américaine et la place qu'occupe, depuis cinquante ans, le portrait d'Évangéline dans nombre de salons des États-Unis et de France. Pas un mot n'est dit de l'accueil réservé à cette oeuvre en Acadie.
43. *Évangéline,* traduction (en vers) de Pamphile Lemay (1865), dans *le Moniteur acadien,* du 22 août au 19 septembre 1867.
44. *Évangéline,* traduction (en prose) de Charles Brunel (1864), dans *l'Évangéline,* du 23 novembre 1887 au 4 janvier 1888.
45. Livre en usage dans les écoles acadiennes du Nouveau-Brunswick et de la Nouvelle-Écosse à partir de 1907. Voir Alexandre Savoie, *Un siècle de revendications scolaires au Nouveau-Brunswick, 1871-1971,* [s.l.n.é., 1978], vol. I, p. 116.
46. Voir plus haut, p. 49, note 35.

Dévoilement de la statue d'Évangéline, à Grand-Pré, en 1920.

53

aujourd'hui pour certains le symbole d'une Acadie muette et résignée. Mais ceci appartient à un autre chapitre de la littérature acadienne[47].

À la suite de Longfellow, nombreux sont les écrivains au Canada et en Acadie qui puiseront leur inspiration dans l'histoire tragique des Acadiens. L'année même de la parution, au Québec, de la traduction d'*Evangeline* par Pamphile Lemay, un autre Canadien, **Napoléon Bourassa,** publiait en feuilleton, dans *la Revue canadienne,* son roman *Jacques et Marie. Souvenir d'un peuple dispersé*[48].

Il est probable que cet ouvrage, en prose, ait été davantage lu en Acadie que le poème de Longfellow. C'est ce que laisse entendre Gérard Malchelosse[49] et que semble confirmer une enquête effectuée dans les principaux journaux acadiens. Par exemple, *le Moniteur acadien* a reproduit, de 1867 à 1903, deux fois le roman *Jacques et Marie* et une fois le poème *Evangeline;* nous retrouvons la même proportion dans *l'Évangéline* pour la période de 1887 à 1933. En annonçant la reprise du roman, on se plaît à répéter que les lecteurs voudront ''lire ou relire'' cette belle histoire ''écrite en souvenir de la dispersion et qui renferme pour nous, Acadiens, tant de magnifiques leçons[50]''.

L'influence du poème de Longfellow et du roman de Bourassa sur la littérature acadienne est indéniable; nous le rappellerons plus explicitement dans le chapitre consacré aux romans des années 1940 et 1950.

En 1859, douze ans après la parution d'*Evangeline* de Longfellow, un Français **Edmé Rameau de Saint-Père,** publie *la*

---

47. Nous ajouterons quand même ceci: les controverses ayant cessé autour de la vérité historique du poème, l'héroïne ayant été passablement démythifiée, il serait opportun, nous semble-t-il, que les Acadiens étudient, à leur tour, l'*Evangeline* de Longfellow comme une oeuvre littéraire et qu'ils voient froidement comment celle-ci influença leur réveil national et leur littérature.
48. *La Revue canadienne,* juillet 1865 - août 1866.
49. ''Henry-Wadsworth Longfellow'', dans *la Revue acadienne,* 1ère année, no 1, janvier 1917, p. 17.
50. *L'Évangéline,* 13 avril 1933, p. 3, col. 6; voir *l'Acadien,* 27 novembre 1913, p. 1, col. 5-6.

France aux colonies. Ce livre attira l'attention non seulement de la France sur ses colonies, mais aussi celle des Canadiens sur leurs voisins acadiens. Jusque-là, aucun ouvrage historique, en langue française, n'avait été consacré aux Acadiens d'après la déportation. Les Canadiens comme les Français ignoraient donc pratiquement tout de leur sort. Rameau le faisait remarquer en ces termes:

> Raynal, il est vrai, a tracé du régime intérieur et des moeurs acadiennes une description séduisante et fort connue; mais il y a trop à présumer que ce ne fut guère qu'une pastorale de fantaisie [...] Puis nous possédons une relation assez sèche de Lafargue, quelques traditions éparses recueillies par Halliburton et par le plus distingué des poètes américains, Longfellow, dans son poème touchant d'*Évangéline,* la jeune fiancée acadienne; et voilà tout ce qui nous reste de l'histoire de ce peuple[51].

L'ouvrage historique de Rameau vint donc combler un grand vide. L'auteur exprime sa foi dans la possibilité d'un réveil acadien et il trace en quelque sorte un programme qui assurerait la survie de ce peuple. Il faut créer de nouvelles paroisses à l'intérieur des terres, répandre davantage une instruction "qui vienne aider les plus intelligents d'entre eux, à s'élever à des professions libérales ou commerciales", fonder un journal qui serait une force "dans l'action commune vers le progrès général", établir une société "analogue à celle de la Saint-Jean-Baptiste, au Canada", se choisir un patron, une fête nationale. Sachant qu'il serait difficile, voire impossible, pour les Acadiens de réaliser seuls ce programme, Rameau fait appel à la générosité des Canadiens et des Français pour leur venir en aide[52].

La France aux colonies suscite d'autant plus d'intérêt et d'enthousiasme chez beaucoup d'Acadiens que son auteur vient passer deux mois dans leur pays dès 1860, qu'il y revient en 1888, et que leurs journaux publient souvent de ses écrits et parlent régulièrement de lui comme étant le bienfaiteur et le

---

51. E. Rameau, *La France aux colonies. Études sur le développement de la race française hors de l'Europe. Les Français en Amérique. Acadiens et Canadiens,* Paris, A. Jouby, 1859, [première partie: *Les Acadiens*], p. 97-98.
52. *Ibid.,* p. 111-120.

grand ami des Acadiens. Celui-ci ne cesse de prodiguer ses conseils et ses encouragements. Il entretient une correspondance assez suivie avec quelques chefs acadiens, notamment avec Pascal Poirier. Le programme élaboré par Rameau orientera directement la recherche et l'action de toute une génération de la classe dirigeante — celle des premières conventions nationales[53]. Et par l'idéologie dont on jette les bases durant ces années, l'influence de Rameau se prolongera, en Acadie, jusqu'au milieu du XXe siècle. La littérature acadienne en témoigne.

Comme Rameau l'avait souhaité, quelques Canadiens et Français vinrent aider les Acadiens à se doter d'un collège et d'un journal. Fondé en 1864, le collège Saint-Joseph de Memramcook marque une étape dans l'histoire acadienne — le début de la Renaissance, se plairont à répéter certains diplômés de cette institution. En vérité, il importe peu qu'on fasse remonter ce réveil à la fondation du collège Saint-Joseph, en 1864, ou à celle du premier journal de langue française dans les provinces Maritimes, en 1867, ou encore à la tenue de la première convention nationale acadienne, à Memramcook, en 1881. Ce qui est certain, c'est que collèges, journaux et conventions ont contribué à une prise de conscience collective chez les Acadiens; ils ont également rendu possible la naissance d'une littérature proprement acadienne.

---

53. Raymond Mailhot, La "Renaissance acadienne" (1864-1880): l'interprétation traditionnelle et "le Moniteur acadien", thèse, D.E.S., Université de Montréal, 1969, p. 22-23.

DEUXIÈME PARTIE

SUR LES CHEMINS DE L'HISTOIRE
(1867-1928)

Chapitre premier

UN PEUPLE À RASSEMBLER

Journaux et discours. — Pierre-Amand Landry. — Marcel-François Richard.

Les années 1864, 1867 et 1881 ont été associées, depuis toujours, à des événements qui marquent les débuts d'une renaissance en Acadie — premier collège, premier journal, première convention nationale. A-t-on suffisamment remarqué qu'à ces mêmes dates l'histoire acadienne enregistre des reculs importants sur le terrain démographique et sur celui de l'enseignement — pour ne pas mentionner le pacte confédératif d'où les Acadiens furent absents?

Ils s'étaient tout juste construit, de peine et de misère, une école dans chaque paroisse que les lois provinciales vinrent imposer la neutralité scolaire en Nouvelle-Écosse (1864), à l'île du Prince-Édouard (1867) et au Nouveau-Brunswick (1871).

Selon le recensement de 1871, la population acadienne avait décuplé depuis l'aube du XIXe siècle, s'élevant maintenant à 87 000. Dix ans plus tard, en 1881, l'augmentation était considérablement moins forte, et ceci en raison d'une forte tendance à l'émigration.

Dans un pays où les Acadiens n'ont pas droit à l'éducation dans leur langue et selon leur religion, un pays que des bras forts désertent, un pays où les leurs occupent si peu de place dans tous les domaines, comment les jeunes diplômés de collèges analysaient-ils la situation et envisageaient-ils l'avenir? C'est d'abord dans *le Moniteur acadien* qu'à partir de 1867 on peut les voir affirmer leur présence et travailler au rassemblement de leur peuple. Ils alimentent les journaux, occupent les tribunes ou les chaires avant de donner les premiers ouvrages écrits par des gens nés en Acadie.

Journaux et discours

Convaincre leurs compatriotes que leur isolement séculaire est terminé et que leur présent état d'infériorité n'est dû, somme toute, qu'à la déportation, demeurera la préoccupation primordiale des journalistes et des orateurs. L'Acadie a connu, répéteront-ils, un passé glorieux avant le ''grand dérangement'', les déportés ont été héroïques; or, les Acadiens d'aujourd'hui ne sont pas moins valeureux que leurs pères. Donc, s'ils restent fidèles aux traditions, à la langue et à la foi des ancêtres — la Providence aidant — la survie nationale est assurée. L'Acadie a été et reste promise à un bel avenir.

Les journaux feront une large place aux discours des candidats politiques et des chefs acadiens, voire aux sermons des curés. Ils constitueront de ce fait un excellent véhicule pour la diffusion et la vulgarisation de l'idéologie naissante, en même temps qu'un outil indispensable pour l'avancement de la collectivité, et souvent pour celui des individus. En 1923, dans une série d'articles consacrés aux journaux acadiens, Désiré-F. Léger résumera ainsi les bienfaits de ces imprimés:

> Ils ont servi la cause nationale au meilleur de leur habilité. Sans l'encouragement et l'instruction que notre peuple en a reçus il est certain que notre progrès intellectuel, social et national ne serait pas aussi marquant. Nos journaux furent pour ainsi dire notre première école française[1].

À cette date de 1923, treize journaux francophones auront vu le jour dans les provinces Maritimes depuis 1867[2]. Mais l'éparpillement des groupes acadiens et l'esprit régionaliste qui favorisaient cette multiplication de feuilles expliquent également, en partie, leur existence éphémère. Quatre, tout de même, avaient assez bien tenu le coup malgré une situation financière toujours précaire, vu le nombre restreint d'abonnements (principale source de financement). Les rédacteurs-propriétaires se plaignent, à bon droit, d'abord de l'apathie des Acadiens pour la lecture, puis de la préférence qu'ils accordent

1. D.F.L., ''Nos journaux français'', dans l'*Évangéline*, 25 janvier 1923, p. 1, col. 3.
2. Voir Roger Lacerte, ''État des recherches sur la presse française en Acadie'', dans *les Cahiers de la Société historique acadienne*, vol. 6, no 1, mars 1975, p. 41.

Le collège Saint-Joseph, en 1868, après la construction de l'annexe
et Père Camille Lefebvre, fondateur du collège.

Le Moniteur acadien
et Israël Landry, fondateur du *Moniteur acadien*.

Délégués acadiens à la Convention de 1880, à Québec.

aux journaux anglais[3]. En 1923, dans la chronique précitée, D.-F. Léger reprendra les termes de "plaie nationale", employés par Pierre-Amand Landry en 1881, pour qualifier cette trop grande indifférence des siens à l'égard de leurs propres journaux[4]. Par ailleurs, il laissera entendre que si les Acadiens n'ont pas suffisamment encouragé même les meilleurs ouvriers de la presse, c'est peut-être parce que ceux-ci furent "des partisans prononcés en politique[5]".

Ces journaux aux couleurs politiques avouées présentent un intérêt sociologique, historique et idéologique beaucoup plus que littéraire, même s'ils sont assez bien rédigés. *Le Moniteur acadien*[6], seul organe d'importance jusqu'en 1885, connut à partir de 1879 des années fort dynamiques qui aboutirent aux premières conventions nationales. Dévoué au Parti conservateur, ce journal, qui eut comme rédacteurs-propriétaires trois Canadiens français, reste le mieux fait et le plus modéré. *Le Courrier des provinces Maritimes*[7] et *l'Évangéline*[8], fondés respectivement en 1885 et 1887, épouseront les intérêts des libéraux et se livreront à des polémiques fréquentes avec *le Moniteur acadien,* mais encore plus incessantes et violentes entre eux. Les controverses n'empêcheront toutefois pas ces trois journaux de revendiquer avec vigueur les droits des Acadiens et de sensibiliser peu à peu ceux-ci à leur situation. Ils livreront un message optimiste dans l'ensemble. Quant à *l'Impartial,* fondé en 1893, les chercheurs en ont signalé l'importance pour une reconstitution de l'histoire des

3. Voir la lettre de Stanislas-J. Doucet à Valentin Landry, 11 août 1890, CEA, fonds Valentin-Landry, 7.1-5, et V.-A. Landry, "Mémoire sur la presse acadienne", dans *l'Impartial,* 1er septembre 1908, p. 2, col. 2-3.
4. D.F.L., "Nos journaux français", dans *l'Évangéline,* 8 février 1923, p. 1, col. 1.
5. *Ibid.,* 25 janvier 1923, p. 1, col. 3.
6. Voir Raymond Mailhot, *La "Renaissance acadienne" (1864-1880): l'interprétation traditionnelle et "le Moniteur acadien",* thèse, D.E.S., Université deMontréal, 1969, 177 p.
7. Voir Phyllis LeBlanc, *Le Courrier des provinces Maritimes et son influence sur la société acadienne (1885-1903),* thèse, M.A., Université de Moncton, 1978, 115 p.
8. Voir Laurentine Chiasson, *Valentin Landry (1844-1919), patriote de la Renaissance acadienne,* thèse, M.A., Shippagan, 1974, 98 p. Chapitre III: "Valentin Landry et sa carrière de journaliste" [à *l'Évangéline*].

Acadiens de l'île du Prince-Édouard[9] et celle des diverses conventions nationales tenues entre 1893 et 1915[10].

Dans *le Moniteur acadien* à partir des années 1880, ainsi que dans *l'Évangéline* et *l'Impartial* dès leur fondation, des Acadiens commencèrent timidement à signer des poèmes patriotiques ou de circonstances, ainsi que des légendes et des récits inspirés de leur histoire. Sous le couvert de nombreux pseudonymes, ils alimentèrent la colonne des lettres à l'éditeur qui fut particulièrement colorée et vivante dans *l'Évangéline* sous la direction de son combatif fondateur, Valentin Landry (1887-1910)[11]. Cependant leur collaboration la plus soutenue et la plus valable sur tous les plans consiste très certainement en des discours patriotiques et politiques, et en des articles de fond sérieux sur les grands thèmes idéologiques du temps: l'histoire, l'éducation, la langue, la religion, la colonisation et l'agriculture.

René Baudry s'est dit surpris de la bonne tenue des journaux acadiens, en particulier de celle "des articles et correspondances de beaucoup de collaborateurs, même dans la période des débuts de ces journaux[12]". Cela tient probablement, pensons-nous, au fait que ces articles sont souvent des extraits d'ouvrages déjà publiés ou en préparation et que les correspondances proviennent en grande partie de curés, de professeurs ou diplômés de collèges. Nous avons déjà signalé que les journaux reproduisaient, et souvent en entier, les sermons et les discours. Or ceux-ci, malgré un style quelque peu redondant et pompeux — selon la mode du temps — sont de la bonne prose. De façon générale, les orateurs savent manier les techniques classiques de

---

9. J.-Henri Blanchard, *Acadiens de l'Île-du-Prince-Édouard*, [Moncton, L'Imprimerie acadienne Ltée], 1956, p. 134.
10. R. Lacerte, "État des recherches sur la presse française en Acadie", p. 32.
11. Deux chercheurs ont trouvé suffisamment littéraires et intéressantes les lettres d'Émilie LeBlanc, signées Marichette et publiées dans *l'Évangéline* entre 1895 et 1899, pour en préparer une édition commentée: Pierre Gérin et Pierre-M. Gérin, *Marichette. Lettres acadiennes 1895-1899*, Sherbrooke, Éditions Naaman, [1982], 302 p.
12. René Baudry, *Les Acadiens d'aujourd'hui. Rapport de recherche préparé pour la Commission royale d'enquête sur le bilinguisme et le biculturalisme*, juin 1966, chapitre 12, p. 17.

leur art, leurs discours sont bien charpentés, et leur message est livré avec vigueur et clarté.

Une rapide enquête nous a révélé que tous les Acadiens des provinces Maritimes qui ont publié des ouvrages avant 1958 ont écrit dans leurs journaux. Que les meilleurs collaborateurs et éditorialistes aient laissé ou non des oeuvres, nous retrouverons leurs noms dans les pages consacrées au genre que chacun a spécialement cultivé. Retenons immédiatement deux noms d'orateurs aussi talentueux que chefs de file remarquables: Pierre-Amand Landry et Marcel-François Richard.

Fils du premier député acadien du Nouveau-Brunswick, *Pierre-Amand LANDRY* (1846-1916) n'a que vingt-quatre ans lorsqu'il se fait élire, en 1870, à la législature provinciale pour représenter le comté à majorité anglophone de Westmorland. C'est le début d'une longue carrière politique et judiciaire marquée d'une série de premières pour un Acadien[13]. *Le Moniteur acadien* publia et résuma, de 1870 à 1912, au moins trente-trois de ses discours politiques, patriotiques ou de circonstances, discours sans grandes envolées littéraires, mais où l'on perçoit une facilité d'expression et une vigueur dont l'effet sur le public fut certain:

> [...] il se révéla un orateur puissant, à la parole très rapide, facile, entraînante, captivante. Il eut le don d'électriser les foules par sa fougue oratoire durant tout le temps qu'il fut dans la vie politique[14].

Amener l'Acadien ''au niveau des autres races'', tel était le but que Landry, à titre de président, proposait aux premières conventions nationales[15], tel est le jugement qu'il porte lui-même, trois mois avant sa mort, sur ses ''46 ans de lutte active''

---

13. Sir Pierre fut ''le premier avocat acadien de sa province natale, le premier Acadien qui occupât un portefeuille de ministre de la couronne à Frédéricton, le premier Acadien qui fut nommé juge sur le banc de la cour suprême, le premier Acadien qui soit devenu juge en chef de cette même cour, et le premier Acadien qu'un souverain d'Angleterre ait créé chevalier''. Article de Placide Gaudet, ''Sir Pierre-Amand Landry'', dans *le Moniteur acadien,* 8 juin 1916, p. 1, col. 3.
14. P. Gaudet, ''Sir Pierre Landry: sa première lutte contre l'influence indue'', dans *le Moniteur acadien,* 29 juin 1916 [26 juillet 1916], p. 1, col. 1.
15. Ferdinand-J. Robidoux [compilateur], *Conventions nationales des Acadiens,* Shédiac, Imprimerie du ''Moniteur acadien'', 1907, p. 30, 216.

Marcel-François Richard

Pierre-Amand Landry

65

au service de son pays[16]. Selon lui, les Anglais semblent avoir vu dans l'"ignorance forcée" des Acadiens, et dans leur retard à occuper les fonctions publiques la preuve d'une "infériorité de race[17]". Mais ce qui est encore plus grave, les Acadiens, en voyant leurs voisins plus prospères et plus instruits qu'eux, se sont habitués à les considérer comme des êtres supérieurs et, en conséquence, à démissionner devant eux et à leur confier tous les postes, même dans des villages français[18]. Landry exhorte donc les Acadiens à se considérer comme les égaux des Anglais; ce qu'ils sont, dit-il, devant la Constitution et de par leurs qualités[19]. Il les exhorte également à vivre en harmonie avec eux: il ne faut pas croire que les Anglais du XIXe siècle sont responsables des crimes de leurs pères.

Il est facile aujourd'hui de faire remonter à Landry un esprit bon-ententiste que l'on dénonce et de déplorer qu'il n'ait vu dans un bilinguisme à sens unique qu'un élément de supériorité des Acadiens et non pas une confirmation possible de leur aliénation[20]. Cependant il faut reconnaître qu'à cette époque nul mieux que lui n'a dénoncé la servilité des Acadiens devant l'Anglais. De même, l'on doit souligner qu'il est un des rares orateurs de sa génération à demander avec insistance aux Acadiens de prendre eux-mêmes leur avenir en mains:

> [...] si nous voulons avancer, arriver au niveau des autres, il faut que nous y mettions la main nous-mêmes, et non pas attendre que les autres fassent tourner la roue du progrès pour nous. Notre destinée est entre nos mains. Elle sera ce que nous la ferons[21].

Bien entendu Landry reste convaincu que l'avancement des Acadiens ne peut être assuré sans l'éducation. À cet égard, il favorise l'orientation scientifique que préconise Philéas-F. Bourgeois: "en présence des nécessités qui s'élèvent de toutes

---

16. "Sir Pierre-A. Landry et M. Ferdinand Robidoux", dans le Moniteur acadien, 26 juillet 1917, p. 1, col. 1-2.
17. F.-J. Robidoux, Conventions nationales des Acadiens, p. 299.
18. Ibid., p. 295, 217.
19. Ibid., p. 93, 32, 95.
20. Raymond Mailhot, Prise de conscience collective acadienne au Nouveau-Brunswick, 1860-1891, et comportement de la majorité anglophone, thèse, Ph.D., Université de Montréal, 1973, p. 78.
21. F.-J. Robidoux, Conventions nationales des Acadiens, p. 216.

parts, l'étude des sciences pratiques s'impose à notre attention: elle doit prendre sa place dans l'éducation du peuple[22]''. Est-il nécessaire de souligner que cette école de pensée n'a pas prévalu contre celle plus humaniste de Pascal Poirier et de Marcel-François Richard? Des sociologues et des historiens étudient encore les effets, pour le peuple acadien, de cette victoire humaniste — pour ne pas dire élitiste[23].

C'est dès la première convention nationale, tenue à Memramcook en 1881, que *Marcel-François RICHARD* (1847-1915) se révéla à la fois orateur éloquent et meneur de foule[24]. Il y prit la parole à plusieurs reprises, livrant déjà l'essentiel de sa pensée traditionaliste: le peuple acadien a conservé fidèlement les coutumes, la langue, la religion de ses pères ainsi que les traditions nationales, c'est-à-dire la colonisation, l'agriculture et l'éducation[25]; ce sont là ses plus grands titres de gloire et ''à moins de fausser complètement son caractère[26]'', il restera à jamais attaché à ses ''nobles traditions religieuses et nationales[27]'':

> La charrue, voilà ce qu'il faut à un Acadien aujourd'hui comme autrefois. La culture de la terre fera notre force, contribuera puissamment à notre bonheur et montrera au monde que les Acadiens du 19e siècle aiment toujours à conserver les meilleures traditions des Acadiens des deux siècles précédents[28].

En 1881, Richard voyait dans la colonisation et l'agriculture, en plus de traditions à conserver pour rester fidèle à ses origines, le moyen le plus efficace pour lutter contre le fléau de

---

22. *Ibid.*, p. 120.
23. Voir Camille-A. Richard, *L'Idéologie de la première convention nationale*, thèse, M.A., Université Laval, 1960, p. 82-91, et Michel Roy, *L'Acadie perdue*, Montréal, Éditions Québec/Amérique, [1978], p. 54-57.
24. F.-J. Robidoux, *Conventions nationales des Acadiens*, p. 157; Fr. M. Gildas, *Mgr M.-F. Richard, prélat domestique: sa vie et ses oeuvres*, Moncton, L'Imprimerie nationale Ltée, 1940, p. 364, et Camille-A. Doucet, *Une étoile s'est levée en Acadie: Marcel-François Richard*, [Charlesbourg-Est, Les Éditions du Renouveau, 1973], p. 247.
25. F.-J. Robidoux, *Conventions nationales des Acadiens*, p. 24.
26. *Ibid.*, p. 20.
27. *Ibid.*, p. 26.
28. *Ibid.*, p. 25.

l'émigration. Cependant, en 1890, à la troisième convention nationale, il devait déplorer que le peu d'encouragement et d'appui donnés aux colons défricheurs poussent les Acadiens à un "exil forcé[29]". Déjà à la convention de 1884, l'on pouvait remarquer qu'il supportait mal de voir une certaine "classe instruite ou qui prétend l'être" considérer "l'agriculture comme inférieure aux autres emplois[30]".

De fait, dans leur grande satisfaction de voir les Acadiens accéder à l'éducation supérieure, certains membres de cette "classe instruite" avaient pris l'habitude de dénombrer les "prêtres, marchands, médecins, instituteurs, avocats, fonctionnaires, députés ou ministres[31]" sur qui ils comptaient, avant tout, pour assurer l'avancement du peuple acadien. Pour mieux valoriser les professions libérales, l'un d'eux en était même venu, un jour, à discréditer le travail de l'agriculture: "condamnés à l'ignorance, il nous eût fallu cultiver la terre honnêtement comme le font nos pères[32]". Par ailleurs, si Richard se scandalise qu'on rabaisse ainsi "la plus noble et la plus digne des occupations[33]", il use du même procédé au détriment de la pêche. Comment, se demande-t-il, a-t-on pu arriver à penser que la navigation et la pêche sont préférables à l'agriculture?

C'est faire injure à l'expérience des siècles et à l'intelligence ordinaire que de vouloir placer l'agriculture à ce degré d'infériorité[34].

Relativement à cette question des pêcheurs, nous touchons ici l'un des plus graves reproches que l'on puisse faire à Richard comme l'une des plus graves lacunes que l'on puisse déplorer dans cette étude des chefs sur la situation acadienne à la fin du XIXe siècle. Que des jeunes patriotes acadiens en viennent à négliger ou mépriser ainsi un secteur vital de l'économie et le métier d'un grand nombre des leurs justifierait, à lui seul, le

---

29. *Ibid.*, p. 247.
30. *Ibid.*, p. 180, 183.
31. H.-J.-J.-B. Chouinard, *Fête nationale des Canadiens français célébrée à Québec en 1880,* Québec, A. Côté & Cie, 1881, p. 457.
32. *Ibid.*, p. 457.
33. F.-J. Robidoux, *Conventions nationales des Acadiens,* p. 181.
34. *Ibid.*, p. 184.

qualificatif d'importée que certains accoleront à l'idéologie acadienne issue des premières conventions nationales[35].

Ces reproches, cependant, ne peuvent faire oublier le dynamisme des chefs ou l'oeuvre colossale accomplie par Richard qui, sur une plus petite échelle, fait penser à un Mgr Bourget et à un curé Labelle. Tour à tour et simultanément fondateur de paroisses, bâtisseur d'églises, de monastères, de collège, de couvent, d'écoles, apôtre de la colonisation, orateur de congrès, ce curé-colonisateur-patriote fut, pendant plus de quarante ans, de toutes les causes comme de toutes les luttes religieuses et nationales en Acadie. L'on dit que ses discours bien structurés, sa ''parole enflammée'', sa stature imposante produisaient sur son auditoire une très vive impression[36]. Nul, certainement, ne songerait à nier que son intervention fût prépondérante dans le choix d'une fête nationale distincte de celle des Canadiens français. Tous reconnaissent, également, que l'Acadie lui doit le tricolore étoilé comme drapeau et l'Ave Maris Stella comme hymne national[37].

Si l'on jugea urgent et séant pour un peuple désireux d'affirmer son caractère distinctif de se doter de symboles nationaux, il parut encore plus important de rappeler, puis d'écrire l'histoire de ce peuple, fondement même de cette distinction. Pendant toute leur carrière d'orateurs ou d'écrivains, les chefs de cette génération se sont employés à exposer comment l'histoire justifie la situation présente de leur peuple et comment elle peut être source d'inspiration pour l'avenir[38].

Le ''Grand Dérangement'' suivi d'un siècle d'oubli et d'isolement suffirait, selon eux, à expliquer la situation présente d'infériorité où se retrouvent les ''fils des martyrs de 1755[39]''. Ce ''pénible événement'' a entravé un beau départ et des rêves d'expansion[40]. Mais les ancêtres ont ''traversé en

---

35. Voir M. Roy, *L'Acadie perdue*, p. 122, 145.
36. Fr. M. Gildas, *Mgr M.-F. Richard*, p. 93.
37. F.-J. Robidoux, *Conventions nationales des Acadiens*, p. 162-163.
38. Voir la thèse de C.-A. Richard, *L'Idéologie de la première convention nationale*, seconde partie du chapitre premier, ''Recours à l'histoire'', p. 17-30.
39. F.-J. Robidoux, *Conventions nationales des Acadiens*, p. 90.
40. H.-J.-J.-B. Chouinard, *Fête nationale des Canadiens français...*, p. 337.

héros les jours de deuil et d'épreuves sans parallèles dans l'histoire moderne[41]''. Aussi les Acadiens qui parcourront le livre où sont écrits les actes de leurs pères y trouveront-ils "des pages glorieuses, des pages de deuils et de sang, mais pas une tache[42]''. Non seulement les Acadiens n'ont-ils pas à rougir de leurs valeureux ancêtres, mais ils doivent être convaincus qu'ils sont "les héritiers de leurs vertus et de leur héroïsme[43]''. C'est dans cet esprit que les orateurs veillent à ce que le peuple n'oublie pas les malheurs de 1755:

> Il ne convient pas, au milieu de ces réjouissances, de nous rappeler tous nos malheurs — l'émotion et une juste colère nous envahiraient peut-être — Mais rappelons-nous-les, de temps à autre, les comparant avec l'état présent, afin de nous féliciter du progrès déjà fait, et nous encourager à marcher avec plus de courage dans les voies de l'avancement national[44].

C'est également dans cet esprit que se développe une littérature nationale basée sur le rappel d'un passé ''glorieux'' et sur l'espoir d'une renaissance. Aux cruels ennemis de la déportation, on oppose les valeureux ancêtres et les sauveurs de l'Acadie; aux dates fatidiques de 1713 et 1755, répondent celles qui ont sonné le rassemblement d'un peuple: 1864 et 1881.

---

41. F.-J. Robidoux, *Conventions nationales des Acadiens*, p. 29.
42. *Ibid.*, p. 187.
43. *Ibid.*, p. 29.
44. *Ibid.*, p. 175.

Chapitre II

UNE HISTOIRE À FAIRE

Bâtir l'histoire et la littérature. — Reconstituer l'histoire. — Servir la cause nationale.

Jusqu'à présent l'histoire de l'Acadie est pour ainsi dire restée enfouie dans le tombeau de l'oubli, à toi de contribuer pour ta part à l'en tirer. C'est un devoir qui s'impose à l'un des fils privilégié des martyrs de Port-Royal et de Grand-Pré. Mon cher Pascal, je suis convaincu que tu comprends ce devoir et que tu ne reculeras pas en présence de l'obligation qu'il t'impose. Courage donc, tes compatriotes ont les yeux sur toi. Justifie leur attente, et prouve-leur que l'éducation est leur salut et un moyen assuré de régénération[1].

Le père Camille Lefebvre, supérieur du collège Saint-Joseph, adressait ces lignes à Pascal Poirier. Mais l'on croirait volontiers que tous les écrivains de cette période ont reçu un mot d'ordre analogue: faire connaître l'histoire acadienne. C'est le premier et pratiquement le seul genre qu'ils cultiveront jusqu'en 1929.

Dictés par un sentiment de nécessité patriotique, leurs écrits n'ont rien de gratuit, ou fort peu. Cependant, même si parfois l'exactitude chronologique ou événementielle est sacrifiée à l'urgence du but poursuivi, ces auteurs, de façon générale, se documentent bien aux sources écrites et orales. D'allure descriptive et anecdotique, les études régionales ou provinciales publiées, de même que les biographies, ne manquent pas d'intérêt.

Bâtir l'histoire et la littérature

Deux grands bâtisseurs de l'Acadie nouvelle, Pascal Poirier

---

1. Lettre de Camille Lefebvre à Pascal Poirier, Memramcook, 4 mai 1872, CEA, fonds Pascal-Poirier, 6.1-1.

et Philéas-F. Bourgeois, eurent à coeur de doter leur peuple d'une littérature bien à lui. Tout comme Lescarbot, à l'origine de la colonie, ils ont parlé de Terre promise. Mais, à trois siècles de distance, l'image biblique subit un glissement de sens significatif de la plus grande dépossession. À leurs yeux, les pères Lafrance et Lefebvre sont les nouveaux Moïses qui ont délivré les Acadiens du servage de l'ignorance et les ont fait entrer dans la Terre promise de l'éducation. Les deux fils reconnaissants vont raconter leurs exploits qui sont en même temps ceux de leur peuple.

Le premier à se distinguer dans ce domaine de l'essai historique fut *Pascal POIRIER* (1859-1933), de même qu'il fut le premier à faire connaître, à l'extérieur de l'Acadie, le réveil des siens. Il n'avait que vingt ans et terminait sa deuxième année de philosophie, au collège Saint-Joseph, lorsqu'il fut nommé maître des Postes, à Ottawa. Sa nomination, il la devait en quelque sorte au père Camille Lefebvre qui, jusqu'à sa mort, suivra les activités de son protégé et lui prodiguera ses conseils en diverses matières. Poirier était à peine installé dans la capitale que son ancien maître l'engageait à faire partie de l'Institut canadien-français et à y donner des conférences. Aussi sa joie fut-elle grande à la nouvelle que le jeune Poirier avait entamé une polémique avec Benjamin Sulte sur la généalogie des familles acadiennes[2].

Dans une conférence, celui-ci avait dit, à titre d'exemple, que le sang qui coule dans les veines des Acadiens était "un mélange de sang français et de sang sauvage[3]". L'impulsif et batailleur Poirier entreprit, dès lors, de réhabiliter sa race "au bout de la plume[4]" et livra au public une série de huit articles

---

2. Il écrit à Poirier, le 27 décembre 1873: "Un mot sur l'histoire de l'Acadie par un jeune Acadien et devant un auditoire instruit c'est du nouveau!!! Il est enfin venu ce temps, ce moment tant désiré où il sera donné à la vérité de se faire jour. Une fois de plus l'Angleterre sera forcée d'enregistrer une page de son histoire qui redira à la postérité sa tyrannie insensée et sa cruelle ambition, mais un peuple de généreux martyrs sera vengé et tiré de l'oubli. Oui je le dis avec une noble fierté, je suis heureux d'avoir été l'indigne instrument dont Dieu s'est servi pour atteindre ce but." *(ibid)*.
3. Pascal Poirier, *Origine des Acadiens,* Montréal, Eusèbe Sénécal, 1874, p. 4.
4. *Ibid.,* p. 5.

Philéas-Frédéric Bourgeois

Pascal Poirier

73

qui parurent dans *la Revue canadienne*[5] avant d'être imprimés en brochure sous le titre *Origine des Acadiens.* Bien sûr, cet ouvrage n'infirme en rien l'affirmation de Benjamin Sulte[6]; par contre, il valut à son auteur d'être le premier Acadien né aux provinces Maritimes à se voir publier en volume. Poirier sera, de plus, le seul Acadien de son époque à se voir mériter une mention de quelques lignes dans les histoires de la littérature canadienne-française[7]. De fait, il reste le meilleur styliste de sa génération, celui dont l'oeuvre est la plus variée et la plus abondante; en somme, il est le premier — peut-être le seul avec Philéas-F. Bourgeois — qui semble avoir eu quelques prétentions littéraires.

Pendant ses dernières années au collège, de 1868 à 1872, Poirier fut président de l'Académie Saint-Jean-Baptiste, fondée deux ans auparavant. Cette société littéraire avait pour but de former les élèves à l'art oratoire et de promouvoir la culture des lettres par des séances mensuelles[8]. Il parlera avec nostalgie et humour de cette ''grande époque'' où quelques membres rêvaient de s'illustrer dans les lettres[9]. Les responsables de *l'Album souvenir des noces d'argent de la Société Saint-Jean-Baptiste* se féliciteront, quant à eux, de pouvoir offrir au public des essais, des chroniques, des discours et des poèmes écrits par les ''écrivains de la jeune Acadie renaissante''; ils iront jusqu'à voir en Poirier ''notre barde national[10]''.

Les quelques quinze poèmes qu'il publia dans les journaux et revues ne suffiront certes pas à lui conserver ce titre; Poirier lui-même, d'ailleurs, dut le trouver exagéré même si, vraisemblablement, il se réjouit de s'être essayé, dès sa jeunesse, à la poésie et au théâtre. N'est-ce pas, remarqua-t-il,

5. À partir du tome XI, 11e livraison, novembre 1874, p. 850-876, 927-954, 71-73, 140-152, 216-228, 310-320, 462-468, 524-528.
6. Voir la lettre de Rameau à Pascal Poirier, [s.d.], CEA, fonds Rameau-de-Saint-Père, 2.1-35, et J.-C. Dupont, *Héritage d'Acadie,* p. 72.
7. Camille Roy, *Histoire de la littérature canadienne,* Québec, Imprimerie de l'Action sociale, 1930, p. 77, et Albert Dandurand, *Littérature canadienne-française,* Montréal, Imprimerie du ''Devoir'', 1935, p. 27.
8. *L'Album souvenir des noces d'argent de la Société Saint-Jean-Baptiste du collège Saint-Joseph, Memramcook,* [s.l.n.é., 1894], p. 21, 25.
9. *Ibid.,* p. 70.
10. *Ibid.,* p. 13.

ce qu'ont fait tous les hommes prédestinés à de grandes choses[11] ou ceux qui ont donné à leur peuple "le premier vagissement de la littérature nationale[12]".

Poirier s'est moqué de ses "Euménides", tragédie classique restée inachevée parce qu'"Au troisième acte, c'est à peine s'il survivait assez de personnes pour enterrer les morts[13]". Le dramaturge en herbe puisera, dorénavant, son inspiration dans l'histoire et la tradition acadiennes. Sa saynète champêtre, *Accordailles de Gabriel et d'Évangéline,* mérite d'être mentionnée: on y trouve non seulement le désir de s'alimenter aux traditions, mais on y sent le souci de respecter le parler acadien des personnages[14], sinon déjà de le réhabiliter[15].

Trois ans après sa sortie du collège, Poirier croyait suffisamment en ses talents d'auteur dramatique pour faire jouer, à Ottawa, *Les Acadiens de Philadelphie*[16]. Écrite en alexandrins, cette pièce raconte l'histoire d'un groupe d'Acadiens déportés à Philadelphie, aux environs de 1755. Affamés, affaiblis et résignés à leur sort, ils se soulèvent, néanmoins, à la nouvelle que le gouverneur veut les vendre comme esclaves. Ils sont délivrés grâce d'abord aux charmes de Marie, de qui s'éprend le gouverneur, puis grâce à la ruse et à la force de son frère Jacques et de son fiancé Clitton. Poirier n'a pas jugé bon de publier

---

11. "Comme tous les hommes prédestinés à l'opération de grandes choses, Quesnel commença par faire de la poésie, c'est-à-dire des vers; puis, il composa, en 1788, un vaudeville, *Colas et Colinette,* qui fut joué en 1790." (Pascal Poirier, "Le Théâtre au Canada", dans *Nouvelles Soirées canadiennes,* vol. 5, 1886, p. 195).
12. *Ibid.,* p. 195.
13. *Ibid.,* p. 70.
14. À la fois dans sa prononciation, sa syntaxe et ses expressions propres. Quelques exemples: "C'est-il (prononcé i) vrai que Gabriel vient faire la grand demande de soir?" (p. 3); une "ouèture fine" (p. 6); "bardocher" la maison (p. 7); "cheux nous" (p. 7); "avecques eux" (p. 11); "ils nous en ont [raturé et remplacé par avont] demandé" (p. 11). Le manuscrit est conservé au CEA, fonds Pascal-Poirier, 6.4-19.
15. Voir son article "La Langue acadienne", dans *Nouvelles Soirées canadiennes,* vol. 3, 1884, p. 63-70.
16. Jusqu'à tout récemment l'on a cru et répété que le manuscrit avait probablement été détruit dans l'incendie du Parlement fédéral (Yolande Doucet, *Bibliographie de l'oeuvre de Pascal Poirier, premier sénateur acadien,* travail présenté à l'École de bibliothéconomie, Université de Montréal, 1941, p. 10-11); il se trouvait aux Archives des pères Eudistes, à Charlesbourg, et il a été donné, en 1979, au Centre d'études acadiennes de l'Université de Moncton.

cette tragédie en cinq actes même si, selon le *Free Press*[17] d'Ottawa, sa création fut un succès complet et même si, à ses yeux, semble-t-il, elle valait bien *le Jeune Latour* de Gérin-Lajoie, ce "fruit mort-né d'un enfant précocement épris de la muse", et le critique enchaînait "quel est celui d'entre nous qui, dans un mouvement d'enthousiasme juvénil, n'a pas fait sa tragédie[18]?"

Poirier donna sa première publication importante, en 1898, avec *le Père Lefebvre et l'Acadie*[19] qui se veut un hommage au grand bienfaiteur, au "Moïse de l'Acadie qui nous a délivrés de l'ignorance", écrit-il à Rameau de Saint-Père[20]. Bien qu'il ait éprouvé des difficultés à recueillir des renseignements précis sur la vie du père Lefebvre[21], il le cerne bien comme fondateur du collège, et à ce titre, comme premier artisan de la renaissance acadienne. Et si, à partir du chapitre huitième, Poirier élargit sa biographie au point de faire l'historique de l'éducation et surtout de passer en revue "les forces vives de l'Acadie", c'est qu'il entend prouver que l'éveil national remonte à la fondation du collège Saint-Joseph. Certains passages: la rébellion de 1837, la mort de Chénier, les mandements de Monseigneur Lartigue, peuvent paraître assez éloignés et du père Lefebvre et de l'Acadie. Poirier lui-même a reconnu, dans sa préface, "le bien-fondé de la critique qui me reprochera d'avoir abusé des digressions[22]". Toutefois, de façon générale, les anecdotes et les souvenirs qui agrémentent ce livre contribuent à en rendre la lecture attachante.

De 1899 à 1930, comme membre de la Société royale du Canada, Poirier donna plusieurs conférences dont sept furent tirées à part[23]. Dans ces études comme dans nombre d'articles

17. Article du 2 juin reproduit dans *le Moniteur acadien*, 10 juin 1875, p. 2, col. 3-4.
18. P. Poirier, "Le Théâtre au Canada", p. 195.
19. Pascal Poirier, *Le Père Lefebvre et l'Acadie*, Montréal, C.O. Beauchemin & fils, 1898, X, 311 p.
20. De Shédiac, 5 février 1895, CEA, fonds Rameau-de-Saint-Père, 2.1-33.
21. Lettre de Pascal Poirier à Placide Gaudet, Shédiac, 2 novembre 1895, CEA, fonds Placide-Gaudet, 1.65-16.
22. P. Poirier, *Le Père Lefebvre et l'Acadie*, p. X.
23. *Louisbourg en 1902*, 1902, p. 97-126; *Mouvement intellectuel chez les Canadiens-français depuis 1900*, 1903, p. 109-116; *Des Acadiens déportés à*

fournis aux revues et dans certaines interventions au sénat, il exprima souvent des opinions assez avant-gardistes qui furent reçues froidement ou passèrent inaperçues à l'époque, mais dont le bien-fondé serait aujourd'hui reconnu par les écologistes sinon par les politiciens. Par exemple, il préconise l'ensemencement artificiel des huîtrières aux provinces Maritimes[24], il recommande l'exploitation des ressources naturelles du Grand Nord[25], il met en garde contre la pollution des lacs et des rivières[26].

Il est un domaine dans lequel Poirier a poursuivi, sa vie durant, ses recherches: celui du parler acadien. Il voulait démontrer scientifiquement que ses compatriotes parlaient une langue et non un patois. L'incident qui donna lieu à ce désir de réhabilitation est raconté par Poirier lui-même[27] et s'apparente à celui qui l'incita à écrire l'*Origine des Acadiens:* un affront à la fierté nationale. Relever un défi, laver une insulte convient parfaitement au tempérament batailleur et au lutteur nationaliste que fut Poirier; il annonce également son style: direct, convaincant, ironique.

Son essai, *Le Parler franco-acadien et ses origines,* ne sera, cependant, pas strictement scientifique. L'auteur vise, en partie, à convaincre les Acadiens qu'ils n'ont pas à rougir de leurs vieilles expressions, mais au contraire qu'ils devraient s'enorgueillir de les avoir conservées puisqu'elles sont authentiquement françaises. Ce qu'il démontre en les rattachant au français des XVe, XVIe et XVIIe siècles. L'essai de Poirier fut bien accueilli par ses contemporains. On le félicita pour un ouvrage à la fois savant, instructif et agréable: une ''érudition

---

Boston en 1755. Un épisode du Grand Dérangement, 1909, p. 125-180; *Des vocables algonquins, caraïbes, etc., qui sont entrés dans la langue,* 1916, p. 339-364; *Radicaux et racines,* 1924, p. 105-126; *Recherches sur l'origine du mot Québec,* 1927, p. 93-98, et *Comment une langue évolue,* 1928, p. 239-245. (Voir les descriptions bibliographiques complètes aux p. 301-302.)

24. P. Poirier, ''Les Huîtres'', dans *Nouvelles Soirées canadiennes,* vol. 3, 1884, p. 147-156.
25. Debates of the Senate, 13 juillet 1894, p. 721-722.
26. Débats du Sénat, 1er février 1910, p. 197-202.
27. Pascal Poirier, ''Préface'', *Le Parler franco-acadien et ses origines,* [Québec, Imprimerie franciscaine missionnaire, 1928], p. 7-8.

jamais fatigante[28]''. Les Acadiens furent heureux de retrouver dans un livre sans prétention tant de beaux vieux mots qui avaient bercé leur enfance et qu'ils avaient mis au rancart, par ignorance[29]. Les Français et les Canadiens trouvèrent particulièrement captivantes les scènes familières où les Acadiens racontent eux-mêmes, dans le parler de leurs aïeux, leur façon de vivre, de s'aimer et de fêter[30]. Vincent Lucci, qui a étudié la phonologie du parler acadien (région de Moncton, au Nouveau-Brunswick), reconnaît l'"intérêt humain" que présente le livre de Poirier pour les lecteurs non spécialisés; par contre, il souligne, avec justesse, que le domaine embrassé est trop vaste pour que l'étude puisse être rigoureuse et détaillée; il signale, de plus, que les connaissances linguistiques de Poirier sont "presque inexistantes", surtout en phonétique[31].

L'oeuvre maîtresse de Poirier, en linguistique, reste son *Glossaire acadien* comprenant plus de trois mille mots. Il parut d'abord en feuilleton dans *l'Évangéline,* de 1927 à 1932[32]; mais le premier fascicule ne fut publié qu'en 1953 et la suite en 1977[33]. Plus scientifique que *le Parler franco-acadien et ses origines,* le *Glossaire acadien* appelle, néanmoins, de nombreux ajouts, rectifications et nuances[34]. Toutefois, tel quel, il demeure un instrument de travail précieux, le seul du genre que nous possédions encore en 1980. Il est accessible à tout

---

28. Lettre de Louis-Philippe Geoffrion à Ferdinant-J. Robidoux, Québec, 11 octobre 1928, CEA, fonds Ferdinand-J.-Robidoux, 4.5-10.
29. Lettre de Paul Hubert à F.-J. Robidoux, Rimouski, 16 février 1929, *ibid.,* 4.1-6. Voir aussi la lettre de Placide Gaudet à F.-J. Robidoux, Shédiac, 9 septembre 1928, *ibid.,* 4.5-10.
30. Voir la lettre de Camille Roy à F.-J. Robidoux, Québec, 9 février 1929, *ibid.,* 4.1-6; celle d'Émile Lauvrière à Pascal Poirier, Paris, le 18 octobre 1928, CEA, fonds Pascal-Poirier, 6.1-9, et un article, du même, "Le Parler acadien", CEA, fonds Ferdinand-J. Robidoux, 4.5-8.
31. Vincent Lucci, *Phonologie de l'acadien,* Montréal, Didier, [1973], p. 11.
32. Un feuilleton parut à chaque numéro de *l'Évangéline* du 15 septembre 1927 au 25 juin 1931, puis irrégulièrement jusqu'au 29 décembre 1932 où l'on arrêta au mot "Réaliser".
33. Le premier fascicule (A-B-C) fut publié par René Baudry, Université Saint-Joseph, 1953, 164 p., et les quatre autres (D-E-F, G à M, N à R et S à Z), par le Centre d'études acadiennes, Université de Moncton, 1977 (la pagination du fascicule A-B-C se continue), VI, 241, 307, 402, 466 p.
34. Voir l'introduction du père Anselme Chiasson, fascicule D-E-F, p. V-VI.

lecteur tant soit peu curieux intellectuellement et, comme tout ouvrage de Poirier, il est agréable à lire.

Il se peut que derrière le désir de réhabiliter les origines ou la langue des Acadiens et celui de glorifier leur passé "se cache un sentiment d'impuissance[35]". C'est ce qu'avance Raymond Mailhot après avoir examiné sommairement les travaux de Poirier, ce chef qui, a-t-on dit, résume à lui seul la "Renaissance" acadienne[36]. Ce dont on ne saurait douter, c'est que les dirigeants acadiens de cette période ont voulu encourager les leurs:

> [...] c'était une mesure nécessaire pour établir la confiance dans nos rangs, pour faire croire à la mission de notre peuple et à son avenir providentiel[37].

Cette affirmation est de *Philéas-Frédéric BOURGEOIS* (1855-1913) qui rejoint M.-F. Richard, Pascal Poirier et d'autres dans son interprétation du réveil acadien: c'est une action miraculeuse et providentielle[38]. Ce qui le distingue de ses collègues, c'est son insistance sur la nécessité de sensibiliser "la population toute entière[39]" au réveil amorcé et de préparer celle-ci à y contribuer: "faisons participer le peuple au mouvement général et éclairons son intelligence[40]". Dans la poursuite de ce but, l'éducation et le journalisme seront ses chevaux de bataille en même temps que ses moyens d'action.

Encore étudiant au collège Saint-Joseph, il signe, en 1872, du nom de Viator, la première de ses notes de voyage destinée au *Moniteur acadien*. Il vient d'être nommé secrétaire de l'Académie Saint-Jean-Baptiste et chargé comme tel de rédiger

---

35. R. Mailhot, *La "Renaissance acadienne" (1864-1880)...*, p. 28.
36. Gérard Beaulieu, *Pascal Poirier, premier sénateur acadien, 1852-1933,* thèse, M.A., Université d'Ottawa, 1971, p. 107.
37. H.-J.-J.-B. Chouinard, *Fête nationale des Canadiens français...*, p. 339.
38. "Quand Dieu fait surnager des fragments de peuple à des naufrages aussi multipliés que les nôtres, quand il fait survivre cette même race aux proscriptions, aux combats et aux exactions de toute sorte, il n'est pas illusoire de juger qu'il lui réserve tôt ou tard un rôle important dans le concert des nations." (*ibid.,* p. 342).
39. *Ibid.,* p. 344.
40. F.-J. Robidoux, *Conventions nationales des Acadiens,* p. 117.

les règles de cet organisme dont il assuma la direction de 1875 à 1878. Sa charge d'enseignement aux collèges Saint-Joseph de Memramcook, Sainte-Anne à la Pointe-de-l'Église et Notre-Dame à Montréal ne l'empêcha pas de collaborer au *Moniteur acadien* et à *l'Évangéline;* il fut même, à diverses reprises, rédacteur de ce dernier.

C'est un voyage en Europe, plus précisément une conversation avec Rameau, qui semble avoir lancé définitivement Bourgeois dans la carrière de journaliste et d'écrivain. À son retour, il rapporta quelques bribes de cette conversation dans un article intitulé "Recueillons nos écrits[41]". D'une part, il y déplore le fait que les Acadiens écrivent si peu par crainte de se faire "tancer" pour leurs "anglicismes", pour leurs "tournures pesantes", ou de passer pour des "hommes qui s'en font accroire"; d'autre part, il regrette que les jeunes écrivains laissent périr leurs écrits, une fois publiés. En 1896, il reviendra à la charge:

> Il n'existe probablement pas dans le monde soi-disant civilisé un pays où l'on s'occupe si peu de l'histoire, de la composition des archives, du recueil des écrits et des traditions que dans nos provinces maritimes. Et ceux qui seraient tentés de s'en occuper, hélas!... on les regarde avec autant de pitié ou de mépris que des *tireuses* de cartes ou que ceux qui courent les champs pour chercher de l'or à l'aide de baguettes magiques[42].

Contre le courant, il prêcha d'exemple, faisant publier brochures, biographies, manuels scolaires et produisant plus de cent cinquante articles pour les journaux et les revues[43], dont un très grand nombre se rapportent à l'histoire ancienne et actuelle ainsi qu'aux traditions populaires.

Ainsi, en 1896, il relate les témoignages d'enfants et d'adultes de Scoudouc, au Nouveau-Brunswick, qui disent

---

41. Signé Viator, dans *le Moniteur acadien,* 7 juillet 1891, p. 2, col. 1-2.
42. Ph.-F. Bourgeois, "Le Village de Richibouctou et ses annales, 1796 à 1896", dans *le Moniteur acadien,* 11 décembre 1896, p. 2, col. 6.
43. Voir mère Saint-Marc Bédard, *Bibliographie de l'oeuvre du R. Père Philias Bourgeois, c.s.c. ... précédée d'une biographie,* thèse, Saint-Léonard, N.-B., 1964, 98 p.

avoir vu[44], dans leur petite école, la Sainte Vierge, l'Enfant-Jésus, sainte Anne et d'autres personnages. L'auteur semble bien, comme il l'indique lui-même, avoir été amené à publier ces événements par souci de ne rien laisser perdre de la petite histoire du pays plutôt que par intérêt théologique[45]. C'est pourtant uniquement sur ce dernier plan que la brochure *L'École aux apparitions mystérieuses* attira l'attention[46]; elle eut probablement retenu celle des linguistes si l'auteur avait respecté la langue et le style des voyants dont l'âge variait entre douze et quatre-vingt-quatre ans. Il n'a gardé que quatre expressions acadiennes, qu'il sent le besoin d'expliquer en notes infra-paginales[47].

Dans le dernier paragraphe de *l'École aux apparitions mystérieuses,* Bourgeois lançait un avertissement qu'il reprendra dans sa chronique sur les ''Institutions, moeurs et coutumes des Acadiens de 1775 à 1875'': les moeurs et coutumes d'autrefois disparaissent ou s'affaiblissent rapidement[48]. Aussi, dans vingt ans, on lui saura gré, écrit-il, d'avoir esquissé ce tableau même imparfait. Publiée d'abord dans *l'Évangéline*[49], cette peinture ethnologique, quelque peu revisée et complétée, constituera un chapitre de sa biographie de l'abbé Lafrance[50], quelques extraits en ayant déjà été insérés dans son *Troisième livre de lecture*[51].

44. Du 19 septembre 1893 au 16 juillet 1896.
45. Voir Ph.-F. Bourgeois, ''Avant-propos'', *L'École aux apparitions mystérieuses,* Montréal, C.O. Beauchemin & fils, 1896, p. 3.
46. Voir lettre de Ph.-F. Bourgeois à Valentin Landry, Collège Saint-Joseph, 7 juin 1897, CEA, fonds Valentin-Landry, 7.1-10; ''Encore ces règles à l'Index'', dans *le Moniteur acadien,* 15 juin 1897, p. 2, col. 4, et ''Fin de discussion'', dans *l'Évangéline,* 24 juin 1897, p. 2, col. 3.
47. ''Mais! mais!'', p. 21; ''maîtresse'' d'école, p. 25; les ''patates arrachées'', p. 40, et les cheveux ''jaunes'', p. 61.
48. Voir Ph.-F. Bourgeois, *L'École aux apparitions mystérieuses,* p. 81, et *l'Évangéline,* 23 septembre 1897, p. 2, col. 4-5.
49. Ph.-F. B., ''Institutions, moeurs et coutumes des Acadiens, de 1775 à 1875'', dans *l'Évangiline,* du 16 septembre 1897 au 3 février 1898.
50. Ph.-F. Bourgeois, *Vie de l'abbé François-Xavier Lafrance. Suivie d'une courte notice biographique de l'abbé François-Xavier Cormier, premier prêtre né dans la paroisse de Memramcook,* Montréal, Librairie Beauchemin Ltée, 1913, chapitre 7, p. 94-117.
51. Sur l'influence de Bourgeois dans l'obtention de livres de lecture en français pour les Acadiens de même que sur sa participation à leur rédaction, consulter la

Outre la conservation du patrimoine, la cueillette et la production de documents d'archives, une autre urgence se présenta à Bourgeois comme une incitation à écrire: donner aux Acadiens des manuels français qui leur permettent de connaître leur héritage et leur pays. Il ne semble pas, toutefois, qu'il ait jamais songé à écrire une histoire de l'Acadie. En 1893, c'est une *Histoire des provinces Maritimes* à moitié terminée qu'il perdit dans un incendie; il la destinait aux élèves de l'élémentaire[52]. Dix ans plus tard, il publia une *Histoire du Canada en 200 leçons*[53] et, en 1913, c'est un *Petit Résumé de l'histoire du Nouveau-Brunswick*[54] qu'il fit éditer. Cependant, en ne lisant que la table des matières de son *Histoire du Canada,* on se rend vite compte que le tiers de l'ouvrage est consacré aux provinces Maritimes, pour ne pas dire à l'Acadie des provinces Maritimes.

Ce parti pris d'insérer l'histoire de l'Acadie dans celle du Canada ou des Maritimes s'expliquerait par souci pédagogique, laisse entendre l'auteur à la parution de son premier manuel d'histoire: "les enfants d'une province ne doivent demeurer étrangers à l'histoire des autres provinces[55]". Mais, il est tout aussi plausible que le professeur-patriote voulut également s'assurer que ses manuels seraient acceptables par les gouvernements. Quoi qu'il en soit, on peut convenir avec lui que sa tâche ne dut pas être facile:

> Ménager les préjugés, les susceptibilités de races, de croyances, de politique, de cantons — ne pas être trop long, ne pas être trop concis, ni trop sec, aborder les questions controversées, les traiter sans offenser

---

thèse de mère Saint-Marc Bédard, *Bibliographie...,* p. 17, 41 (58), 42 (59 et 60), ainsi que l'ouvrage d'Alexandre Savoie, *Un siècle de revendications scolaires au Nouveau-Brunswick, 1871-1971,* vol. I, p. 35, 114-116, 206-207.

52. "Le Presbytère de la Pointe-de-l'Église réduit en cendres", dans *l'Évangéline,* 16 novembre 1893, p. 2, col. 3-4.

53. Paru en 1903 (Montréal, Beauchemin, VII, 440 p.), cet ouvrage sera publié, en 1913, chez Beauchemin, sans les subdivisions en leçons et sous le titre *L'Histoire du Canada depuis sa découverte jusqu'à nos jours* (collection "Champlain").

54. Ph.-F. Bourgeois, *Petit Résumé de l'histoire du Nouveau-Brunswick depuis quatre-vingts ans,* Moncton, Des Presses de l'Évangéline Ltée, 1913, 39 p.

55. "L'Enseignement de notre histoire", dans *le Moniteur acadien,* 20 août 1903, p. 5, col. 4-5.

les divers partis en jeu, enfin, sur toute la ligne, soutenir l'intérêt et ne pas brouiller l'élève, c'est une lourde entreprise[56].

Fort bien accueillie par les Acadiens, l'*Histoire du Canada en 200 leçons* fut, dès sa parution, utilisée dans les collèges et les écoles paroissiales des provinces Maritimes; mais, malgré toutes les précautions prises par l'auteur, le ministère des Travaux publics, à Fredericton, la refusa comme manuel pour les écoles publiques. On eut alors recours au compromis du bilinguisme ou de la traduction contrôlée: Bourgeois prépara une *Histoire élémentaire du Canada. Elementary History of Canada*[57] où, à chaque page, se trouve la traduction anglaise en regard du texte français. L'auteur a condensé son premier ouvrage tout en conservant à l'Acadie la même importance et proportion: vingt-trois chapitres sur soixante-huit.

Dans une lettre adressée à Placide Gaudet[58], Bourgeois met en lumière deux manières d'écrire l'histoire chez ces deux hommes qui ont eu une grande influence sur la plupart de leurs collègues écrivains: on persiste à croire que Bourgeois fut l'âme de leurs discours comme de leurs écrits[59] tandis que Gaudet leur fournit, à tous, des renseignements historiques[60]. La passion pour le détail et l'exactitude chez Gaudet allait à l'encontre de l'urgence d'écrire que préconisait Bourgeois. En effet, si Bourgeois se montre soucieux de la vérité historique surtout quand il s'agit de manuels scolaires, il ne consent pas, pour autant, à retarder une publication parce qu'il lui manque quel-

---

56. Lettre de Ph.-F. Bourgeois à Placide Gaudet, Collège Saint-Joseph, 3 août 1903, CEA, fonds Placide-Gaudet, 1.69-3. Dans une lettre adressée au ministre des Travaux publics, à Fredericton, Bourgeois sera plus explicite en parlant des livres de lecture en français: ''Nous avons préparé une série de livres qui non seulement satisfera les Acadiens intelligents et bien disposés des provinces Maritimes, mais qui sera parfaitement acceptable à toutes les dénominations et nationalités de notre pays.'' (lettre à Charles LeBillois, Collège St-Joseph, 11 mars 1907, CEA, fonds Philéas-F. Bourgeois, 13.-1).
57. Cet ouvrage parut en 1914, un an après la mort de Bourgeois. Revisée et mise à jour à deux reprises, cette *Histoire* restera au programme des écoles françaises des provinces Maritimes pendant quarante ans (voir la thèse de mère Saint-Marc Bédard, p. 19).
58. Lettre de Ph.-F. Bourgeois à Placide Gaudet, Collège Saint-Joseph, 16 mars 1897, CEA, fonds Placide-Gaudet, 1.66-3.
59. Voir la thèse de mère Saint-Marc Bédard, p. 24 (46).
60. Nous y reviendrons.

ques renseignements précis ou parce qu'il n'a pas le temps de se documenter à fond sur une question, comme le voudrait Gaudet. C'est ainsi qu'il fera paraître, dans *le Moniteur acadien*[61], une série d'articles visant "à détruire dans l'esprit de nos gens, et par un petit nombre de preuves prises à la surface de l'histoire[62]", les accusations d'intolérance et de déloyauté portées contre les anciens missionnaires français de l'Acadie. Par ailleurs, cet essai de réhabilitation, qu'il publia en volume la même année[63], rencontra, vraisemblablement, la faveur même de Gaudet.

En Acadie, comme ailleurs, les célébrations d'anniversaires, les érections de monuments ont fourni à l'un ou à l'autre écrivain l'occasion de faire revivre des pages d'histoire qui, tout en édifiant, témoignent de sa reconnaissance et de son estime pour les héros, les fondateurs ou les pionniers. Certains ont réussi à rendre intéressant et instructif, pour tout lecteur, ce "pieux pèlerinage dans le passé[64]". Aux yeux de Bourgeois, le modèle acadien du genre est *le Père Lefebvre et l'Acadie* auquel il consacra un long éditorial dans *l'Évangéline*.

> Au point de vue historique, "le Père Lefebvre et l'Acadie" pourra faire face à la critique la plus scrupuleuse. Ce n'est pas un manuel d'histoire. Il ne faut pas fendre les cheveux en quatre, *comme on l'a fait dernièrement*. L'auteur voit son but, il vise, il frappe juste. Il groupe en faisceaux les faits, les événements, les noms, les anecdotes qui ont préparé, accompagné ou suivi la mission providentielle de son héros.
>
> [...]
>
> En histoire, l'auteur imite un peu Jules Verne dans les sciences. Grâce à ses anecdotes aimables, à ses traits pris sur le vif, il nous fait aimer sa narration, et l'histoire malgré nous[65].

---

61. "Les Anciens Missionnaires de l'Acadie devant l'histoire", dans *le Moniteur acadien,* du 13 octobre au 1er décembre 1910.
62. Lettre de Ph.-F. Bourgeois à Placide Gaudet, Collège Saint-Joseph, 10 octobre 1910, *ibid.,* 1.71-28.
63. Ph.-F. Bourgeois, *Les Anciens Missionnaires de l'Acadie devant l'histoire,* Shédiac, Des Presses du "Moniteur Acadien", [1910], 114 p. Ont été ajoutées, en appendice, une longue lettre du Père Ignace de Paris et dix-huit lettres que l'abbé de l'IsleDieu adresse au ministre du Roi, du 9 février 1754 au 29 novembre 1755.
64. Voir *l'Album souvenir des noces d'argent...,* p. 7.
65. *"Le Père Lefebvre et l'Acadie",* dans *l'Évangéline,* 19 mai 1898, p. 2, col. 1, 2.

84

Avec moins d'humour, de vivacité que Poirier, mais dans un style clair, coulant, Bourgeois a laissé une publication inspirée de cette "manière" selon laquelle un auteur doit enseigner l'histoire en reposant et en faisant rire parfois[66]: *La Vie de l'abbé François-Xavier Lafrance*[67]. Par cet ouvrage, l'auteur voulait rendre hommage à celui dont on célébrait, en 1914, le centième anniversaire de naissance et le soixantième de l'oeuvre maîtresse, à savoir, le séminaire Saint-Thomas devenu, en 1864, le collège Saint-Joseph. Malade, l'auteur dut interrompre sa biographie[68]; mais il envoya son manuscrit à l'éditeur avec les notes qu'il avait accumulées pour les chapitres 10 à 12 et la fin du 9e. Les éditions Beauchemin publièrent son travail; elles y adjoignirent, tels que les avait livrés Bourgeois, treize documents historiques et folkloriques disparates, ainsi qu'une courte notice biographique de l'abbé F.-X. Cormier, protégé de l'abbé Lafrance et bienfaiteur du collège Saint-Joseph. Bien qu'inachevé, le dernier ouvrage de Bourgeois confirme sa réputation d'écrivain à la plume facile, bien documenté, soucieux de recueillir tout élément pouvant servir aux historiographes et aux folkloristes de l'avenir.

Reconstituer l'histoire

Mais celui dont la préoccupation première et continue fut de recueillir et de copier des documents d'archives nécessaires à l'avancement des études acadiennes, c'est *Placide GAUDET* (1850-1930). Sa passion pour l'histoire de son pays ne remonte cependant pas à ses années au collège Saint-Joseph, années qui semblent l'avoir peu marqué sur le plan patriotique et

---

66. *Ibid.*, col. 2.
67. Il a également publié *Panégyrique de l'abbé Jean-Mandé Sigogne, missionnaire français à la baie Sainte-Marie, Nouvelle-Écosse, depuis 1799 jusqu'en 1844*, Weymouth, Imprimerie "l'Évangéline", 1892, 33 p. Cette brochure reproduit un discours prononcé, en 1892, à l'occasion de la translation des restes du missionnaire au monument élevé en son honneur devant le collège Sainte-Anne, en Nouvelle-Écosse; l'auteur corrigea quelques erreurs historiques signalées par Placide Gaudet (lettre de Ph.-F. Bourgeois à Valentin Landry, Collège Sainte-Anne, 1er juin 1892, CEA, fonds Valentin-Landry, 7.1-6).
68. Une note à la page 133 de son ouvrage en informe le lecteur.

littéraire[69] — contrairement à ses collègues, en particulier Pascal Poirier et Ph.-F. Bourgeois. S'il avait lu en partie *la France aux colonies* de Rameau, *Jacques et Marie* de Bourassa et l'*Évangéline* de Longfellow, c'était, avoue-t-il, sans y attacher ''le soin qu'en qualité d'Acadien j'aurais dû y apporter[70]''. Il eut l'occasion de le regretter au grand séminaire de Montréal quand il dut constater, à sa courte honte, que son directeur, un prêtre français, en savait beaucoup plus que lui sur l'histoire de l'Acadie. Dès lors, il résolut de se livrer à l'étude de cette histoire.

Une année de repos au presbytère de Barachois lui permit au sortir du séminaire, en 1874, de s'initier à ce qui deviendra ''son étude favorite: la généalogie des familles acadiennes[71]''. Mais ce ne sera qu'à partir de 1899[72] qu'il pourra se livrer entièrement à un travail selon ses goûts, alors que le gouvernement fédéral l'engage pour copier les registres des vieilles paroisses acadiennes des provinces Maritimes. Entre-temps, de 1874 à 1898, il enseigna au collège Saint-Joseph, à Memramcook, et au collège Sainte-Anne, en Nouvelle-Écosse, ainsi qu'à diverses petites écoles dans les comtés de Gloucester, Westmorland, Northumberland et Kent, au Nouveau-Brunswick; il se mêla de journalisme comme secrétaire à la rédaction du *Moniteur acadien,* puis comme rédacteur à l'*Évangéline* et au *Courrier des provinces Maritimes.* Cette existence, que l'on qualifierait volontiers de nomade, le préparait assez bien à sa carrière d'archiviste-historien. En effet, partout où il passait, Gaudet consultait les registres, faisait

---

69. Le seul article signé Placide Gaudet qui est reproduit dans l'*Album souvenir des noces d'argent...* (p. 95-133) est une chronique historique datée du 16 février 1893.
70. Lettre de Placide Gaudet à Édouard Richard, Collège Sainte-Anne, N.-É., 10 avril 1896, CEA, fonds Placide-Gaudet, 1.65-21. Dans cette lettre, Gaudet souligne que son premier écrit historique remonte au début de 1875: à la demande de Ferdinand Robidoux, il fit, pour *le Moniteur acadien,* un résumé de l'*Origine des Acadiens* de Pascal Poirier.
71. *Ibid.,* p. 5.
72. En 1883, Gaudet obtint des Archives nationales un contrat de deux ans; engagé pour un temps indéterminé, en 1899, il n'obtiendra un poste permanent qu'en 1905, au départ de l'archiviste en chef, le Dr Brymmer, remplacé par le Dr Doughty.

Placide Gaudet

parler les vieillards, copiait des documents de famille. En 1896, il pouvait dire:

> J'oserais même avancer — et cela sans jactance — que personne ne connaît l'histoire intime des familles acadiennes aussi bien que moi. Tous ceux qui ont écrit sur l'Acadie jusqu'à présent vont à tâtons quand ils parlent des Acadiens après la catastrophe de 1755 jusqu'en 1800, et très souvent ils s'écartent de la vérité[73].

La découverte de documents d'archives lui fera voir des erreurs dans bon nombre de ses propres articles sur la baie Sainte-Marie, publiés dans *l'Évangéline* avant 1898[74], et l'amènera à conclure, en 1911:

> Notre histoire, je veux dire celle de l'Acadie, est presque tout à refaire. Même le bon M. Rameau de St-Père nous induit en erreurs.
>
> Richard est inexact en bien des endroits et ainsi que Casgrain et Rameau il a omis un chapitre très important de notre histoire, en 1714[75].

Nous voyons volontiers dans la grande crainte qu'avait Gaudet de s'écarter de la vérité, parce que tous les documents n'avaient pas encore été découverts ou fouillés, l'une des principales raisons qui l'empêchèrent de rédiger les gros volumes qu'il se vantait — apparemment à bon droit[76] — d'avoir dans la tête[77]. Sa santé fragile, ses difficultés financières, son manque de discipline intellectuelle expliqueraient également qu'il n'ait publié qu'un ouvrage. Deux choses sont indéniables: ses vastes connaissances autorisaient de meilleurs espoirs et peu de

---

73. *Ibid.*, p. 9.
74. Lettre de Placide Gaudet à P.-M. Dagnaud, Ottawa, 18 mars 1902, CEA, fonds Placide-Gaudet, 1.68-3.
75. Lettre de Placide Gaudet à P.-A. Landry, Ottawa, 12 mars 1911, CEA, fonds Pierre-Amand-Landry, 5.1-8. Voir également sa lettre à Ph.-F. Bourgeois, Ottawa, 7 octobre 1910, CEA, fonds Placide-Gaudet, 1.71-28.
76. Voir *Inventaire général des sources documentaires sur les Acadiens,* par le Centre d'études acadiennes de l'Université de Moncton, Moncton, Éditions d'Acadie, [1975], t. I, p. 28, et René Baudry, ''Pour servir à la mémoire de Placide Gaudet'', dans *Liaisons,* no 5, mars-avril 1942, p. 3.
77. Voir sa lettre à P.-M. Dagnaud, *ibid.*, p. 4, à Édouard Richard, *ibid.*, p. 7, et le P.S. de sa lettre à Ph.-F. Bourgeois, *ibid.*

ses contemporains osaient écrire sur l'Acadie sans le consulter[78]. Il fournissait des documents et des renseignements à quiconque les lui demandait, tout en se plaignant souvent que non seulement on lui volait son temps, mais aussi son bien[79].

Gaudet s'assura la paternité de plusieurs bribes de ses recherches en signant des centaines d'articles dans les journaux. On y remarque de nombreux arbres généalogiques (dressés, la plupart du temps, à l'occasion d'un décès) ainsi que des notes sur diverses paroisses du Nouveau-Brunswick, entre autres Tracadie, Memramcook, Bathurst, Cocagne[80].

Pressé par ses employeurs de publier le résultat de ses recherches et travaux, Gaudet livra la généalogie des trois familles Bourgeois, Lanoue et Belliveau; en introduction, il prit soin de noter que son rapport était "nécessairement incomplet[81]". En fait, malgré quelques erreurs, omissions et une présentation "dépourvue de tout cachet scientifique[82]", l'oeuvre généalogique considérable qu'a laissée Gaudet[83] constitue une mine de renseignements à laquelle on ne cesse de puiser.

Le nom de Placide Gaudet reste lié à la généalogie. Toutefois, le seul volume qu'il ait publié est un essai historique: *Le Grand Dérangement. Sur qui retombe la responsabilité de l'ex-*

78. Pour une liste partielle des historiens qui eurent recours aux services de Gaudet, voir Anselme Chiasson, ''Placide Gaudet'', dans *la Revue de l'Université de Moncton,* 3e année, no 3, septembre 1970, p. 125-126.

79. Voir en particulier sa lettre à P.-M. Dagnaud, *ibid.,* p. 7, et à P.-A. Landry, *ibid.,* p. 4.

80. Dans *le Moniteur acadien,* notes sur Tracadie les 21 et 28 novembre 1882, sur Memramcook du 24 septembre au 23 novembre 1886, sur Bathurst du 2 avril au 7 juin 1889, sur Cocagne du 3 au 24 décembre 1914; la chronique sur la paroisse de Bouctouche du 12 novembre 1889 au 1er juillet 1890, signée Sylvain, a été rédigée par l'abbé F.-X. Michaud et Placide Gaudet.

81. Placide Gaudet, ''Généalogie des familles acadiennes avec documents'', dans *Rapport contenant les Archives canadiennes pour l'année 1905,* Ottawa, 1909, vol. II, 3e partie, p. III.

82. Roger Comeau, ''Généalogie et petite histoire. Placide Gaudet, généalogiste acadien'', dans *Mémoires de la Société généalogique canadienne-française,* vol. 6, no 8, octobre 1955, p. 341-343.

83. Outre son rapport de 1905, l'oeuvre généalogique de Gaudet comprend dix pieds linéaires de notes manuscrites détachées et dix-huit volumes de feuilles dactylographiées reliées *(Inventaire général...,* p. 27).

pulsion des Acadiens[84]. C'est le fruit de sérieuses recherches échelonnées sur plus de quarante-cinq ans[85] et pourtant l'auteur doit avouer qu'il n'a pas résolu la question[86]. Tous les documents qu'il peut produire prouvent par la négative, d'une part, que l'ordre de la déportation vint du lieutenant-gouverneur Lawrence et non pas du Roi d'Angleterre, mais, d'autre part, commente l'auteur, que le Cabinet britannique, qui approuva la conduite de Lawrence en le nommant gouverneur en chef de la Nouvelle-Écosse, doit assumer sa part de responsabilité dans ce "crime".

Achetée et publiée par le Comité de l'église-souvenir de Grand-Pré au moment même où il lançait une vaste campagne de souscriptions pour la construction d'une réplique de l'église Saint-Charles de 1755[87], la brochure de Gaudet fut l'objet, dans les journaux acadiens, de plusieurs lettres d'appréciation et finalement d'un débat: les uns poussèrent plus loin que l'auteur ses conclusions sur la responsabilité de l'Angleterre, d'autres dirent qu'il disculpait complètement celle-ci[88]. D'aucuns se réjouirent de ce que l'ouvrage, solidement documenté, réhabilitait en quelque sorte la mémoire de l'historien Édouard Richard[89]. Ce descendant d'Acadiens, qui

---

84. Placide Gaudet, *Le Grand Dérangement. Sur qui retombe la responsabilité de l'expulsion des Acadiens,* Ottawa, Imprimerie de l'Ottawa Printing Company Limited, 1922, VII, 84 p. L'ouvrage était terminé en 1920 ainsi que l'atteste une lettre de Gaudet à R.N. Parker (Ottawa, Nov. 11, 1920, CEA, fonds Placide-Gaudet, 1.76-9); après avoir résumé les douze chapitres de son manuscrit de 115 p., "a thesis from beginning to end", il ajoute en conclusion: "I have just received a letter from A.D. Cormier, of Shediac, stating that the Committee has agreed to pay me $500.00 for my manuscript but not before next summer. I answered him to send me back at once my manuscript as I cannot wait till next summer for the payment of it. And there the matter stands."
85. P. Gaudet, *Le Grand Dérangement,* p. 2.
86. *Ibid.,* p. 47.
87. Voir P. Gaudet, *Le Grand Dérangement,* p. 81-84: "Un cri de ralliement", et les appendices C, D, E, p. 62-70.
88. Mentionnons "Une appréciation de Mgr Doucet", dans *l'Évangéline,* 4 mai 1922, p. 1, col. 1-2; "Un livre récent", signé l'abbé D.-F. Léger, dans *l'Évangéline,* 6 avril 1922, p. 1, col. 1-2; "Autour d'une brochure", du rédacteur Alfred Roy, dans *l'Évangéline,* 8 juin 1922, p. 1, col. 5-6, et la réplique, même titre, dans *l'Acadien,* 9 juin 1922, p. 1, col. 1-4.
89. Voir la lettre de Patrice Chiasson, évêque de Chatham, à Placide Gaudet, Chatham, 13 mars 1922, CEA, fonds Placide-Gaudet, 1.77-3. Édouard Richard

voulut obstinément, lui aussi, refaire le procès de 1755, accusa également Lawrence d'être le grand responsable de la déportation; l'on sait qu'Henri d'Arles, l'éditeur du manuscrit original de Richard, soutient dans ses notes la thèse opposée: le projet d'expulsion a été préparé dans la chancellerie britannique[90]. Dans *le Grand Dérangement*, Gaudet rejette les affirmations d'Henri d'Arles[91], mais sur un ton plus modéré que dans son article de 1916 intitulé "Une voix d'outre-tombe", où il prenait la défense d'Édouard Richard[92].

Si l'homme le mieux renseigné de son temps sur l'histoire acadienne n'a publié lui-même qu'une mince plaquette, ses vastes connaissances permirent, par contre, à plus d'un auteur de faire paraître soit une biographie, une histoire régionale, ou une monographie paroissiale. *Pierre-Marie DAGNAUD* (1858-1930), eudiste français, fut vraisemblablement celui qui profita le plus des notes de recherches fournies par Placide Gaudet.

Supérieur du collège Sainte-Anne de 1899 à 1908, Dagnaud connut, en Acadie, des débuts plutôt difficiles[93]. Après deux ans, il délaissa quelque peu son obédience première

---

est né à Princeville, au Québec, en 1844. Son manuscrit, d'abord traduit en anglais par le Père Drummond, s.j., parut, en 1895, sous le titre: *Acadia. Missing Links of a Lost Chapter in American History, by an Acadian,* New York, Home Book Company, vol. I, 392 p., vol. II, 384 p. Douze ans après la mort de Richard, Henri d'Arles publia son premier volume du manuscrit original qu'il corrigea et annota abondamment: *Acadie. Reconstitution d'un chapitre perdu de l'histoire d'Amérique,* Québec, J.-A. K. Laflamme, Boston, Marlier Publishing Co., 1916, vol. I, XXXII, 418 p., 1918, vol. II, XVI, 504 p., 1921, vol. III, VIII, 547 p.

90. Voir, en particulier, la note 7, p. 226-227, et la note 1, p. 331-332 du vol. II.
91. P. 41-43.
92. Dans *le Moniteur acadien,* le 27 avril et, le 29, dans *le Droit:* "M. Henri d'Arles commet, pour sa propre gloriole, une criante injustice envers son cousin germain [...]. Il montre Richard comme un plagiaire et un homme peu lettré. Et lui qui se pique d'"érudition" il vient de fausser indignement l'Histoire de l'Acadie.
      Parmi ses annotations, les unes fourmillent d'erreurs et les autres sont des hors d'oeuvres."
93. Envoyé pour remplacer le père Blanche, fort regretté des Acadiens, il hérita d'un collège à moitié reconstruit après l'incendie de janvier 1899 et d'une caisse vide (voir Yves Gauthier, *Le Père Pierre-Marie Dagnaud, prêtre-eudiste,* Québec, L'Action sociale Ltée, 1931, p. 49-55).

pour s'occuper, comme curé, des paroisses de Sainte-Marie et de Saulnierville.

Le développement des Acadiens revenus de l'exil pour reprendre souche en Nouvelle-Écosse lui semblait prodigieux. Dès 1902, il entreprit d'en relater les diverses étapes à partir du premier établissement à la baie Sainte-Marie, en 1768, jusqu'à la reconstruction du collège Sainte-Anne après l'incendie de 1899. Bien à contrecoeur, Gaudet lui fournit les notes et documents qu'il avait lui-même accumulés sur le sujet depuis plus de quinze ans[94]. Dagnaud compléta les recherches par des lectures, par des conversations avec les plus âgés de ses paroissiens, et, en 1905, il pouvait faire paraître, en France, *les Français du sud-ouest de la Nouvelle-Écosse*[95].

Les deux tiers de ce volume racontent le long et difficile apostolat du père Jean-Mandé Sigogne qui fut, pendant près d'un demi-siècle (1799-1844), le pasteur, l'éducateur, le juge de paix des Acadiens et l'évangélisateur des Micmacs. L'auteur n'eut pas à romancer les faits pour produire un récit qui retient l'intérêt même d'un lecteur moderne; et ce, malgré un parti pris de vouloir, par cette relation historique, susciter chez les Acadiens du début du siècle "une fidélité plus respectueuse aux traditions du passé et un désir plus ardent de réaliser le progrès que l'avenir nous laisse entrevoir[96]".

Un critique français[97] vit dans la publication de ce livre de Dagnaud non seulement un hommage au père Sigogne, mais à son pays d'adoption, le Canada, terre d'accueil pour les prêtres

---

94. Voir sa lettre à P.-M. Dagnaud, Ottawa, 18 mars 1902, CEA, fonds Placide-Gaudet, 1.68-3.
95. Pierre-Marie Dagnaud, *Les Français du sud-ouest de la Nouvelle-Écosse. Le R.P. Jean-Mandé Sigogne, apôtre de la baie Sainte-Marie et du cap de Sable*, Besançon, Librairie centrale, 1905, XXVII, 278 p. Dagnaud publia également *le Quatrième Livre de lecture* qui fut longtemps utilisé dans les écoles élémentaires acadiennes des provinces Maritimes (voir A. Savoie, *Un siècle de revendications scolaires*, p. 206-207).
96. P.-M. Dagnaud, "Introduction", *Les Français du sud-ouest de la Nouvelle-Écosse*, p. 3.
97. Certainement le supérieur général des Eudistes: l'article anonyme qui parut, le 20 avril 1905, dans *le Moniteur acadien* (p. 6) et dans *l'Évangéline* (p. 2), reprend des pages entières de la préface du livre, signée A. Le Doré, supérieur général des Eudistes.

Pierre-Marie Dagnaud

Fr. M. Gildas

Thomas Albert

Joseph-Henri Blanchard

français persécutés: le père Sigogne s'y était exilé après la Révolution française; un siècle plus tard, un contingent d'Eudistes venaient s'y réfugier suite, cette fois, à l'adoption de la loi Combes. D'autre part, le même critique se réjouit en songeant que le livre de Dagnaud saura attirer l'attention de ses compatriotes sur la Nouvelle-France et sera en quelque sorte le pendant du beau livre de l'abbé Klein *(Au pays de la vie intense)* qui avait révélé les États-Unis aux Français.

Il revenait à Pascal Poirier de faire l'éloge d'un volume si conforme à sa propre manière de raconter l'histoire:

> Jamais page historique ne fut mieux documentée. Les données en sont puisées aux sources authentiques; une tradition ininterrompue les corrobore et des témoins vivants les confirment.
>
> C'est une idylle et c'est une page historique tout à la fois. Comme les faits appartiennent à l'histoire de l'Acadie et se rattachent à l'épisode du Grand Dérangement, le récit, au surplus, devient, par endroits, angoissant comme la lecture d'un drame[98].

Aux biographies des bienfaiteurs et missionnaires de l'Acadie — les Lefebvre, Lafrance et Sigogne — *Fr. M. GILDAS* (1864-1940), trappiste français, voulut ajouter celle de Mgr Marcel-François Richard, mort en juin 1915: ce prêtre au dévouement et à l'intégrité morale reconnus de tous, ce fils de l'Acadie qui fut un patriote ardent, mais dont les activités nombreuses suscitèrent souvent l'embarras ou l'opposition de divers groupes, personnes, et surtout de son évêque Mgr J. Rogers.

Gildas était conscient des lacunes que devrait forcément présenter une biographie rédigée si tôt après la mort de son personnage. Il écrivit, en 1916, à l'abbé Stanislas-J. Doucet, grand ami de Mgr Richard:

> Évidemment, il serait prématuré de tout publier pour le moment, mais il nous a semblé qu'on pourrait, sans toucher aux questions par-

---

98. Pascal Poirier, ''*Les Français du sud-ouest de la Nouvelle-Écosse,* par le R.P. Dagnaud, supérieur du collège Sainte-Anne de Church Point, Baie Sainte-Marie'', dans *le Moniteur acadien,* 21 septembre 1905, p. 1, col. 3.

ticulièrement irritantes que vous savez, trouver ample matière à une vie populaire du vaillant apôtre de l'Acadie[99].

De toute évidence, le courageux auteur ne produisit pas un ouvrage susceptible de rencontrer l'approbation des exécuteurs testamentaires de Mgr Richard. L'abbé Thomas Albert refusa — malgré une promesse antérieure[100] — de publier un ouvrage qui expliquait, avant tout, par "l'hostilité irlandaise" les démêlés de Mgr Richard avec les autorités ecclésiastiques[101] tandis que, selon lui, certaines faiblesses, connues, de Mgr Richard en furent en partie la cause[102].

Déçu, Gildas, en quittant la Trappe de Rogersville, emporta, à Oka, les documents sur Mgr Richard et il fit paraître, à partir de janvier 1919, dans *le Canada français,* cinq larges extraits de son manuscrit[103]. Il dut vraisemblablement chercher à faire éditer son ouvrage puisque, en octobre de la même année, le Prieur de Rogersville avertit son Supérieur qu'il devait, en conscience et pour ne pas attirer des inimitiés contre l'Ordre, s'opposer à la publication de cette biographie de Mgr Richard, à moins d'en omettre certaine partie importante[104].

---

99. Lettre du Fr. M. Gildas à Stanislas-J. Doucet, Rogersville, 10 janvier 1916, CEA, fonds Stanislas-J.-Doucet, F 1451A.
100. Lettre de Thomas Albert à Fr. M. Gildas, Shippagan, 14 avril, 14 mai et 1er juillet 1918, CEA, fonds Mgr Marcel-François-Richard, 8.4-8.
101. Lettre de Fr. M. Gildas à Stanislas-J. Doucet, CEA, *ibid.*
102. Mentionnons: la fermeture de son collège, en 1882; son départ forcé de Saint-Louis, en 1885; son désir d'intenter un procès canonique contre son évêque; ses accusations, contre son évêque, envoyées à Rome, en 1891, et jugées "exagérées ou dénuées de réel fondement" (voir la liste d'accusations et la réponse du Saint-Siège, citée en traduction, dans C.-A. Doucet, *Une étoile s'est levée en Acadie,* p. 183).
103. Fr. M. Gildas, "Monseigneur M.-F. Richard", dans *le Canada français,* vol. 1, no 5, janvier 1919, p. 326-332; vol. 1, no 2, mars 1919, p. 118-131; vol. 1, no 5, août 1919, p. 354-367; vol. 3, no 5, janvier 1920, p. 352-365; "Un ami et bienfaiteur des Acadiens, M. l'abbé E.-R. Biron", vol. 4, nos 2 et 3, mars et avril 1920, p. 100-111.
104. "Ces documents [qu'a utilisés Fr. M. Gildas] ne sont qu'une cloche il faudrait entendre l'autre cloche pour juger", lettre du Père Antoine Piana à Dom Pacôme Gaboury, Rogersville, 27 octobre 1919, CEA, fonds Mgr Marcel-François-Richard, 8.4-8.

Gildas ne vit donc pas la publication de son ouvrage. Mais quelques mois après sa mort[105] et vingt-cinq ans après celle de Mgr Richard, l'archevêque de Moncton, Mgr Louis-Joseph-Arthur Melanson, jugea opportun de le faire éditer[106]. C'est une étude honnête et dont les sources orales ne sont pas à négliger; sa plus grave lacune réside, comme l'avait prévu l'auteur[107], dans son caractère incomplet.

Selon la manière anecdotique, dans le style alerte et agréable de Pascal Poirier *(Le Père Lefebvre et l'Acadie)* et de P.-M. Dagnaud *(Les Français du sud-ouest de la Nouvelle-Écosse)*, **Thomas ALBERT** (1879-1924) écrivit l'histoire du nord-ouest du Nouveau-Brunswick[108]. Son ouvrage, qui parut en 1920, n'est cependant pas centré sur un héros principal; de ce fait, il revêt un caractère plus authentiquement régional que les monographies écrites antérieurement.

L'*Histoire du Madawaska* fait d'abord revivre les légendes et les coutumes des sauvages vivant dans la région au XVIIe siècle, et retrace les voyages des explorateurs et missionnaires occasionnels. L'auteur relate ensuite — nous dirions, volontiers, peint — le travail, les misères, les luttes des pionniers pour développer et conserver le Madawaska. Le récit s'étend de sa fondation par les Acadiens, en 1785[109], jusqu'à ''l'ère des progrès'' qui débute en 1873 avec l'ouverture d'un collège pour filles, à Saint-Basile, et qui voit son couronnement, en 1908, avec la tenue, à Saint-Basile, de la sixième convention nationale des Acadiens.

---

105. Survenue le 13 février 1940.
106. Après en avoir, cependant, ''édulcoré'' plusieurs parties, dit-on (R. Mailhot, *La ''Renaissance acadienne'' (1864-1880)...*, p. 39, note 5): Fr. M. Gildas, *Mgr M.-F. Richard, prélat domestique: sa vie et ses oeuvres,* Moncton, L'Imprimerie nationale Ltée, 1940, 159 p.
107. Fr. M. Gildas, ''Monseigneur M.-F. Richard'', dans *le Canada français,* vol. 1, no 5, janvier 1919, p. 328, et repris dans l'avant-propos du volume, p. 12; voir aussi C.-A. Doucet, ''Avant-propos'', *Une étoile s'est levée en Acadie,* p. 5-6.
108. Thomas Albert, *Histoire du Madawasda,* d'après les recherches historiques de Patrick Therriault et les notes manuscrites de Prudent L. Mercure, Québec, Imprimerie franciscaine missionnaire, 1920, XXIII, 448 p. Il existe une traduction anglaise, dactylographiée, de cet ouvrage, qui n'a jamais été publiée et dont nous ne connaissons ni le traducteur ni la date de traduction.
109. À la suite de l'arrivée des Loyalistes à Saint-Jean et à Sainte-Anne des Pays-Bas, devenue Fredericton.

Cet ouvrage, qui reflète l'idéologie nationaliste acadienne des débuts du XXe siècle[110], s'appuie sur des données écrites et orales solides. La majeure partie des documents furent patiemment recueillis par Prudent-L. Mercure, né à Saint-Basile, qui travailla quelques années aux Archives canadiennes, à Ottawa. Des raisons pécuniaires le contraignirent à vendre sa volumineuse compilation de notes sur l'histoire du Madawaska. L'Acadien Patrick Therriault, sénateur de l'état du Maine, qui acheta les manuscrits, les remit à Thomas Albert en les accompagnant de la documentation qu'il avait lui-même accumulée[111].

L'état actuel des fonds d'archives Mercure, Therriault et Albert ne permet pas encore d'attribuer à chacun la part exacte qui lui revient dans la production de l'*Histoire du Madawaska*[112]. Cependant, personne ne doute que tout le mérite de la rédaction ne revienne à Thomas Albert. Un critique a prétendu que ce mérite se limitait à l'enjolivement de manuscrits[113]. Nous préférons souscrire à l'éloge qu'a exprimé Mgr L.-N. Dugal, dans la préface du volume:

> Vous avez judicieusement et surtout honnêtement fait le triage de ces multiples pièces, et vous les avez agencées avec un talent de maître, pour les présenter au public dans un style vraiment attrayant[114].

---

110. Sur le caractère idéologique de l'ouvrage, lire l'intéressant article d'Adrien Bérubé, ''Thomas Albert et la République du Madawaska'', dans *le Brayon,* vol. 8, no 1, janvier-mars 1980, p. 10-13.
111. Voir Georges Sirois, ''La Contribution de Prudent L. Mercure à l'histoire du Madawaska'', dans *le Brayon,* vol. 8, no 2, juin 1980, p. 4-5.
112. Voir John E. Valilée, ''Prudent Mercure et l'histoire'', dans *le Brayon, ibid.,* p. 7-9.
113. Robert Pichette, ''Prudent L. Mercure a-t-il écrit l'*Histoire du Madawaska?*'', dans *Revue d'histoire de l'Amérique française,* vol. 8, no 2, septembre 1954, p. 254-257 (cet article fut repris dans *le Brayon, ibid.,* p. 3-4).
114. P. XIX. Pour avoir une idée du travail d'organisation de la matière, de la correction du français que dut effectuer Thomas Albert, lire les neuf lettres de P.-L. Mercure à Placide Gaudet (dans *le Brayon, ibid.,* p. 11-18), et comparer le résumé des quatorze chapitres de ses ''Mémoires'' sur le Madawaska (*ibid.,* p. 15) avec la table des matières du volume publié; lire, également, la lettre de Thomas Albert à Placide Gaudet, Shippegan, 13 janvier 1921, CEA, fonds Placide-Gaudet, 1.76-11.

Les Acadiens de l'île du Prince-Édouard eurent leur historien dans la personne de *Joseph-Henri BLANCHARD* (1881-1968), celui qui, pendant un demi-siècle, fut le grand apôtre de la survivance française dans l'île. Enseignant de profession, il ne cessa de déplorer le manque d'accès des siens à l'éducation supérieure et, en conséquence, leur absence aux postes de direction et d'encadrement. Cette lacune le conduisit plusieurs fois dans la province de Québec, en quête de bourses pour des protégés de la Société Saint-Thomas-d'Aquin[115].

C'est précisément dans le but de faire mieux connaître aux Canadiens français du Québec l'histoire des Acadiens de sa province qu'il publia son premier volume[116] et choisit, pour le lancer, la visite, en Acadie, des voyageurs du *Devoir,* au mois d'août 1927[117].

En s'appuyant sur les recensements officiels et sur les registres tenus par les missionnaires dès 1721, l'auteur met l'accent, dans la première partie de son volume, sur la colonisation progressive de l'île par les Français et par les Acadiens venus s'y établir de 1720 à 1755. En contraste, la seconde partie insiste sur les tracasseries et les injustices qu'eurent à subir les Acadiens revenus à l'île après en avoir été déportés en 1758. Le texte est entrecoupé de considérations sur le courage, la patience et la persévérance des ancêtres, gages d'un avenir meilleur:

> Aujourd'hui nous recueillons les fruits de leurs efforts, comme demain nos enfants recueilleront, à leur tour, les bienfaits de notre fidélité au passé, et de notre intelligente préparation de l'avenir[118].

---

115. Voir Ubalde Baudry, ''J.-H. Blanchard de l'île du Prince-Édouard'', dans *Vie française,* vol. 22, nos 9-10, mai-juin 1968, p. 227-229. La Société Saint-Thomas-d'Aquin fut fondée, en 1919, dans le but de recueillir des fonds pour les élèves acadiens de l'île qui désiraient poursuivre leurs études.
116. J.-Henri Blanchard, *Histoire des Acadiens de l'île du Prince-Édouard,* Moncton, Imprimerie de ''l'Évangéline'', 1927, 120 p.
117. Pour un compte rendu de ce voyage, dont le ''directeur'' était Henri Bourassa, on pourra lire, dans *l'Évangéline,* ''Les Voyageurs du *Devoir* sont reçus avec enthousiasme en Acadie'' (18 août 1927, p. 6), et ''Les Voyageurs du *Devoir* à Louisbourg, à Sydney, à Descousse, à Grand-Pré et à Memramcook'' (25 août 1927, p. 10).
118. J.-H. Blanchard, *Histoire des Acadiens de l'île du Prince-Édouard,* p. 41. Ces considérations patriotiques étaient déjà contenues dans une brochure de 27

Faite dans les années 20, cette analyse de la situation précaire des Acadiens de l'île et des moyens pour l'améliorer, rappelle — parfois un peu trop — les discours prononcés aux premières conventions nationales par P.-A. Landry et par M.-F. Richard, quarante ans auparavant. Un peu plus de la moitié seulement du volume de Blanchard relate, dans un style pauvre, tout juste correct, l'histoire des Acadiens de l'île; un appendice de cinquante pages est constitué de notes, listes, statistiques se rapportant aux écoles, à l'agriculture, au clergé et aux Acadiens membres des professions libérales, et de monographies de treize paroisses du diocèse de Charlottetown.

Mises à jour, ces monographies constitueront, avec celles de quatre nouvelles paroisses, la première partie d'un volume publié en 1956: *Acadiens de l'Île-du-Prince-Édouard.* Dans l'autre moitié, l'auteur présente les biographies des Acadiens membres du clergé, des communautés religieuses, des professions libérales et du monde des affaires. Préparé à l'occasion du bicentenaire de la déportation des Acadiens, cet ouvrage est tout simplement un ''inventaire de l'oeuvre acadienne dans l'île du Prince-Édouard[119]''. Si la liste des Acadiens instruits qui ont pris leur place dans la vie religieuse, sociale, économique et politique s'est considérablement allongée depuis 1927, le mérite en revient, en très grande partie, au patriote infatigable que fut Blanchard[120].

C'est le récit d'un autre demi-siècle de combats pour la survie et le progrès que publie, en 1928, *Onésiphore TURGEON* (1846-1944) dans *Un tribut à la race acadienne*[121].

---

pages que l'auteur publia, en 1921, *Les Acadiens de l'île Saint-Jean* (la citation est à la p. 17); c'est le texte d'une conférence qu'il donna au congrès pédagogique des instituteurs acadiens, tenu à Miscouche, en 1920.

119. J.-Henri Blanchard, ''Avant-propos'', *Acadiens de l'Ile-du-Prince-Édouard,* [s.l.n.é.], 1956, p. 7, et notes autobiographiques manuscrites préparées par J.-H. Blanchard, CEA, fonds J.-Henri-Blanchard, 22.2-4.

120. Le Conseil de la vie française en Amérique le reconnaîtra, en 1967, alors qu'il lui attribuera le prix Champlain pour l'ensemble de son oeuvre. Il publia, en 1938, une monographie de sa paroisse natale: *Rustico, une paroisse acadienne de l'île du Prince-Édouard,* [s.l.n.é., 1938], 126 p. et, en 1964, *The Acadians of Prince Edward Island,* Charlottetown, [s.é.], 151 p.

121. Onésiphore Turgeon, *Un tribut à la race acadienne. Mémoires, 1871-1927,* Montréal, G. Ducharme, 1928, 526 p.

Né à Lévis, l'auteur de ces Mémoires passa l'été de 1870 au Petit-Rocher dans le but de refaire sa santé. Ayant dû renoncer au sacerdoce, il vint s'y établir, dès l'automne, et on lui confia la charge de l'école supérieure de cette région. Il se trouva ainsi mêlé, dès son arrivée en Acadie, aux luttes qu'il fallut mener pour obtenir le "privilège" d'enseigner la religion — après les heures de classe[122] — dans les écoles du Nouveau-Brunswick. Pour mieux défendre la cause de l'éducation[123] et celle des pêcheurs[124], il se dirigea vers la politique et le journalisme[125]. Quatre défaites en huit ans n'eurent pas raison de sa détermination qui fut récompensée, en 1900, par une éclatante victoire; il sera député fédéral pour le comté de Gloucester jusqu'à sa nomination au Sénat en 1922.

Présenté comme un tribut aux Acadiens à qui, dit-il, il doit tout[126], l'ouvrage du politicien Turgeon est aussi un hommage à son parti, c'est-à-dire au parti de Wilfrid Laurier et de Mackenzie King. Toutefois, l'analyse que l'auteur fait des événements auxquels il prit part, comme acteur et comme témoin, ainsi que les jugements qu'il porte sur les hommes politiques, nationaux et provinciaux, et sur les chefs acadiens sont susceptibles d'intéresser des lecteurs de toute allégeance.

Ce qui rend un peu fastidieuse la lecture de ce volume, c'est un style obscur — "aux trois-quarts anglais, les mots exceptés", dit un critique[127]. C'est aussi un trop grand nombre de discours, rapports de sessions et lettres de félicitations adressées au député ou au sénateur de Gloucester.

Nonobstant ses obscurités et ses longueurs, l'ouvrage qu'a laissé Turgeon est un document irremplaçable sur l'histoire politique du nord-est du Nouveau-Brunswick et sur l'histoire locale du comté de Gloucester. Son récit des troubles de Cara-

---

122. C'est le compromis scolaire de 1874; sur cette question des écoles du N.-B., et sur le rôle qu'y joua Turgeon, voir *Un tribut...*, p. 7-24.
123. *Ibid.*, p. 31.
124. *Ibid.*, p. 75.
125. Au service du *Courrier des provinces Maritimes* depuis 1896, il en devint le propriétaire-éditeur en 1898.
126. *Ibid.*, p. 2.
127. Alfred Roy, "Des Mémoires", dans *l'Évangéline*, 8 novembre 1928, p. 1, col. 1-2.

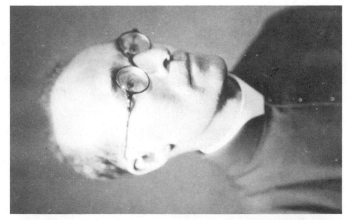

Omer Le Gresley

Louis-Joseph-Arthur Melanson

Onésiphore Turgeon

quet, où Louis Mailloux trouva la mort, retint notamment l'attention de quelques historiens et hommes de théâtre[128].

Servir la cause nationale

Bien qu'il soit né deux ans seulement avant la convention de Memramcook, *Louis-Joseph-Arthur MELANSON* (1879-1941) appartient pleinement à la génération des premiers bâtisseurs de l'Acadie "renaissante"; et ce, tant par son travail dans le domaine de la colonisation que par ses publications.

Curé de Balmoral au moment où l'on construisait le chemin de fer devant relier Campbellton (Restigouche) à Saint-Léonard (Madawaska), il favorisa, par tous les moyens à sa disposition, la colonisation de cette vaste région du Nord. Dans de nombreux articles de journaux[129] il reprit et développa, sous divers pseudonymes, des thèmes déjà étudiés ou énoncés depuis une quarantaine d'années, en particulier par Mgr M.-F. Richard: il vante les mérites de l'agriculture et, par la même occasion, il s'élève contre l'émigration vers les villes et contre la vie dans les chantiers. L'hiver, il visite les camps de bûcherons où, après avoir confessé et dit la messe, il recueille et raconte des histoires, il parle du beau métier de cultivateur. Articles de journaux, contes, réflexions ou sermons formeront, en gros, la matière des deux volumes[130] qu'il publiera à l'occasion du troisième centenaire de l'arrivée, en Nouvelle-France, de Louis Hébert, premier colon acadien (en 1606) et canadien (en 1617).

Au début de la seconde partie de *Retour à la terre,* Melanson résume lui-même son livre comme suit:

---

128. R. Mailhot, *La "Renaissance acadienne" (1864-1880)...,* p. 33. Le personnage de Louis Mailloux se retrouve dans deux pièces de théâtre: *Vivent nos écoles catholiques ou la Résistance de Caraquet* (1929), de James Branch, et *Louis Mailloux* (1975), de Jules Boudreau, ainsi que dans une chanson de Calixte Duguay: "Louis Mailloux" (*Les Stigmates du silence,* Moncton, Éditions d'Acadie, 1975, p. 63-65).
129. Voir Sr Marie-Irène, *Bio-bibliographie de Monseigneur Louis-Joseph-Arthur Melanson, premier archevêque de Moncton, (N.-B.), 1879-1941,* Campbellton, [s.é.], 1963, 250 p.
130. Arthur Melanson, *Retour à la terre,* Montréal, Librairie Beauchemin Ltée, [1916], 168 p., et *Pour la terre,* Moncton, L'Évangéline Ltée, 1918, 99 p.

Dans les pages qui précèdent je me suis appliqué à faire voir la beauté, la noblesse et les avantages de la carrière agricole, je m'adresse maintenant aux jeunes gens de notre chère Acadie, et les invite à venir coloniser le beau comté de Restigouche. Ils y trouveront des terres fertiles et, avec du travail, l'aisance sinon la richesse[131].

Dans son volume *Pour la terre,* l'auteur revient sur les mérites de l'agriculture en insistant sur les bienfaits de la vie à la campagne par opposition aux misères et aux dangers rencontrés dans les villes[132].

C'est dans la forme qu'il y a quelque différence entre les deux ouvrages. Le premier est composé de courtes dissertations écrites dans un style simple et direct. Le second comprend des contes, récits, dialogues où sont insérées quelques expressions de la langue parlée par les colons ou par les hommes de chantiers; certaines pages laissent soupçonner des qualités de fin causeur. Si ces deux livres de propagande agricole, qui prolongent certains thèmes chers aux orateurs des conventions nationales, pouvaient encore répondre à un besoin en 1920, rien ne justifierait leur réédition en 1980.

À partir de 1919, alors qu'il revint à Campbellton, cette fois comme curé, Melanson se consacra à une autre cause nationale, celle de l'éducation. Il trouva le temps d'écrire la *Vie de l'abbé Bourg*[133] faisant ainsi connaître, tirée des archives de l'archevêché de Québec, une partie de la correspondance de ce premier prêtre acadien, missionnaire, pendant vingt-deux ans, dans un territoire qui englobait la Gaspésie, la Nouvelle-Écosse et le Nouveau-Brunswick.

De 1898 à 1921, plusieurs auteurs étudièrent, nous l'avons vu, l'évolution des progrès survenus dans leur province ou région depuis le milieu du XIXe siècle. Leurs publications facilitèrent la tâche d'**Omer LE GRESLEY** (1896-1963) qui voulut, pour sa part, faire la synthèse du renouveau acadien dans les trois provinces Maritimes. Puisque tous ses contem-

131. A. Melanson, *Retour à la terre,* p. 101.
132. Voir le chapitre intitulé ''Et je le regrette bien, allez'', p. 30-37.
133. Arthur Melanson, *Vie de l'abbé Bourg, premier prêtre acadien, missionnaire et grand-vicaire pour l'Acadie et la Baie-des-Chaleurs, 1744-1797,* Rimouski, Le ''Chez-nous'', 1921, 175 p.

porains firent remonter le réveil des Acadiens, dans leur coin de pays, à la fondation d'un collège, d'un couvent, d'un journal ou d'une association d'instituteurs, il dut trouver d'emblée le thème unificateur de son étude: l'enseignement du français en Acadie. C'est le titre que porte sa thèse de doctorat soutenue à Paris, en 1925[134].

Si la dernière partie de son ouvrage consiste, principalement, en un regroupement des données et analyses déjà publiées de 1898 à 1921[135], par contre, l'auteur fait davantage oeuvre de pionnier que de récupérateur pour les deux premières périodes. Il se plaint souvent, d'ailleurs, de la rareté des documents tant sur l'existence des écoles avant 1864 que sur les programmes d'études[136]. Néanmoins, en s'appuyant sur les sources disponibles[137], il parvient à démontrer que, sous la domination française, non seulement l'enseignement ne fut pas négligé, mais que ''la Nouvelle-France — le Canada et l'Acadie — n'avait pas à jalouser la mère patrie pour la diffusion de l'enseignement primaire[138]''. L'auteur s'élève, preuves à l'appui, contre ce qu'il qualifie de légende: avant 1755, les Acadiens auraient été un peuple ''sans écoles et sans instruction[139]''; après leur retour d'exil, les Acadiens, ''contrairement aux contemporains des autres nationalités, ne manifestaient même pas le désir de s'instruire[140]''.

La dédicace de cet ouvrage — ''À la mémoire de nos aïeux qui, pour leur foi et leur langue, ont su souffrir et mourir'' — laisse assez entendre que son auteur partage l'idéologie de ceux qui ont fait l'histoire des cinquante dernières années. Sa thèse

---

134. Publiée conjointement par Gabriel Énault, Mamers, et le collège du Sacré-Coeur, Bathurst, en 1926: *L'Enseignement du français en Acadie (1604-1926)*, 259 p.

135. Par P. Poirier (*Le Père Lefebvre et l'Acadie*, 1898), P.-M. Dagnaud (*Les Français du sud-ouest de la Nouvelle-Écosse*, 1905), Ph.-F. Bourgeois (*Vie de l'abbé François-Xavier Lafrance*, 1913), T. Albert (*Histoire du Madawaska*, 1920), J.-H. Blanchard (*Les Acadiens de l'île Saint-Jean*, 1921).

136. O. Le Gresley, *L'Enseignement du français en Acadie*, notamment p. 45, 73, 76.

137. Voir la liste de manuscrits et d'imprimés pour les XVIIe et XVIIIe siècles, *ibid.*, p. 249-251.

138. *Ibid.*, p. 140, et sa ''mise au point'', p. 139-144.

139. *Ibid.*, p. 84.

140. *Ibid.*, p. 82.

leur donne raison: si le réveil s'est produit, si des progrès remarquables sont visibles, dans les trois provinces Maritimes, c'est grâce aux conventions, aux sociétés nationales, aux collèges et aux journaux acadiens; c'est parce que tous — peuple et dirigeants — ont défendu leur foi et leur langue. Pour l'auteur, comme pour ses devanciers, ces progrès et cette fidélité sont les promesses d'un avenir qui s'annonce ''plein d'espérance[141]''.

Nous ne pouvons faire état d'aucune thèse, publiée durant cette période, qui mettrait en doute l'à-propos, ou l'efficacité, de la direction donnée à l'Acadie par cette première génération de bâtisseurs. Les voix discordantes ne s'élèveront qu'à partir des années 1960.

---

141. *Ibid.*, p. 244. Voir le dernier chapitre: ''Aujourd'hui et demain''; surtout p. 233-246.

Chapitre III

DES HISTOIRES ET DES TRADITIONS À RACONTER

Légende ou fiction. — Contes et causeries d'Acadie. — Canadien ou Acadien.

Dans un temps où toutes les énergies étaient orientées vers la reconstruction d'un pays, vers un salut qui viendrait, prêchait-on, si l'on demeurait fidèle à sa langue, à sa foi et aux grandes traditions nationales, pouvait-on perdre des heures, à écrire des histoires de lutins, chasse-galerie et loups-garous, ou de fêtes et noces anciennes? Se constituer conteur — hormis au coin du feu — n'était-ce pas trahir la cause acadienne? À tout le moins, c'était courir le risque de se faire taxer de bras inutiles, de frivole, de superstitieux, ou de mécréant.

Quoi qu'il en soit, parallèlement à la grande préoccupation de perpétuer l'histoire édifiante des ''sauveurs'' de l'Acadie et d'écrire celle des provinces ou des régions, un autre souci se précise pendant cette période (1867-1928), bien que beaucoup plus timidement: ne pas laisser perdre les légendes et les traditions populaires. Ce n'est pas avant 1911 que fut publié le premier recueil inspiré des croyances et des coutumes locales. Toutefois avant cette date, quelques contes acadiens, anonymes pour la plupart, avaient paru dans *le Moniteur acadien*[1] et *l'Evangéline*, et deux auteurs français, installés au pays, avaient signé durant les années 1890, un nombre relativement important de légendes et de nouvelles acadiennes.

---

1. Mentionnons ''La Chute de Louisbourg'', dans *le Moniteur acadien*, en trois tranches, à partir du 8 juillet 1867, et ''Un conte acadien'' [''Cendrillou''], signé Un grand' père, *ibid.*, les 6 et 11 septembre 1889.

Légende ou fiction

Arrivé en Nouvelle-Écosse pour l'ouverture du collège Sainte-Anne, *Jules LANOS*[2] publia, à partir de 1893, une dizaine de contes et de nouvelles dans *le Monde illustré*[3]. Trois de ces nouvelles[4] peuvent être dites acadiennes, leur action se déroulant en Nouvelle-Écosse; elles traitent, comme la plupart des autres récits, ou de la recherche d'un mari ou du choix d'une épouse. Un conte de Noël[5], écrit en vers, raconte l'histoire du Grand-Esprit Glooscap qui, selon la légende populaire, vécut autrefois à Blomidon. Le professeur français Lanos sait conter.

C'est *Firmin PICARD* (1848-1918) qui, au XIXe siècle, fournit aux journaux la plus grande quantité de légendes et de contes acadiens. Venu au Canada vers 1890, ce Français s'établit au Nouveau-Brunswick en 1907[6]. Mais il faut dire que son intérêt pour les Acadiens remontait déjà à plusieurs années, plus précisément à 1893 alors qu'il avait lu à leur sujet, dans un journal de Montréal, un entrefilet qui l'avait révolté[7]. Dès ce moment, l'ancien zouave pontifical s'était donné comme mission de défendre l'Acadien opprimé. Il se renseigna sur son histoire auprès de l'abbé Amédée Thérien[8], ancien curé d'Arichat, en Nouvelle-Écosse, qui lui fournit la matière de plusieurs légendes; on sait qu'il lut Poirier, Casgrain et Richard, et qu'il se lia d'amitié avec Pascal Poirier, Pierre-

---

2. Lanos quitta la communauté des Eudistes et s'installa à Halifax en 1896. Voir *l'Évangéline*, 27 juillet 1899, p. 3, col. 1, et la lettre d'Édouard Richard à Valentin Landry, Arthabaskaville, 16 novembre 1895, CEA, fonds Valentin-Landry, 7.1-8.
3. Voir Aurélien Boivin, *Le Conte littéraire québécois au XIXe siècle. Essai de bibliographie critique et analytique*, Montréal, Fides, 1975, p. 218-219.
4. ''À bout'', dans *le Monde illustré*, 5 mai 1894; ''Lions et lionnes'', *ibid.*, 22 septembre 1894, et 'Au village'', *ibid.*, 15 juin 1895.
5. ''Glooscap'', *ibid.*, 31 décembre 1898.
6. ''Mort de Firmin Picard, Z.P.'', dans *l'Évangéline*, 29 mai 1918, p. 8, col. 2.
7. ''Causerie de Firmin Picard à la convention acadienne'', dans *l'Évangéline*, 5 octobre 1905, p. 1, col. 6.
8. Picard fut hébergé pendant quatre ans, à Montréal, dans la famille Thérien. Voir Firmin Picard, ''L'Oncle Ben'', dans *l'Évangéline*, 26 janvier 1905, p.2, col. 4, note (1).

Amand et Valentin Landry[9]. Avant même de venir vivre en Acadie, il avait déjà publié, dans l'*Évangéline*, au moins douze nouvelles ou légendes acadiennes[10]. Sept de celles-ci[11] devaient faire partie d'un recueil qu'il enregistra à Ottawa, en 1899, sous le titre *Oeuvres de sang*[12]. Dès son arrivée à Moncton, en 1907, il fut rédacteur de l'*Évangéline*; puis, après une quinzaine de mois, il devint publiciste pour l'*Acadien*.

Si l'on reconnut communément que Picard aimait beaucoup les Acadiens pour qui il luttait, à sa façon, avec une plume facile et élégante, certains lui reprochèrent sa trop grande violence en particulier contre le clergé irlandais[13]. À diverses reprises, Placide Gaudet déplore que cet écrivain présente comme historiques des légendes qui ne sont que pure fiction[14]. De fait, l'on peut soutenir que, pendant plus de vingt ans, il s'employa comme conteur et journaliste, d'une part, à susciter une admiration sans bornes pour l'héroïsme du peuple acadien et, d'autre part, à provoquer l'horreur et le dégoût pour le dominateur anglais. Presque tous ses récits, aux caractéristiques

---

9. Firmin Picard, ''L'Évangéline'', dans l'*Évangéline*, 5 décembre 1901, p. 2, col. 2.

10. Dans *le Conte littéraire québécois au XIXe siècle* Aurélien Boivin a relevé trente titres publiés par Picard (p. 300-307); trois des six nouvelles, légendes ou contes acadiens mentionnés n'ont pas été reproduits dans l'*Évangéline*, ils parurent dans *le Monde illustré*.

11. ''L'Oncle Ben'', dans *le Monde illustré*, du 31 août au 21 septembre 1895, et dans l'*Évangéline*, du 26 janvier au 13 avril 1905; ''Le Manteau merveilleux'', dans l'*Évangéline*, 9 novembre 1899; ''Grenier de l'abondance'', dans l'*Évangéline*, 14 décembre 1899, dans *le Monde illustré*, 23 décembre 1899, et dans *le Moniteur acadien*, 25 janvier 1900; ''La Chaussée miraculeuse'', dans l'*Évangéline*, 21 décembre 1899; ''Le Serment de l'Acadien'', dans *le Moniteur acadien*, 1er janvier 1903, et dans l'*Évangéline*, 8 janvier 1903; ''Rose de Noël'', dans l'*Évangéline*, 7 janvier 1904, et ''Membertou'', dans l'*Évangéline*, 22 décembre 1904, et dans *le Moniteur acadien*, 29 décembre 1904.

12. *The Canadian Patent Office Record*, Ottawa, Archives Nationales, October 31st 1899, p. 981, Vol. 27, No. 10891: ''*Oeuvres de sang*. Livre en voie de publication par articles dans ''Le Monde illustré'' de Montréal, et ''L'Évangéline'', de Weymouth Bridge, en Nouvelle-Écosse. Firmin Picard, Montréal, Qué., 27 octobre 1899''. Ce livre ne fut pas publié.

13. Lire, à titre d'exemples, ''J'accuse'', que Picard signa sous le pseudonyme de M.-L. Delaittres, dans l'*Évangéline*, 12 septembre 1907, et les lettres de Placide Gaudet à Valentin Landry, Ottawa, 5 octobre 1907 et 25 avril 1909, CEA, fonds Valentin-Landry, 7.1-16 et 7.1-19.

14. Placide Gaudet, ''Comment on écrit l'histoire'', dans *le Moniteur acadien*, 22 janvier 1903, p. 5, col. 1.

"Le charivari",
peinture de Jean-Claude Dupont. (Collection Lauraine Léger.)

romantiques et fantastiques, sont basés sur les légendes entourant la déportation et l'exil; le "petit Acadien" y est présenté comme un martyr ou un croyant dont la foi et l'obéissance peuvent arracher des miracles au ciel. La même image se dégage de ses articles de fond et de ses éditoriaux.

Contes et causeries d'Acadie

Bien différents des récits de Picard sont les cinq *Contes d'Acadie*[15] découverts au presbytère de Memramcook, en 1963. L'auteur de ce manuscrit anonyme ne cherche point à édifier le lecteur ou à défendre une cause; ne pas laisser perdre les traditions anciennes et les récits merveilleux, qui abondent en Acadie, semble avoir été son but premier, sinon unique[16]. Selon deux différentes tables des matières[17], retrouvées dans le fonds d'archives Joseph-Thomas-LeBlanc, folkloriste, le recueil projeté ou terminé devait réunir quinze contes; par la suite, ceux-ci furent répartis de façon à donner un ouvrage en deux volumes, le titre demeurant *Contes d'Acadie*. D'après ces documents, le premier volume aurait dû comprendre, en plus des cinq contes du manuscrit[18], les deux intitulés "Vaisseau fantôme" et "Causeries du vieux père Joe".

Les *Contes d'Acadie* furent certainement écrits avant 1929 et par un auteur de la région de Memramcook[19], région dont il connaît si bien tous les petits villages et leurs environs, et où il situe l'action de ses histoires de maison hantée, de sorciers, d'ours-garous. Cet auteur manque de métier, c'est évident; mais il a du talent. Son style est inégal, trop souvent alourdi par des images recherchées. Par contre, en général, la narration, cal-

---

15. [Anonyme], *Contes d'Acadie*, manuscrit écrit à l'encre, CEA, [non catalogué], 1, 6-223 p.
16. Voir la "Préface de l'auteur", première page, la seule qui fut retrouvée, CEA, fonds Joseph-Thomas-LeBlanc [non catalogué].
17. *Ibid.*
18. "La Maison à Dunk", p. 6-42, "Marc Marquis", p. 43-83, "Les Sorciers de la côte", p. 84-148, "La 'Grande Demande' d'Obéline Doiron", p. 149-176 et "L'Ours-garou", p. 177-223.
19. L'auteur de ce manuscrit pourrait être André-Thaddée Bourque (né à Beaumont) ou André-D. Cormier (né à Memramcook); tous deux firent leurs études au collège Saint-Joseph, entrèrent chez les pères de Sainte-Croix et oeuvrèrent, pendant plusieurs années, dans la région de Memramcook.

"Le halage du bois", peinture de Léo Leblanc. (Collection Lauraine Léger.)

111

quée sur le débit du conte oral, est enlevante et les interventions du narrateur ne nuisent pas à l'intérêt de ces contes où le merveilleux domine.

Au père *André-Thaddée BOURQUE* (1854-1914) revient le mérite d'avoir été le premier Acadien des provinces Maritimes à publier un volume sur les traditions et les légendes populaires de son pays: *Chez les anciens Acadiens. Causeries du grand-père Antoine.* La première des quinze causeries, qui prend l'allure d'un discours patriotique[20], doit se lire comme une introduction au recueil. C'est parce qu'il est survenu de grands changements en Acadie depuis 1864, c'est-à-dire avec l'avènement de l'enseignement supérieur que l'auteur va entretenir ses compatriotes des pratiques et des croyances qui avaient cours dans le pays il y a cinquante ans[21]. Mais Bourque n'écrit pas pour véhiculer une idéologie quelconque, ni pour faire la morale; il se reconnaît des qualités de "bon vieux causeur[22]" et s'exprime avec simplicité quant à la forme et au style.

Mariages d'autrefois, "frolics", fêtes de Noël, du jour de l'an, histoires de marchands, de maîtres d'école, légendes de loups-garous, de chasse-galerie, aventures héroïques d'anciens Acadiens et d'amis micmacs, sont les principaux sujets des *Causeries du grand-père Antoine.* Ce recueil contient quelques contes habilement présentés et racontés soit par des conteurs de profession soit par l'auteur lui-même. Mentionnons "Salomon[23]", célèbre "juge à paix" qui divisa en "bessons" une citrouille pour satisfaire deux plaideuses, et "Un conte de Baptiste[24]", histoire de voleurs volés, parfait exemple d'un conte oral populaire où voisinent le merveilleux et le

---

20. "Discours dans le genre de ceux que nous entendons parfois dans nos grandes conventions": André-Thaddée Bourque, *Chez les anciens Acadiens. Causeries du grand-père Antoine,* [Moncton, Des Presses de "l'Évangéline", 1911], p. 8-9.
21. Il le rappellera expressément dans sa causerie sur les "juges à paix", *ibid.,* p. 127.
22. "Avant-propos", *ibid.,* p. 3.
23. *Ibid.,* p. 127-131.
24. *Ibid.,* p. 82-95.

vraisemblable. Quelques chansons folkloriques et chants patriotiques[25] ajoutent à l'intérêt et à la variété de cet ouvrage.

Dans sa dernière causerie, Bourque annonce discrètement un deuxième livre dans lequel il parlera de la mi-carême et de la chandeleur[26]. Ce projet de récupération des coutumes et légendes acadiennes devait entrer parfaitement dans les préoccupations de son collègue et ami d'enfance Philéas-F. Bourgeois[27].

Canadien ou Acadien

Dans les années 20, *Joseph-Fidèle RAÎCHE* (1886-1943) publia deux recueils de contes et de nouvelles qui sont d'inspiration tout aussi canadienne qu'acadienne. Né au Bic, dans le comté de Rimouski, il fit ses études classiques au collège Saint-Joseph de Memramcook et ses études théologiques au séminaire de Baltimore, aux États-Unis. Ordonné prêtre en décembre 1912 et rattaché au diocèse d'Antigonish, en Nouvelle-Écosse, il fut d'abord vicaire à Port Hood de janvier à septembre 1913[28], puis professeur de français à l'université Saint-François-Xavier d'Antigonish jusqu'en 1934.

Avant de publier *Au creux des sillons*[29], en 1926, Raîche avait déjà signé dans *le Canada français*[30] cinq des neuf récits de

---

25. ''Marseillaise acadienne'' (p. 9), ''Évangéline'' (p. 147) et ''Plainte et pardon'' (p. 149) sont d'A.-T. Bourque (voir ''Patriotisme en action'', dans *le Moniteur acadien*, 12 janvier 1911, p. 1, col. 2).

26. Ce pourrait être *Contes d'Acadie* dont une partie a été retrouvée. Le lecteur intéressé à identifier ce manuscrit dont nous avons parlé plus haut (p. 110) pourra comparer, entre autres choses, la causerie ''Croyances et superstitions'' *(Chez les anciens Acadiens,* p. 46-58) et le conte ''Les Sorciers de la côte'' *(Contes d'Acadie,* p. 84-148).

27. Voir plus haut, p. 81.

28. Dans *Journal d'un vicaire de campagne* (Montréal, Éditions Édouard Garand, 1927, 54 p.), Raîche — sous le nom de Jean Tréville — raconte très simplement ses premières expériences de vie sacerdotale dans la localité isolée de Port Hood — qu'il dénomme Forest Hill —, sous l'autorité d'un curé écossais âgé de quatre-vingts ans.

29. Joseph Raîche, *Au creux des sillons*, Montréal, Éditions Édouard Garand, [1926], 59 p.

30. Voir M.-A. Lacoursière, *Bio-bibliographie de M. l'abbé Joseph-Fidèle Raîche*, École des Bibliothécaires, Université de Montréal, 1946, p. 23.

son recueil, *Les Dépaysés*[31], qui ne parut qu'en 1929. Dans ces deux ouvrages, il met en scène des gens de la campagne dont les rêves, ou les amours, sont contrariés par la jalousie, la médisance, le destin, bref, par des forces extérieures auxquelles ils ne peuvent que se soumettre. Chaque recueil comprend une longue nouvelle plus spécifiquement acadienne. Dans "Au gré des flots[32]", dont l'action se situe dans un village marin du Cap-Breton, l'auteur glisse quelques coutumes locales, souligne le caractère religieux des habitants, et surtout laisse deviner l'emprise que la mer exerce sur ces gens qu'elle enlève au sol. "Le Départ[33]" raconte l'histoire du fils unique d'un fermier acadien que la conscription arrache à sa fiancée et à ses parents âgés; il revient de la guerre tout juste à temps pour empêcher que la ferme, son héritage, ne soit vendue à des voisins envieux qui la convoitent depuis son départ.

Les nouvelles et les contes anecdotiques de Raîche témoignent de sa belle culture, de son amour des lettres et de son souci d'une écriture soignée. Malheureusement, ses récits sont souvent encombrés par des réflexions qui trouvent mieux leur place dans un ouvrage comme *les Frelons nacrés*[34]: l'auteur y livre, sur un ton tantôt humoristique, tantôt profond, ses méditations de prêtre et ses expériences de professeur.

La cueillette des légendes et des coutumes que les Acadiens amorcent avant 1930, ne deviendra véritable projet de récupération qu'à partir des années 60. Entre-temps, quelques bribes de la tradition orale seront transmises dans des monographies paroissiales, et il faudra attendre plus de quarante ans après la parution de *Causeries du grand-père Antoine* pour voir la publication d'un livre consacré aux récits et aux croyances acadiennes d'antan.

---

31. Joseph Raîche, *Les Dépaysés*, Montréal, Éditions Édouard Garand, [1929], 94 [1] p.
32. J. Raîche, *Au creux des sillons*, p. 33-45.
33. J. Raîche, *Les Dépaysés*, p. 48-62.
34. Joseph Raîche, *Les Frelons nacrés*, Rimouski, Imprimerie générale, 1929, 94 p. Raîche a également publié les notes de son voyage en France dans *À fleur d'eau et à tire-d'aile*, Rimouski, Imprimerie générale, 1925, 153 p.

TROISIÈME PARTIE

SOUS LE SIGNE DU SOUVENIR
(1929-1957)

Chapitre premier

DE LA GRANDE HISTOIRE À LA PETITE

Synthèse historique et monographies paroissiales. — Petite histoire. — Essais divers.

Les publications de la deuxième génération d'écrivains acadiens sont encadrées par les célébrations des 175e et 200e anniversaires de la déportation, pauses qui permettent aux nationalistes d'apprécier le chemin parcouru, et de raviver chez les leurs la flamme du patriotisme ou du souvenir.

L'Acadie est maintenant dotée de collèges, de journaux, de symboles nationaux; elle a son clergé et son évêque acadiens. Mais, il faut bien le dire, elle continue à se vider, surtout dans les campagnes. Ajoutons que, depuis 1912, aucune grande réalisation n'est à signaler. Sinon le dévoilement de la statue d'Évangéline, à Grand-Pré, et la construction de l'église-souvenir sur le terrain où les ancêtres entendirent le décret de leur expulsion, en 1755.

Les fêtes de 1930 n'insufflèrent, apparemment, aucun supplément d'âme à la classe dirigeante. Durant plus d'une décennie encore, elle semble à bout de souffle et d'imagination. Si elle veille à consolider les gains, à sauvegarder la nation, c'est en tenant les mêmes discours qu'à la fin du XIXe siècle, c'est-à-dire en prêchant, comme garantie de survie, la fidélité à la langue, à la religion et aux traditions dites nationales, bref, à la grande histoire.

En littérature, la synthèse de cette histoire de gloires et de malheurs est suivie d'une série de monographies paroissiales écrites à la mémoire des pionniers et des fondateurs. La plupart des dramaturges, des romanciers et des poètes, que l'Acadie commence à compter, cherchent, eux aussi, leurs idéaux dans le passé et nourrissent le souvenir, croyant par là mieux assurer la survie de leur peuple.

116

Synthèse historique et monographies paroissiales

C'est en 1891 que Philéas-F. Bourgeois lançait son cri d'alarme en faveur de la cueillette et de la publication des documents historiques sur l'Acadie dite renaissante; sans quoi, disait-il, "nous n'aurons jamais les éléments nécessaires pour édifier le monument de nos chroniques et de nos traditions[1]". Répondant à cet appel, quelques curés firent paraître, avant 1930, des brochures sur l'histoire de leur paroisse[2]; il faut dire qu'ils y avaient été exhortés, de façon spéciale, par le premier évêque acadien, Mgr Édouard LeBlanc[3].

Le Gaspésien *Antoine BERNARD* (1890-1967), de son côté, publia, en 1935, une vue d'ensemble des diverses régions de l'Acadie: *Histoire de la survivance acadienne, 1755-1935*[4]. Sans être le monument "définitif" qu'attendait peut-être Ph.-F. Bourgeois, cet ouvrage de vulgarisation constituait, néanmoins, une source de renseignements nécessaires pour tous ceux qui s'intéressaient à l'histoire locale.

Titulaire de la chaire d'histoire de l'Acadie à l'Université de Montréal de 1926 à 1948, Bernard porta son enseignement au-delà de la province de Québec, aussi loin qu'en Louisiane; il donna, pendant plusieurs étés, des cours à l'université Saint-Joseph de Memramcook. En 1936, il était heureux de publier *le Drame acadien depuis 1604*[5] donnant ainsi, "en deux

---

1. "Recueillons nos écrits", signé Viator, dans *le Moniteur acadien,* 7 juillet 1891, p. 2, col. 1.
2. Mentionnons: de l'abbé D.-F. Léger, *Histoire de la paroisse de Saint-Pierre de Cocagne, diocèse de Saint-Jean, N.-B.,* Moncton, "L'Évangéline", 1920, 35 p. et *Histoire de la paroisse de Saint-Louis-de-France, Lewisville, diocèse de Saint-Jean, N.-B.,* Moncton, "L'Évangéline", 1925, 40 p., et de l'abbé Désiré Allain, *La Paroisse Saint-Antoine de Kent: historique, vieilles coutumes acadiennes,* [s.l.n.é.], 1923, 32 p.
3. Le 23 septembre 1918, l'abbé Albert Landry demande à Placide Gaudet de lui faire l'historique de sa paroisse, il précise: "Monseigneur LeBlanc a demandé cela à tous les prêtres de son diocèse; et mon Dieu, qu'est-ce que je connais en fait d'histoire du Cap-Pelé? Les vieux, qu'est-ce qu'ils connaissent? des histoires de lous-garoux!" (CEA, fonds Placide-Gaudet, 1.75-6).
4. Antoine Bernard, *Histoire de la survivance acadienne, 1755-1935,* Montréal, Les Clercs de Saint-Viateur, [1935], 467 p.
5. Antoine Bernard, *Le Drame acadien depuis 1604,* Montréal, Les Clercs de Saint-Viateur, [1936], 461 p.

volumes[6]", la première histoire de l'Acadie signée par un Acadien; dans l'avant-propos, il précisait:

> Notre livre s'adresse surtout à la génération des "vingt ans" de 1940, qui liront ou entendront des exagérations, des erreurs sur le compte de leurs ancêtres, et dont la fierté nationale a tant besoin d'être soutenue[7].

En moins de quinze ans, Bernard fit paraître trois autres ouvrages sur l'histoire acadienne[8]. Il n'est pas exagéré de dire qu'il a fait connaître l'Acadie à des milliers d'éducateurs et d'étudiants, autant par ses articles et ses livres que par son enseignement universitaire et ses conférences. Il a, en outre, suscité de nombreux travaux de recherche et des monographies d'histoire acadienne locale et régionale.

En effet, les années 40 et 50 virent la prolifération de brochures et d'albums-souvenirs: une quinzaine sur les communautés religieuses, une vingtaine sur les paroisses[9], sans compter les quatre volumes dont nous signalerons la contribution à l'histoire locale.

Écrits pour commémorer un anniversaire ou un événement quelconque, ces ouvrages sont trop souvent préparés à la hâte par des gens qui s'improvisent chercheurs et auteurs. Après un court historique de la fondation, ils dressent des listes de personnes en consultant surtout les registres, les chroniques et les anciens de la région. Ces récits se présentent, avant tout, com-

---

6. *Ibid.*, "Avant-propos", p. 7, note 1; à deux reprises, dans son avant-propos, l'auteur prend soin de justifier sa prétention à une oeuvre synthèse de l'histoire acadienne: si dans *Le Drame acadien depuis 1604* il n'a consacré qu'un chapitre à l'Acadie moderne, c'est que ce volume fait suite à son *Histoire de la survivance acadienne, 1755-1935*.
7. *Ibid.*, p. 8.
8. *Histoire de l'Acadie*, Moncton, L'Évangéline Ltée, [1939], 132 p., *L'Acadie vivante*, Montréal, Édition du "Devoir", 1945, 182 p., et *La Renaissance acadienne au XXe siècle*, Québec, Le Comité de la survivance française, Université Laval, [1949], 193 p.
9. Consulter l'*Inventaire général des sources documentaires sur les Acadiens*, tome II, publié par le Centre d'études acadiennes, Moncton, Éditions d'Acadie, [1977]; sur les communautés religieuses, p. 183-187, et sur les paroisses, p. 64-66, (île du Prince-Édouard), 68-79 (Nouveau-Brunswick) et 89-91 (Nouvelle-Écosse).

Antoine Bernard

me un hommage aux fondateurs, aux curés, aux pionniers des professions libérales, surtout dans le domaine de l'éducation; malheureusement, le peuple, avec sa petite histoire, ses coutumes et ses traditions, est presque oublié.

C'est l'histoire de sa petite ville natale que retrace *Anita LAGACÉ* (1905-1979) dans *Grand-Sault: hier et aujourd'hui*, ville où les Acadiens avaient peu de chances d'apprendre ou de perfectionner leur français, mais où ils vivaient en bonne harmonie avec leurs voisins anglo-saxons [10].

Née de parents québécois, elle alla suivre des cours en français (au couvent de Rivière-du-Loup) afin de se conformer au désir de son père, consigné dans son testament. C'est tout de même en anglais qu'elle publia d'abord sa monographie, sous le titre *How Grand Falls Grew*. Son texte français est une reprise des vingt-six courts chapitres initiaux qu'elle augmenta considérablement. Si certains ajouts sont des commentaires ou souhaits qui n'enrichissent en rien son ouvrage, par contre, la plupart sont des faits divers des plus intéressants ou des précisions nécessaires sur ses sources de renseignements.

Disons, tout de suite, que, malgré ces nouvelles précisions, le manque d'appareil scientifique demeure une grande lacune: aucune note infra-paginale, aucune table de références ou bibliographie. Toutefois, le lecteur pourrait lui-même établir une liste des ouvrages que Lagacé a utilisés; il ne pourrait pas, cependant, retrouver facilement ses citations car, si elle les met entre guillemets, elle n'indique jamais la page. Les principaux auteurs qu'elle cite sont de langue anglaise [11].

Mais, on le sent bien à la lecture, c'est largement grâce à la tradition orale ainsi qu'à de vieux rapports et livres de comptes,

----

10. Anita Lagacé, *Grand-Sault: hier et aujourd'hui,* [s.l.n.é.], 1946, 119 p.
11. Mentionnons, sur le chapitre consacré aux Malécites: les mémoires de John Gyles, publiés à Boston, en 1735 (p. 18); sur les grandes innovations introduites en 1830 et qui changèrent le mode de vie au Grand-Sault: le rapport des commissaires américains Deane et Cavanaugh (p. 34); sur les bateaux à vapeur et les visiteurs royaux au Grand-Sault: le *Seventy Years of New Brunswick Life,* du lieutenant-colonel Baird (p. 57 et 95).

Anita Lagacé   Camille-Antonio Doucet

Louis-Cyriaque Daigle   Marguerite Michaud

"de vieilles lettres et paperasses[12]", que Lagacé a pu reconstituer la petite histoire de Grand-Sault: ville relativement prospère à partir de 1830, où se côtoient des gens de divers métiers et cultes[13], qui eut, dans les années 1860, son journal hebdomadaire avec une section française[14], sa société de tempérance avec débats oratoires; petite ville où vint jouer plusieurs fois la "Boston Comedy[15]".

Bien qu'inférieur, au niveau du style et de la présentation scientifique, aux trois autres volumes publiés durant cette période, *Grand-Sault: hier et aujourd'hui* mérite autant que ceux-ci l'attention des folkloristes et de tous ceux qui veulent connaître l'histoire des paroisses du Nouveau-Brunswick.

Un an après la publication de Lagacé sur Grand-Sault, *Camille-Antonio DOUCET* (né en 1903) fit paraître *A l'ombre du Petit-Rocher*[16]. Il déclare dans l'avant-propos:

> Ce livre, je l'ai écrit sans aucune prétention littéraire, [...] dans le but de faire connaître à la génération actuelle les vertus et les extraordinaires mérites de nos chers ancêtres, dont les sublimes exemples de courage et de virilité, devraient pousser à l'imitation[17].

Susciter l'admiration et la reconnaissance, pousser à l'imitation, voilà un but analogue à celui que se proposent presque tous les auteurs, connus ou anonymes, des monographies paroissiales et des albums-souvenirs publiés en Acadie. Un résumé de l'ouvrage du frère Camille ne ferait pas davantage ressortir de différence quant au fond: historique des débuts de la colonie en 1797 jusqu'à l'ouverture du premier registre paroissial en 1824; récit de l'oeuvre accomplie par des personnes qui ont marqué l'histoire de Petit-Rocher: trois curés, un ami politicien, cinq fils de la paroisse qui se sont signalés dans

---

12. *Ibid.*, p. 77; voir aussi p. 89 et 110. Anita Lagacé (1905-1979) travailla, jusqu'à sa retraite en 1970, au magasin général fondé par son père vers 1900.
13. *Ibid.*, p. 36-52.
14. Le *Victoria Guardian, ibid.*, p. 77.
15. *Ibid.*, p. 86.
16. F.M. Camille, o.c.r., *À l'ombre du Petit-Rocher, 1797-1947*, [s.l.n.é., 1947], XIX, 203 p.
17. "Avant-propos", *ibid.*, p. XIII-XIV.

le domaine de l'enseignement et dont un, Alfred Roy, a aussi été journaliste à *l'Évangéline.*

Ce qui distingue *À l'ombre du Petit-Rocher* de la plupart des monographies paroissiales acadiennes, c'est sa présentation soignée, son style agréable et, bien sûr, les traits particuliers à la région et aux hommes qui ont façonné son histoire. Ainsi, peu de paroisses ont eu comme curés, dans l'espace d'un siècle, trois chefs spirituels hauts en couleur et aussi différents les uns des autres que le père Antoine Robert, apôtre colonisateur et ennemi acharné de la mode féminine, le père John Carter, dont on disait qu'il était un agneau en chaire et un lion au confessionnal, et le père Nazaire Savoie, réputé pour ses nombreuses constructions et le faste de ses cérémonies liturgiques.

En 1949, *Louis-Cyriaque DAIGLE* (1869-1958) publia *Histoire de Saint-Louis-de-Kent*[18]. Après avoir lu la préface, on s'attend à une monographie semblable aux brochures et volumes déjà publiés: écrit à l'occasion du cent cinquantième anniversaire de la paroisse, ce ''retour sur le passé pour revoir les travaux des premiers colons et de leurs successeurs'' est fait ''dans le but d'en tirer des leçons qui guideront l'avenir[19]''.

Heureusement, cette opinion — ou appréhension — ne résiste pas à la lecture du volume même si l'on remarque une autre ressemblance avec les monographies paroissiales antérieures: en plus d'une série de cent cinquante-deux notes biographiques et généalogiques de prêtres, religieux et religieuses issus de familles de Saint-Louis[20], l'auteur ajoute, en appendices, des listes de marchands, élèves, fonctionnaires, politiciens, et des notes généalogiques sur dix-huit familles pionnières. Si ces 75 pages — soit le tiers du volume — peuvent être utiles aux amateurs d'arbres généalogiques, elles présentent peu d'intérêt pour les autres lecteurs, même régionaux.

---

18. L.-Cyriaque Daigle, *Histoire de Saint-Louis-de-Kent. Cent cinquante ans de vie paroissiale en Acadie nouvelle,* Moncton, L'Imprimerie acadienne Ltée, [1948], 247 p.
19. *Ibid.,* p. 7.
20. *Ibid.,* chapitre XXX, p. 167-210.

Il reste que, dans une vingtaine de chapitres, loin d'énumérer sèchement des dates et des faits historiques, l'auteur fait vivre tout un village acadien, ce qui suffirait pour que l'*Histoire de Saint-Louis-de-Kent* soit considérée comme la meilleure monographie paroissiale produite en Acadie, pendant cette période. Elle a d'autres qualités et, selon Lionel Groulx, ''il manque assez peu de choses à cet ouvrage pour prendre place parmi nos bonnes histoires de paroisses[21]'' canadiennes.

L'auteur, un ''Saint-Louisien'' septuagénaire, écrit avec une objectivité et une sérénité que ne perturbe aucune nostalgie. Il puise largement à ses souvenirs personnels et à ceux des anciens, mais il consulte également les registres, documents et publications sur la région.

L'ancien élève du collège Saint-Louis apporte un témoignage inédit, et irremplaçable, tant sur les événements qui amenèrent la fermeture de cette institution, en 1882, que sur son fondateur, Mgr M.-F. Richard. Agronome de profession, il consacre plusieurs chapitres à l'agriculture, aux coopératives et aux industries diverses qui virent le jour dans la région; ces pages sont parsemées de renseignements nouveaux et intéressants. Un exemple seulement, lié au domaine de la culture: les organisations coopératives de Saint-Louis — telle la ''banque d'avoine'' qui fonctionna de 1883 à 1921 — durent leur existence à une Société de débats fondée en 1870[22]. Les détails instructifs et savoureux foisonnent également dans les chapitres réservés aux moeurs, coutumes et faits divers. Voilà autant de qualités qui rendent agréable la lecture de cette monographie, surtout pour celui qui s'intéresse à l'histoire locale acadienne.

Marguerite MICHAUD (1903-1982) fit paraître, en 1955, *la Reconstruction française au Nouveau-Brunswick: Bouc-*

---

21. Lionel Groulx, ''Daigle, L.-Cyriaque, *Histoire de Saint-Louis-de-Kent*'', dans *Revue d'histoire de l'Amérique française,* vol. 3, no 2, septembre 1949, p. 276.
22. *Ibid.,* p. 60-63. L'auteur souligne que plusieurs s'y ''formèrent à l'art de la parole'' et que l'expérience de Saint-Louis eut des échos à la première convention nationale de Memramcook, en 1881, alors que l'on proposa de fonder ''dans les paroisses habitées en tout ou en partie par les Acadiens, des cercles ou sociétés de lecture et de débats''.

touche, paroisse-type. C'est sa thèse de doctorat, soutenue à l'Université de Montréal, en 1947, qu'elle a refondue, simplifiée et mise à jour, nous dit-elle, pour l'offrir au public à l'occasion du bicentenaire de la déportation des Acadiens et de la bénédiction solennelle de la nouvelle église de Bouctouche[23]. Malgré les transformations subies, la présentation reste scientifique (nombreuses statistiques, listes, citations, références) et le plan, rigoureux.

Après avoir situé Bouctouche dans son contexte topographique, l'auteur passe en revue les divers aspects de son développement, soit la vie pionnière, la vie religieuse, la vie éducative, la vie économique et professionnelle.

Le lecteur se sent souvent mal à l'aise devant des aperçus généraux qui débordent les cadres d'une monographie paroissiale[24]: l'histoire de Bouctouche passe trop souvent au second plan. Par contre, les notes biographiques et généalogiques font bien connaître les missionnaires et les curés qui ont oeuvré à Bouctouche[25] ainsi que tous les enfants de la paroisse qui se sont distingués dans les domaines religieux, politique et professionnel.

Petite histoire

C'est également à l'occasion du bicentenaire de la déportation qu'*Emery LEBLANC* (né en 1918) livra au public ses recherches sur l'histoire acadienne. Pendant l'hiver 1955-56, il tint une chronique hebdomadaire au poste CBAF de la Société Radio-Canada, à Moncton. Ses vingt et une causeries, relevant

---

23. Marguerite Michaud, *La Reconstruction française au Nouveau-Brunswick: Bouctouche, paroisse-type*, Frédéricton, Les Presses universitaires, [1955], voir la note de la page 4 et l'avant-propos (p. 5).
24. Voir, par exemple, le chap. XV sur la Société mutuelle l'Assomption et sa première succursale à Bouctouche (p. 159-164), et le chap. XVI sur les ''grands mouvements nationaux qui marquèrent le progrès des Acadiens depuis un siècle'' (p. 165-176).
25. Marguerite Michaud a publié une brochure sur *le Père F.-X.-J. Michaud, grand curé, bâtisseur et organisateur*, Bouctouche, [s.é.], 1954, 11 p. (Ce curé est l'oncle de l'auteur.)

toutes de la petite histoire, constituent le volume *Les Entretiens du village*[26].

À partir d'un document d'archives, d'une page de journal, d'un récit de voyage, d'une tradition familiale, LeBlanc reconstitue l'histoire d'un personnage ou d'un événement pour la présenter sous la forme d'un conte ou d'une légende. Malheureusement, la composition du recueil laisse à désirer; les chapitres se succèdent sans organisation chronologique, géographique ou thématique. En outre, quelques chapitres furent, de toute évidence, écrits trop vite; il est dommage que l'auteur n'ait pas jugé nécessaire de les retravailler. Nonobstant ces faiblesses de composition et de style, *les Entretiens du village* reste le meilleur livre publié durant cette période, et le plus intéressant.

Le récit s'étend sur plus de trois siècles: du "premier Noël" vécu par une cinquantaine de mendiants qu'on voulut établir sur l'île de Sable, en 1598, au "ponchon" porteur de lettres qui sauva les Madelinots de l'isolement, en 1910. Un regroupement par périodes donnerait six chapitres d'histoire, avant 1755; sept, pour la déportation et l'exil; et huit, pour le XIXe siècle.

Plus intéressant serait un regroupement des personnages en quatre catégories. Les colonisateurs et fondateurs: Jacques Bourgeois, qui, en 1698, sauva la colonie de Beaubassin qu'il avait lui-même fondée en 1640; Jacques LeBlanc venu s'installer à Memramcook et dont les fils fondèrent plusieurs paroisses du comté de Kent; Pierre et Jean Vincent dont le nom de famille fut oublié, éclipsé par la fameuse chicane des deux épouses autour de "la source de Pierre à Michel". Les résistants ou les rebelles: le navigateur et charpentier Charles Belliveau qui captura la frégate anglaise dont il avait lui-même construit le mât; Joseph LeBlanc dit Le Maigre qui se rangea du côté de Duviviers, ravitailla les troupes françaises, fut mis hors la loi et se retira à Belle-Isle en Bretagne. Les hommes qui réussirent en affaires et ceux qui auraient dû faire les manchettes: les Dupré

---

26. Emery LeBlanc, *Les Entretiens du village,* Moncton, [Imprimerie acadienne, 1957], 148 p.

Léopold Taillon

Guy Michaud

Emery Leblanc

127

en Louisiane, les Lanoue en Caroline du Sud, François Bourneuf en Nouvelle-Écosse; le premier banquier, les premiers Acadiens à se faire élire à l'assemblée législative, le Père Belcourt, qui assembla la première automobile à l'île du Prince-Édouard. les hommes forts ou étranges: les célèbres Louis Cyr et Pascal Gauvin dont les exploits musculaires mirent fin aux vantardises et tracasseries des Anglais surtout au Coude (aujourd'hui Moncton), alors que le petit groupe d'Acadiens "oublièrent leurs craintes et osèrent crier leurs joies[27]"; Jean Campagna, trop gêné avec les femmes, que l'on accusa de sorcellerie; Jérôme, aux deux jambes coupées, qui fut jeté sur les côtes de la baie Sainte-Marie et ne dit mot pendant plus de cinquante ans; Antoine Casteel dont on ne sut jamais s'il était français ou anglais; Joseph Babin, "l'homme qui ne rit pas".

Voilà les personnages et les faits très peu connus qu'a fait revivre LeBlanc pour le plaisir de ses lecteurs. Il sait choisir ses anecdotes et il sait conter.

Essais divers

Outre l'histoire paroissiale et la petite histoire, des questions précises en matière historique, linguistique, éducative ou de moeurs retinrent l'attention de quelques chercheurs ou essayistes durant les années 40 et 50.

Soeur ROSE-MARIE (1904-1958) fit publier chez Fides, en 1944, un mince volume intitulé *Marie dans l'éducation nationale en Acadie.* Partant du principe que l'histoire acadienne "se conjugue avec celle du culte et de la protection de Marie[28]", l'auteur réduit celle-ci à l'histoire mariale des ancêtres, des institutions et de quelques chefs[29]. Dans l'espoir d'être utile aux enseignants, pour la formation patriotique des jeunes, elle leur présente sa thèse. Apparemment, celle-ci est restée sans écho[30].

---

27. E. LeBlanc, *ibid.,* p. 85.
28. Soeur Rose-Marie, "Avant-propos", *Marie dans l'éducation nationale en Acadie,* Montréal, Fides, 1944, p. 11.
29. *Ibid.,* p. 21, 29, 36.
30. Nous n'avons relevé, dans les journaux et revues, aucune mention de cette parution; quelques lignes extraites de lettres adressées à l'auteur furent publiées dans

En route pour des études théologiques en Afrique, *Fernand OUELLET* (né en 1912) fut fait prisonnier par les Allemands durant la Seconde guerre mondiale. Dans un style vivant et parfois pittoresque, *Un Acadien errant...*[31] retrace, sous la forme d'un journal de route, les souvenirs du voyageur: ses aventures en Espagne — à la prison, au pénitencier, au camp de concentration —, sa libération et son retour au Canada en passant par Gibraltar et Londres.

Alors qu'il était instituteur à l'école Cormier d'Edmundston, *Guy MICHAUD* (né en 1920) fit paraître dans *l'Évangéline* une série de douze billets moralisants, sous la forme de dialogues entre objets[32]. Que ce soit deux chapeaux, deux poteaux de téléphone, deux bâtons de rouge à lèvres, deux journaux ou autres éléments qui conversent entre eux, tous dénoncent ou ridiculisent la sottise, la frivolité, la médisance, surtout la vanité qui mène le monde au détriment de la raison et de la bonté. Ces billets, rassemblés, constituent la première section de l'unique volume que publia Guy Michaud: *Entre-deux...*[33], signé Durandal.

Huit dialogues composent la seconde section; ils ont été rédigés en vue de la publication du recueil. L'auteur ne s'acharne plus à pourfendre les vices et travers des hommes, mais plutôt à prêcher la vertu, notamment la prudence, l'humilité, la résignation. Le dialogue entre deux oiseaux, aux accents plus poétiques[34], fait l'éloge de la beauté.

Cependant, malgré un changement évident de points de vue et malgré un récit au style plus léger, moins dogmatique, G. Michaud — comme Roland qui essaya en vain de briser son épée... — ne put se départir de son ton moralisateur. De sorte

---

les *Annales de Notre-Dame de l'Assomption,* 17e année, no 11, mai 1945, p. 201, et 18e année, no 1, juillet 1945, p. 32; ces mêmes extraits furent reproduits dans des numéros subséquents.

31. Fernand Ouellet, *Un Acadien errant... Journal de route,* [s.l.n.é., 1945], 227 p.

32. Sous le pseudonyme de G. Maska, du 30 décembre 1953 au 14 janvier 1954.

33. Durandal, *Entre-deux...,* Montréal, Éditions Beauchemin, 1958, 101 p.

34. En même temps qu'il livrait des récits fantaisistes à divers périodiques, Guy Michaud s'essayait à la poésie; son poème ''Soir de mai'', qu'il soumit à un concours, retint l'attention du jury et fut publié dans *le Message des poètes,* bulletin no 7, 2e trimestre, 1959, p. 8.

qu'il se dégage de tout ce volume un mélange de préoccupations éthiques, d'idées conservatrices et de nostalgie du bon
vieux temps:

> Que tes paroles sont belles, Fauvette! Si tous avaient un coeur
> noble, pur et bon comme le tien, combien plus belle serait la vie[35].

En 1958, *Léopold TAILLON* (1895-1969) publiait son
essai, *Diversité des langues et bilinguisme,* qui connaîtra trois
éditions[36]. Plutôt que de prétendre élucider le problème du
bilinguisme — surtout qu'il le traite dans ses dimensions mondiale, européenne, canadienne et acadienne —, il entend
alimenter le débat en partageant ses recherches et ses réflexions
sur ce sujet complexe. Il cite abondamment les auteurs qu'il a
lus ainsi que les nombreux linguistes qu'il a connus dans ses
voyages en Europe et dans des congrès internationaux. Dans son
chapitre sur le problème des minorités françaises au Canada,
Taillon, rejetant le mythe d'un bilinguisme intégral, défend
avec vigueur et sans ambiguïté, la thèse d'un bilinguisme
équilibré qui "exige l'inviolable subordination suivante: la
langue maternelle ou première en premier; la langue seconde à
son rang — le second[37]".

En Acadie depuis 1938, Taillon connaît bien la nocivité du
bilinguisme à rebours inauguré, au Nouveau-Brunswick, par la
loi de 1871. Il a donné l'essentiel de ses idées sur ce "régime
scolaire niveleur[38]" dans une brochure publiée, en 1944, sous
le titre: *École acadienne et bilinguisme*[39]. C'était au lendemain

---

35. Durandal, *Entre-deux...,* p. 99.
36. Léopold Taillon, *Diversité des langues et bilinguisme,* Moncton, [L'Imprimerie
    acadienne Ltée], 1958, 65 p. Ce texte sera conservé, quoique considérablement
    augmenté dans la 2e édition que feront paraître, à Montréal, les éditions de
    l'Atelier (1959, 96 p.). En 1967, le 2e texte sera rajeuni et augmenté de 70 p.;
    dans cette 3e édition (Montréal, Éd. de l'Atelier, 166 p.) se trouvent, en appen-
    dice, les préfaces aux éditions de 1958 et 1959, et, aux pages 8, 22, 56-57,
    113-114, des appréciations et extraits de comptes rendus sur ces éditions
    épuisées.
37. *Ibid.,* p. 52.
38. *Ibid.,* p. 54.
39. Frère Léopold (Taillon), *École acadienne et bilinguisme. Régime antipédagogi-
    que et désastreux: cure ou cataplasme?,* [s.l.n.é., 1944], 32 p.

du célèbre discours[40] prononcé par le Dr Blakeney au troisième congrès de l'Association acadienne de l'éducation; ce ministre de l'Éducation qualifiait de désastreux, d'antipédagogique, d'antidémocratique le régime scolaire imposé aux Acadiens, et il s'engageait à en persuader ses collègues et amis anglais.

Dans une série d'articles parus dans *l'Évangéline* et *le Madawaska* sous le pseudonyme De Monts[41], Taillon releva, avec sa lucidité coutumière, les "silences officiels[42]" peu rassurants du ministre et il lança un appel à la vigilance. Citant les propos optimistes d'Omer Le Gresley, qui datent de 1925[43], il ajoute:

> À sa grande déception, sans doute, si le Père Le Gresley rééditait sa thèse en 1944. Il n'aurait guère à modifier ce paragraphe. N'en sommes-nous pas encore et seulement à *entrevoir des jours meilleurs dans un avenir prochain* — qui recule toujours[44].

À cette date, Taillon, organisateur et directeur des cours d'été offerts à l'université Saint-Joseph, depuis 1938, luttait toujours pour obtenir du ministère de l'Éducation, la reconnaissance officielle de cet enseignement. À quoi servirait donc, rappelle-t-il, de promettre l'addition de textes français dans les écoles acadiennes, si l'on n'améliore pas la formation des enseignants afin qu'ils puissent tirer profit de ces textes. Par ailleurs, comment, sans sacrifier l'enseignement du français, les maîtres, même compétents, peuvent-ils préparer les Acadiens à poursuivre leurs études quand celles-ci doivent nécessairement être faites dans un High School anglais. Voilà des questions que ne cesse de débattre Taillon[45].

En 1948, les cours d'été furent reconnus officiellement; dans les dix années qui suivirent, la langue française comme

---

40. Lire les extraits de ce discours, *ibid.*, p. 5-6.
41. Matière de la brochure publiée en 1944.
42. *Ibid.*, p. 8-9.
43. "Si aujourd'hui notre langue ne jouit pas encore de tous ses droits dans nos écoles, tout nous laisse entrevoir des jours meilleurs dans un avenir prochain" (O. Le Gresley, *L'Enseignement du français en Acadie*, chap. XV, art. VI, intitulé "Sympathie des Canadiens anglais pour la langue française", p. 234).
44. L. Taillon, *École acadienne et bilinguisme*, p. 4.
45. Il publia, également, *Au service de l'école acadienne*, Moncton - Saint-Joseph, Université Saint-Joseph, 1957, 144 p.

véhicule d'enseignement remplaça graduellement l'anglais jusqu'à la douzième année. Mais pour ceux à qui périodiquement,
depuis trois quarts de siècle, l'on promettait un avenir meilleur,
Taillon remit à jour, en 1958, son avertissement à la vigilance:

> Si notoires et encourageants qu'aient pu être les progrès relative-
> ment récents du français dans l'École acadienne, la longue remontée à
> parfaire sera probablement malaisée pour longtemps encore. C'est
> pourquoi il serait puéril de se gargariser des succès obtenus à date.
> Opération agréable, sans doute, mais trop souvent synonyme de com-
> plaisance dans une illusoire sécurité. Quand il reste tellement de
> temps perdu à reprendre, de coûteux tâtonnements à éviter et
> d'obstacles à surmonter, vaut encore mieux pécher par excès que par
> défaut de vigilance[46].

Ces accents, nouveaux dans l'essai acadien, laissent présa-
ger ce que l'on serait tenté de qualifier de promesses d'une ère
nouvelle, au moins en littérature.

---

46. L. Taillon, *Diversité des langues et bilinguisme,* p. 60.

Chapitre II

THÉÂTRE: L'HISTOIRE SUR LA SCÈNE

Pièces inédites — Pages d'histoire et vieux rêve français. —
Préoccupations nationales.

L'Acadie connut des activités théâtrales nombreuses et
variées avant de voir la publication de quelques pièces vers les
années 1930. En effet, l'on n'attendit pas 1881 pour jouer des
séances[1] et pour créer des sociétés où l'on s'exerçait à l'art de la
parole et de la scène[2]. Il est certain, néanmoins, que la proposi-
tion adoptée à la première convention nationale de Memramcook, recommandant la fondation de ces sociétés dans toutes les
paroisses[3], en fit surgir un bon nombre un peu partout en
Acadie[4].

Les spectacles organisés ou encouragés par ces sociétés, par
les curés ou par les enseignants constituaient autant d'occasions
de susciter, chez les acteurs et les spectateurs, une plus grande
fierté d'être acadiens, français et catholiques, fidèles à
l'histoire, aux traditions et aux ancêtres. Pour s'en convaincre,
l'on n'a qu'à lire les annonces, les programmes et les comptes
rendus de ces activités: y figurent presque toujours un discours,
des chants ou des déclamations à saveur patriotique. Évidemment, la pièce elle-même est le plus souvent tirée du répertoire
français; mais, outre quelques productions canadiennes-
françaises, il y eut aussi des compositions du cru.

---

1. Terme utilisé en Acadie pour désigner toute activité théâtrale: tragédie,
   comédie, drame, pièce, saynète ou simple déclamation.
2. Voir plus haut, p. 74 122, 124.
3. F.-J. Robidoux, *Conventions nationales des Acadiens*, p. 103.
4. Voir la liste partielle dressée par Jean-Claude Marcus, ''Les Fondements d'une
   tradition théâtrale en Acadie'', *Les Acadiens des Maritimes*, sous la direction de
   Jean Daigle, Moncton, Centre d'études acadiennes, 1980, p. 640. Sur le nombre, la variété et le caractère patriotique des activités théâtrales en Acadie, lire les
   pages 634 à 645 de cet article.

Pièces inédites

Le Centre d'études acadiennes ne possède, à notre connaissance, que quatre manuscrits de ces pièces ou saynètes inédites: de Pascal Poirier, nous l'avons vu, une saynète, *Accordailles de Gabriel et d'Évangéline,* et une tragédie en cinq actes, *Les Acadiens de Philadelphie;* d'Alexandre Braud, *Subercase,* drame en trois actes, sur lequel nous reviendrons; de Mgr M.-F. Richard, une saynète de deux pages intitulée, "Scène acadienne à Rogersville[5]". Un drame en trois actes composé par Henri d'Entremont aurait été enregistré à Washington, en 1889 (il ne se trouve pas au Patent Office[6]): *Fidèle jusqu'à la mort ou le Véritable Amour d'Évangéline.* La même année, l'on devait jouer, au collège Saint-Joseph, une comédie écrite par un ancien élève, le père Ph.-J. Belliveau, jésuite[7]. Il est d'autant plus regrettable que nous ne puissions retrouver ce manuscrit qu'il semble bien, d'après les titres de pièces relevés et le témoignage de Pascal Poirier[8], que peu d'Acadiens se soient essayés à la comédie. De même peu paraissent s'être inspirés de légendes, de traditions populaires ou de sujets contemporains; nous notons deux exceptions dont, cependant, nous ne pouvons que signaler l'existence: une comédie, *La Maison hantée,* écrite par un professeur du collège Saint-Joseph, et jouée le 19 mars 1881[9]; le drame *Rêve et réalité,* composé par les "philosophes" du couvent Immaculée-Conception de Bouctouche, et joué le 29 juin 1916[10].

---

5. CEA, fonds Mgr Marcel-François-Richard, 8.4-1.
6. "Un Acadien auteur", dans *le Moniteur acadien,* 19 juin 1889, p. 2, col. 4, et Roger Lacerte, "La Tradition théâtrale en Acadie", dans *Revue de l'Université de Moncton,* vol. 11, no 2, mai 1978, p. 126.
7. Pascal Poirier refusa de la faire jouer parce que les acteurs n'avaient pas eu le temps de répéter. (*L'Album souvenir des noces d'argent...,* p. 183). En 1901, Alphonse Turgeon n'aura pas de ces scrupules: il écrira, en vingt-quatre heures, *Évangéline,* qui sera applaudie au Petit-Rocher ("La Fête nationale au Petit-Rocher, N.-B.", dans *l'Évangéline,* 5 septembre 1901, p. 1, col. 7-8).
8. P. Poirier, *Le Père Lefebvre et l'Acadie,* p. 187.
9. "Le 19 à Saint-Joseph", dans *le Moniteur acadien,* 24 mars 1881, p. 2, col. 2-3.
10. "Clôture de l'année scolaire, au couvent de l'Immaculée-Conception, Bouctouche, N.-B.", dans *l'Évangéline,* 19 juillet 1916, p. 1, col. 6-7.

James Branch

Jean-Baptiste Jégo

Alexandre Braud

135

Pages d'histoire et vieux rêve français

C'est en 1899, lors d'une visite à Port-Royal qu'*Alexandre BRAUD* (1872-1939), professeur au collège Sainte-Anne, eut l'idée de faire revivre, pour les Acadiens de la baie Sainte-Marie, les derniers jours de l'ancienne colonie sous la domination française, en 1710. Sa tragédie, en trois actes et un épilogue, fut créée, le 20 avril 1902, au collège Sainte-Anne; le texte au tiers refait fut représenté à la salle paroissiale du Saint-Coeur-de-Marie, à Québec, les 16 et 17 avril 1936[11].

Sans se laisser décourager par la faim, par le petit nombre des combattants (ils sont 500 contre 5 000) et par l'indifférence de la France envers sa colonie, les soldats acadiens sous leur vaillant gouverneur Subercase et quelques officiers français, promettent de lutter jusqu'à la mort pour défendre Port-Royal. Craignant que le gouverneur soit forcé de capituler, tous jurent, au second acte, de s'ensevelir sous les murs si l'ennemi ne veut pas leur accorder les honneurs militaires. Subercase doit se rendre; mais il le fait la tête haute, honoré d'avoir commandé à des soldats aussi courageux, et certain que se réalisera son rêve d'une nouvelle France, catholique, prospère, heureuse, fidèle à ses rois, car les prêtres, même persécutés, reprendront la relève:

> Notre oeuvre à nous soldats vaincus, elle s'achève;
> Et nous n'aurons pas vu s'accomplir notre rêve
> Celui que nous formions pour notre cher pays.
> Nos espoirs généreux se sont évanouis.
> Mais votre rôle à vous, prêtres, il recommence.
> Sur la tombe des morts a germé l'espérance
> Je vois briller là-bas de radieux matins.
> Par vous Dieu nous fera d'autres beaux lendemains[12]

---

11. L'auteur perdit le seul manuscrit qu'il possédait dans l'incendie du collège de Caraquet en décembre 1915; ayant pu récupérer les 1er et 2e actes qui avaient été publiés dans *le Moniteur acadien*, en 1902, il les modifia légèrement, puis refit le 3e acte et l'épilogue (A. Braud, ''L'Origine de la pièce'', programme, p. 6-7, fonds Ferdinand-J. Robidoux, 4.6-14). C'est le manuscrit de cette version qui se trouve au Centre d'études acadiennes que nous avons utilisé. La pièce au complet parut dans *le Moniteur acadien,* en huit tranches, du 14 avril au 30 octobre 1902.
12. A. Braud, *Subercase,* acte III, sc. 4e, p. 9 [46].

L'ouvrage d'Alexandre Braud, eudiste français, s'inscrit directement dans la poursuite de ce rêve. Comme l'a bien vu Pascal Poirier, *Subercase* est ''plutôt un poème héroïque qu'une tragédie proprement dite, l'action dramatique, les situations théâtrales faisant à peu près défaut. C'est un chant au patriotisme et à la loyauté[13]''.

Cette critique s'appliquerait parfaitement à la pièce que créa, le 21 avril 1930, un autre professeur du collège Sainte-Anne, le père *Jean-Baptiste JÉGO* (1896-?): *Le Drame du peuple acadien.* Cet ouvrage, ''en neuf tableaux et une pose plastique'', témoigne tout aussi fidèlement que *Subercase* du vieux rêve de voir se développer, en Amérique, un pays à l'image et à la gloire de la France catholique et immortelle. Son unique but en représentant sur scène les événements entourant la déportation de 1755 est de rappeler aux jeunes les vertus de leurs ancêtres: ''leur persévérance dans l'effort, leur fermeté dans la foi catholique, l'énergie indomptable de leur patriotisme[14]''.

Des paysans, acadiens, simples et bons, à qui l'on ne saurait reprocher d'autre crime que d'aimer Dieu et la France, refusent de prêter un serment d'allégeance absolue à la Couronne d'Angleterre. Ce qui, aux yeux de l'infâme Lawrence, justifie leur déportation. Honteusement attirés dans un guet-apens, ils sont faits prisonniers dans l'église de Grand-Pré, puis brutalement expulsés, et enfin traqués sans compassion. Mais, après dix ans d'exil, la Providence, en qui ils n'ont cessé d'espérer, les tire de l'esclavage et les bénit. Le vieux Benedict, revenu sur le sol natal, peut mourir heureux, car il entrevoit le Thabor:

> [...] Dans le sang des martyrs ont surgi des chrétiens, ... des autels se dressent autour de nos tombeaux, ... la Foi prend sa revanche, ... les fils des opprimés offrent l'Eucharistie, ... l'enfant vit de l'hostie où le père expira, ... des écoles prospèrent, relèvent l'Acadie dont la population s'étend, se multiplie, ...[15]

13. P. Poirier, ''Un poème acadien'', dans *l'Évangéline,* 21 août 1902, p. 2, col. 4.
14. Jean-Baptiste Jégo, ''Avant-propos'', *Le Drame du peuple acadien,* [Paris, Imprimerie Oberthur, 1932], p. 12.
15. *Ibid.,* neuvième tableau, p. 98.

Ce spectacle d'envergure, aux costumes et aux décors remarquables, obtint un grand succès au collège Sainte-Anne où il fut créé[16], et au Madawaska, en 1934, où ''cinq représentations firent chaque fois salle comble et impressionnèrent fortement[17]''. Publié en 1932, *le Drame du peuple acadien* fut couronné par l'Académie française. Inspiré de *la Tragédie d'un peuple,* d'Émile Lauvrière, l'ouvrage est cependant beaucoup plus un traité didactique sur l'histoire acadienne, édifiante, qu'une pièce de théâtre proprement dite. L'auteur en convient lui-même en ces termes:

> Nous n'avons pas hésité [...] à mettre en tête de chaque tableau une introduction. cette façon de faire pourra sembler naïve à certains [...]. Mais, comme nous avons pour but de donner aux jeunes Acadiens une leçon d'histoire détaillée, nous avons cru nécessaire de leur faciliter la compréhension de leur histoire par une lecture qui faite aux entr'actes leur permet de mieux saisir l'enchaînement des faits [...]. La représentation devient ainsi une sorte de conférence illustrée[18].

Préoccupations nationales

C'est à l'histoire plus récente que s'intéresse *James BRANCH* (1907-1980): celle des écoles françaises du Manitoba et du Nouveau-Brunswick, et celle de l'émigration des Acadiens aux États-Unis. Au printemps de 1929, alors qu'il termine son baccalauréat au collège du Sacré-Coeur, à Bathurst, il annonce la vente de trois pièces: *L'Émigrant acadien, Jusqu'à la mort,* et *Whose Fault Is It?;* et, en préparation: *Vivent nos écoles catholiques! ou la Résistance de Caraquet*[19]. En 1937, il aura ajouté à son répertoire une autre pièce anglaise *A Friend in*

---

16. Lire le compte rendu dans *l'Évangéline,* 1er mai 1932, p. 3, col. 1-3.
17. J. de L.-M., ''En marge des fêtes nationales à Saint-Basile de Madawaska'', dans *l'Évangéline,* 6 septembre 1934, p. 3, col. 4.
18. J.-B. Jégo, ''Avant-propos'', *Le Drame du peuple acadien,* p. 11-12.
19. ''Pièces canadiennes, par James Branch'', dans *l'Évangéline,* 4 avril 1929, p. 8, col. 4. Les quatre pièces furent publiées à Moncton, par l'Évangéline Ltée, en 1929: *L'Émigrant acadien,* 36 p.; *Jusqu'à la mort,* 33 p.; *Whose Fault Is It?,* 31 p.; et *Vivent nos écoles catholiques! ou la Résistance de Caraquet,* 42 p.

Need[20] et fait jouer *Frassati*[21] au profit de l'oeuvre des scouts et routiers de Gravelbourg.

Acteur au collège et membre de la Société historique et littéraire acadienne, il eut à déplorer, comme tant d'autres, le manque de pièces à caractère acadien. C'est en partie pour combler cette lacune qu'il publia *l'Émigrant acadien* et *Vivent nos écoles catholiques!,* deux drames en trois actes susceptibles d'intéresser le ''grand public ordinaire[22]''.

Depuis plusieurs décennies, les Acadiens s'exilent aux États-Unis. Cherchant à endiguer cette vague de désertion, Branch se propose dans *l'Émigrant acadien*[23] de démontrer que la vie à la campagne et sur la terre procure le bonheur, la paix et la liberté, alors que la vie dans les villes ou les faubourgs américains corrompt les moeurs et désunit les familles. L'auteur ne se défend pas d'écrire une pièce à thèse[24].

Les deux frères Jean et André Haché, dans la vingtaine, veulent aller tenter fortune aux États. Le père se désole à l'idée de les voir s'exiler seuls, il craint le pire; mais il croirait trahir sa patrie en les suivant. Néanmoins, il se laisse convaincre par l'aîné, Henri; les deux cents acres de terre sont vendus moyennant la clause spéciale qu'après cinq ans les Haché pourront les

20. En publiant *Vivent nos écoles catholiques! ou la Résistance de Caraquet,* James Branch annonçait, en préparation: *True Friends* qui vraisemblablement prit le titre: *A Friend in Need.*

21. L'abbé James Branch, *Frassati,* [Gravelbourg, L'Imprimerie Amateur], collection ''Le Blé qui lève'', 5, [1937], 34 p. La pièce fut créée le 7 février 1937, à l'occasion du départ de Mgr L.-J.-Arthur Melanson pour Moncton. Venu à Gravelbourg avec Mgr Melanson, en 1933, Branch restera vingt-cinq ans dans l'Ouest canadien; il s'occupera de l'Imprimerie Amateur, puis Modèle.

22. ''Très souvent dans nos collèges et nos couvents, et assez souvent dans nos paroisses, nos Acadiens font du théâtre; malheureusement, jusqu'ici ils sont obligés de jouer des pièces qui n'ont rien d'acadien. Pourtant, ne serait-il pas agréable et utile pour nous de voir représenter des pièces qui nous parleraient de notre pays, de notre histoire?'' (''Société historique et littéraire acadienne'', dans *l'Évangéline,* 21 mars 1929, p. 7, col. 3-5.)

23. La pièce fut jouée, au collège du Sacré-Coeur, à Bathurst, le 17 avril 1929, à l'occasion de la fête du Supérieur. Publié la même année, *l'Émigrant acadien* connaîtra une 2e édition, revue, corrigée et augmentée, [Moncton, L'Évangéline Ltée, s.d.], 46 p., et une 3e édition, [Gravelbourg, Imprimerie Amateur], collection ''Le Blé qui lève'', 6, [1937], 30 p.

24. J. Branch, ''Préface'' et ''Conclusion'', *L'Émigrant acadien,* 3e édition, p. 3, 30.

racheter s'ils désirent revenir en Acadie. Aux États-Unis, le père se retrouve bientôt seul tous les soirs: les cadets Louis et Georges, ''si bons là-bas en Acadie[25]'', vont voir des ''mauvais portraits[26]''; Jean et André ne donnent pas de nouvelles — le père ignore que n'ayant pu se trouver du travail, ils sont devenus des voleurs; Henri est policier et vit au loin. C'est lui pourtant qui, fidèle à sa promesse, ramène la famille en Acadie où se fait la réconciliation entre le père et les fils désabusés du ''mirage trompeur des États[27]''. La vie paisible peut recommencer dans ''le plus beau pays du monde pour ceux qui savent l'aimer[28]''.

S'il est vrai que l'auteur reprend, dans *l'Émigrant acadien,* des idées prêchées par les apôtres du retour à la terre, notamment par Mgr L.-J.-A. Melanson, il reste que, en employant la forme théâtrale, Branch a fait oeuvre originale. Son texte est bien écrit; son message est livré avec une grande clarté. La pièce qui ne contient pratiquement pas d'éléments de surprise, serait moins terne si l'auteur avait inclus quelques coutumes et traditions acadiennes pour étayer sa thèse d'une vie agréable et saine à la campagne.

Dans le drame historique *Vivent nos écoles catholiques! ou la Résistance de Caraquet*[29], Branch cernera mieux les diverses composantes de la réalité qu'il veut exploiter. Aussi sa pièce sera-t-elle nettement plus dramatique et ses personnages plus vrais.

Comme le titre l'indique, des Acadiens de Caraquet luttent pour garder leurs écoles catholiques, malgré l'adoption de la loi King, en 1871. Des jeunes regroupés autour de l'impulsif et valeureux Mailloux vont parader, avec leurs fusils, devant la maison de Stevers, député provincial et partisan de la nouvelle loi. Selon les plus âgés et le curé, cette bravade fut une erreur: une accusation de conduite séditieuse compromettrait la

---

25. *Ibid.*, p. 17.
26. *Ibid.*, p. 18.
27. *Ibid.*, p. 8.
28. *Ibid.*, p. 30.
29. James Branch donna une 2e édition de ce drame, à Gravelbourg, L'Imprimerie des scouts catholiques, collection ''Le Blé qui lève'', 4, [s.d.], 28 p.

cause que, tous, ils défendent. Des soldats sont envoyés pour assurer l'ordre à Caraquet; ils défoncent, en tirant, la maison où sont assemblés les résistants. Mailloux tue le commandant et est abattu par un milicien; les autres se rendent. Emprisonnés, accusés de rébellion, ils conservent peu d'espoir d'échapper à la mort, quand leur ami et député fédéral, M. Anglin, vient leur annoncer que la Reine d'Angleterre les a graciés. Libérés, ils n'ont qu'une préoccupation: s'assurer qu'ils obtiendront, pour leurs enfants, des écoles catholiques.

Dans les années 30, les activités théâtrales se poursuivent, intenses, un peu partout en Acadie. Bouctouche connaît même, assure-t-on, ''une ère de prospérité dramatique[30]''. Dans le nord-est de la province, Branch emploie ses vacances de jeune séminariste à faire la tournée des villages; sa troupe, les jeunes acéjistes de Paquetville, attire, en 1932, plus de six cents personnes, enthousiastes, à la première représentation, dans leur paroisse, de *Vivent nos écoles catholiques!*[31] Mais, après l'entre-deux- guerres, il faudra attendre la fin des années 60 pour saluer à la fois la reprise des activités sur la scène et la publication de pièces acadiennes, celles-ci nettement plus originales et proprement dramatiques. Ce renouveau s'annonce avec deux pièces d'Antonine Maillet, *Entr'acte* (1957) et *Poire-âcre* (1958); celle-ci fut primée au Festival d'art dramatique du Canada.

---

30. Antonine Maillet, *Rabelais et les traditions populaires en Acadie,* p. 113.
31. ''La Séance de Paquetville un triomphe'', dans *l'Évangéline,* 10 août 1932, p. 5, col. 3-5. Sur la tournée dans les paroisses, voir ''Le Drame acadien de M. Branch obtient un beau succès hier soir'', dans *l'Évangéline,* 8 août 1932, p. 1, col. 3.

Chapitre III

ROMAN: LES MALTRAITÉS DE L'HISTOIRE

Appelé à New York. — Ruinés et naufragés. — Fiancés séparés.
— Né sous une mauvaise étoile.

Le roman acadien, comme le théâtre, est au service de la cause nationale. Les auteurs s'en tiennent aux grands moyens préconisés pour assurer la survie du peuple: ils font connaître l'histoire et prêchent l'attachement à la terre. Presque aussi mince que celle des pièces de théâtre, la production romanesque est, cependant, soutenue par un plus grand nombre d'auteurs et, de plus, échelonnée sur toute la période au lieu d'être concentrée à ses débuts.

S'avançant sur des voies rebattues, un Canadien sous le pseudonyme de Sabattis, reprend en Acadie le thème tant étudié au Québec de l'opposition entre la ville et la campagne; il élargit, toutefois, le débat en parlant de la mer. Les romans historiques sont les plus nombreux; Antoine-J. Léger, Marguerite Michaud et J.-Alphonse Deveau mettent à contribution l'événement de 1755 et exploitent le thème des séparés, à la suite de Longfellow et de Bourassa. Deux titres se distinguent, à divers égards, de la production littéraire: un roman de moeurs, *L'Enfant noir* de Donat Coste, et un roman d'aventures, *Placide, l'homme mystérieux* de Paul.

Appelé à New York

Nous savons peu de choses au sujet de *PAUL,* sinon qu'il est un Acadien de l'île du Prince-Édouard, collaborateur à *l'Impartial* et intéressé au développement culturel de sa province[1]. En 1906, il fut l'un des trois braves patriotes à souscrire chacun une somme de 50,00$ pour la fondation d'un collège acadien

---

1. ''Nos feuilletons'', dans *l'Impartial,* 21 janvier 1904, p. 4, col. 1.

sur l'île, qu'il dénomme encore l'île Saint-Jean[2]. Mais, c'est à titre d'auteur des aventures de Placide, que Paul mérite une place dans une histoire de la littérature acadienne. En effet, selon toute vraisemblance, il fut le premier Acadien à publier un roman, et qui plus est, un roman d'aventures; ceci dit, afin de souligner une autre ressemblance — aux débuts mêmes de son développement — avec le roman canadien-français.

Il faut dire, néanmoins, que seule fut tirée à part la première de deux grandes aventures de Placide données en feuilleton, dans *l'Impartial,* en 1904 et en 1906[3]. Une troisième fut annoncée qui aurait dû conduire le héros à San Francisco[4] alors que son champ d'action avait été, précédemment, New York et Londres. Signalons aussi que la deuxième aventure de Placide est nettement inférieure à la première sur le plan de la langue et du style, et, à un degré moindre, de l'intrigue. Ces changements, joints à l'emploi des guillemets pour les dialogues (que nous remarquons à partir de la dernière tranche de la première aventure), nous portent à croire que le pseudonyme Paul recouvre le nom de deux auteurs dont le premier serait Gilbert Buote. Enseignant avant de fonder *l'Impartial,* il est mort le 16 juillet 1904 à la suite d'une maladie de quatre mois[5]. Or, nous remarquons que le feuilleton fut discontinué à partir du 5 mai et que la "suite et fin", donnée le 18 août, en plus d'accuser une assez nette différence avec les tranches antérieures, ressemble à la deuxième aventure annoncée dans la conclusion, mais qui paraîtra deux ans plus tard seulement. Quoi qu'il en soit de son auteur, le tiré à part, *Placide, l'homme mystérieux*[6], demeure un roman policier

---

2. "Une lettre de Paul", *ibid.,* 22 novembre 1906, p. 4, col. 1-2. Depuis plus de deux ans, on parlait de ce projet dans *l'Impartial;* voir, entre autres articles, "Un collège français" et "À propos d'un collège français", *ibid.,* 21 janvier 1904, p. 4, col. 2-3, et p. 5, col. 1-2, respectivement.

3. Paul, "Placide, l'homme mystérieux", en treize tranches, du 21 janvier au 18 août 1904; "Deuxième aventure de Placide", en dix-sept tranches, du 18 janvier au 21 juin 1906.

4. "Placide, l'homme mystérieux", dans *l'Impartial,* 21 juin 1906, p. 5, col. 2, et "Prenez patience chers lecteurs", *ibid.,* 23 août 1906, p. 2, col. 1.

5. "Feu Gilbert Buote", dans *l'Impartial,* 28 juillet 1904, p. 4, col. 2-3.

6. Paul, *Placide, l'homme mystérieux,* Tignish, Bureau de "l'Impartial", [s.d.], 61 p. (Public Archives of P.E.I., Charlottetown).

d'une étonnante vivacité qui retient l'intérêt malgré des faiblesses évidentes.

Le héros Placide, un Acadien de l'île Saint-Jean, est un jeune limier hors pair que le chef de la police new-yorkaise a fait venir pour faire la chasse aux escrocs qui sèment la terreur dans sa ville. Passant d'un déguisement à l'autre, d'une aventure à l'autre, "l'homme mystérieux", doué d'une force herculéenne, d'une présence d'esprit et d'un sang-froid remarquables, s'attire l'admiration et le respect des personnes qu'il protège comme de celles qu'il poursuit. En peu de temps, il capture le chef de la bande, Pierre Quavillon, celui dont le nom seul fait trembler les plus braves, celui que n'ont pu réussir à dépister les meilleurs limiers de New York et du monde.

Sans prétention, Placide se défend d'être un héros, un Acadien exceptionnel: il est d'une race d'hommes qui se croient "aussi nobles que les plus grands hommes de la terre[7]". L'Acadien, dans ce roman, vient d'un territoire bien défini; il a ses caractéristiques propres; fier de sa nationalité qu'il affiche, il est connu et respecté comme Acadien. Le terrible Quavillon demande à son adjoint qui a été fort impressionné par Placide:

> - Est-il un Américain?
> - Non.
> - De quelle nationalité, donc?
> - Je ne puis le dire, répondit Thomas, mais il est bien rusé, brave et capable. Il pourrait être un Acadien[8].

Le message de l'auteur Paul est clair. Les Acadiens n'ont pas peur de se battre, ils ne sont pas des lâches, au contraire; et quand ils savent rester eux-mêmes et se faire reconnaître comme Acadiens, ils forcent non seulement tout le monde à les respecter, mais, les coupables, à reculer. L'exil des jeunes aux États-Unis est noté et le bilinguisme apparaît comme élément de supériorité. Toutefois ce roman n'a rien de didactique; il est écrit presque entièrement sous la forme de dialogues et l'action occupe le premier plan. Voilà qui diffère grandement des

---

7. Paul, *Placide, l'homme mystérieux*, p. 42.
8. *Ibid.*, p. 47.

romans à thèse parus dans les années 30 à 60. Il fallait le signaler.

Ruinés et naufragés

Né à Nicolet, le Dominicain **Thomas GILL** (1865-1941) fut professeur à l'université Mount Allison de Sackville, au Nouveau-Brunswick, de 1929 à 1936. Sous le pseudonyme Sabattis, il publia deux romans en anglais, *The Lure of the City* et *The Heart of Lunenburg,* dont il donna lui-même la traduction en français sous les titres *La Fascination de la ville*[9] et *L'Étoile de Lunenburg*[10].

Dans ces deux ouvrages, tous les habitants de la Nouvelle-Écosse trouvent dans leur campagne ou village situé au bord de la mer, l'entraide, l'hospitalité, la paix et le bonheur. Et celui qui, par amour du gain et des aventures, s'expatrie à la ville ou vit sur la mer ne rencontre que malheur ou ruine. Les porteurs de ces thèses sont des Écossais dans *la Fascination de la ville,* et des Hollandais dans *l'Étoile de Lunenburg;* les Acadiens constituent, quant à eux, une belle toile de fond ou tiennent des rôles secondaires: épouses ou serviteurs.

En fermant le livre *La Fascination de la ville,* l'on est tenté de le résumer comme suit: un riche cultivateur, Andrew MacPherson, avait deux fils, Angus et John. L'aîné, sage et bon, préféré du père, resta sur la ferme où il prospéra; le cadet, ambitieux et orgueilleux, s'en alla en ville où il s'enrichit, spécula, se ruina, puis, malade et honteux, revint à la maison paternelle mendier une place comme engagé. ''Jamais, dit l'aîné Angus. Ici, tu seras toujours considéré comme mon frère et nous partagerons ce que le Seigneur nous accordera[11]''.

Ce condensé donnerait l'essentiel de la thèse principale, mais la moitié seulement de sa preuve et de l'intrigue. Car,

---

9. Sabattis, *La Fascination de la ville,* [Lévis, La Cie de publication de Lévis, s.d.], 144 p. Une note, à la page 4, indique que l'ouvrage a été enregistré, à Ottawa, en 1930, par T.M. Gill et traduit de l'anglais par l'auteur; *The Lure of the City* fut publié à Sackville, [The Tribune Press, s.d.], 129 p.
10. Sabattis, *L'Étoile de Lunenburg,* [Lévis, Imp. Le Quotidien, s.d.], 99 p.; *The Heart of Lunenburg* fut publié, en 1930, [Lévis, La Cie de publication de Lévis], 96 p.
11. Sabattis, *La Fascination de la ville,* p. 142.

dans ce roman, l'auteur fait évoluer deux familles dont les histoires, présentées d'abord parallèlement, se recoupent à partir du chapitre V. La riche famille Ashton de New York vient en Nouvelle-Écosse dans l'espoir que s'améliore la santé de Florence, enfant unique; le hasard force ses membres à demander l'hospitalité chez les fermiers MacPherson.

Le calme de la campagne, la bonté et la simplicité de ses hôtes ont un effet bienfaisant sur la malade; sa vie en ville lui apparaît vite comme un cauchemar, tout n'y étant que fourberie et mensonge[12]. Elle parle en connaissance de cause: elle vit dans une famille où les seules choses importantes sont les affaires et l'argent, et elle a comme infirmière une intrigante-née dans la personne de Miss Sparks. C'est, d'ailleurs, cette dernière qui provoque la ruine des Ashton en voulant aider le cadet John MacPherson à faire fortune à New York. Mais quand celui-ci épouse une compatriote, elle provoque sa chute. Forcées de vendre leur maison, après la mort soudaine de M. Ashton, Florence et sa mère se réfugient en Nouvelle-Écosse chez les MacPherson; l'air de la campagne et l'étude de la religion catholique les transforment:

> La jeune fille mélancolique et maladive de la grande ville était devenue la femme forte et heureuse d'un cultivateur [Angus MacPherson][13].

La conversion des deux femmes vient couronner un thème sous-jacent aux deux intrigues: à la campagne, l'on conserve ou l'on retrouve non seulement la santé du corps, mais aussi celle de l'âme, alors que la ville est un lieu de perdition d'où Dieu est absent.

Dans *l'Étoile de Lunenburg*, c'est la mer qui parfois détourne l'homme de la terre et cause son malheur; mais, contrairement à la ville, la mer est source de calme et porte à la méditation. Sauf si l'on vit dans des bateaux modernes entièrement d'acier:

---

12. *Ibid.*, p. 38-39.
13. *Ibid.*, p. 122.

Thomas Gill

Antoine-J. Léger

J.-Alphonse Deveau

Donat Coste

147

> Avec de tels vaisseaux la navigation n'a plus de charme. Ils vont d'un port à l'autre et en reviennent avec une régularité aussi monotone que celle de la navette d'un métier à tisser. Ils chassent toute poésie de la mer[14].

Ces paroles sont d'un vieux loup de mer, Van Teeffelen de Lunenburg, né sur le "Vagabond" il y a quelque quarante ans. Il voudrait que son fils Jean continue les traditions ancestrales; mais celui-ci préfère son foyer avec sa femme et sa fille à la vie dans la cabine du vieux bateau familial. Le père voit son bateau brûler et ne se remet de cette épreuve qu'en en faisant bâtir un autre qu'il nommera "l'Étoile de Lunenburg" et dont son fils sera capitaine. À son premier voyage dans les mers du Sud, une tempête s'abat sur le bateau qui fait naufrage. Et, pour le capitaine Jean et sa femme que les flots rejettent en terre étrangère, c'est le commencement d'une série d'événements dont la similitude avec ceux vécus par Évangéline et Gabriel n'échappera pas au lecteur averti.

La femme et la fille de Jean sont sauvées par le "Columbia" et débarquées à la Nouvelle-Orléans. Jean est recueilli des flots par des gens de Caracao où il s'établit. Chacun pense que l'autre a péri en mer. Les lettres qu'ils adressent aux parents de Lunenburg leur reviennent avec la mention "décès"; la commère du village, mademoiselle Linder, est à l'origine du malentendu. Ne subsistant que par ses souvenirs, la femme de Jean travaille d'abord comme infirmière dans un hôpital tenu par des religieuses, puis elle suit, en Géorgie, une dame riche qui a besoin de soins privés. Jean, de son côté, fait de nombreux voyages en mer. Les deux se croisent sans le savoir à Savannah: la mère est endormie sous un arbre alors que la petite fille raconte ses malheurs au bon marin qui, touché, lui donne de l'argent. S'ajoutant aux épargnes accumulées, ces dollars permettent à la femme de Jean de revenir en Nouvelle-Écosse, pays auquel elle n'a cessé de rêver malgré sa crainte de n'y retrouver que des étrangers[15].

---

14. Sabattis, *L'Étoile de Lunenburg,* p. 13.
15. *Ibid.,* p. 62-66.

Lors d'un voyage, Jean rencontre le capitaine du "Columbia" qui lui parle de ses deux rescapées de "l'Étoile". Parti aussitôt à la recherche de sa femme et de sa fille, il parcourt vainement les États-Unis et finit par accepter le commandement d'un bateau à destination de Sydney, en Nouvelle-Écosse. Une tempête fait échouer son embarcation sur les côtes où il est recueilli par le vieux Van Teeffelen et soigné par sa propre épouse, infirmière.

Ce qui peut paraître simples réminiscences, gratuites, d'*Evangeline* de Longfellow pourrait bien être une tentative de démontrer que les Acadiens ne sont pas les seuls héritiers d'une histoire de malheurs. Et donc, enfants d'un même Dieu, les anciens colons et les nouveaux immigrants ont doublement raison de vivre dans l'harmonie et le respect de leurs différences ethniques. Dans *la Fascination de la ville,* ce sont les conquérants et les anciens propriétaires que l'auteur fait ainsi coexister pacifiquement dans ce paradis qu'est, pour tous, la Nouvelle-Écosse.

Le thème fondamental de *l'Étoile de Lunenburg* — complémentaire celui-là aussi de *la Fascination de la ville* — reste, cependant, celui du conflit entre la terre et la mer avec le même sous-thème: l'amour exagéré de l'aventure et des richesses pousse à la ruine. C'est un attachement trop grand à son bateau qui attire le malheur sur la tête du vieux capitaine Van Teeffelen ainsi que sur celle de son fils Jean qui, lui, cède, en plus, à l'attrait de la technique moderne. Les épreuves passées, le vieux loup de mer choisira de finir ses jours dans un village côtier:

> Évariste[16], dit-il, je veux que tu achètes une maison pour moi près de la côte, où je puisse finir mes jours en paix; je veux qu'elle domine l'océan car un vieux marin ne peut se passer de voir la mer. Il faudra aussi un grand jardin tout autour et des prés pour que ma femme puisse se sentir à la campagne qu'elle regrette toujours[17].

---

16. L'Acadien Évariste LeBlanc est le fidèle serviteur, ou engagé, du capitaine Van Teeffelen.
17. *Ibid.,* p. 57.

Il est déplorable que l'auteur ait cru nécessaire de constamment "philosopher[18]" — nous dirions prêcher — pour appuyer ses thèses qui se dégageaient suffisamment des dialogues et de l'action. Nous devons noter, cependant, qu'il réussit mieux à intégrer réflexions morales et citations bibliques à la trame du roman *l'Étoile de Lunenburg* que ses nombreux commentaires moralisants à celle de *la Fascination de la ville*.

Fiancés séparés

Quelque dix et quinze ans plus tard, **Antoine-J. LÉGER** (1880-1950) ne réussira pas mieux à marier intrigue et essai dans ses deux romans centrés sur la déportation. Il les rédigea alors qu'il était à Ottawa où il succéda, en 1935, à Pascal Poirier comme membre du Sénat canadien. Avocat, homme d'affaires, politicien, il participait activement depuis plus de vingt ans aux luttes menées par les siens pour conquérir leurs droits les plus fondamentaux. Membre influent de la Société mutuelle l'Assomption, il s'en était fait le premier historien en publiant, en 1933, *les Grandes Lignes de l'histoire de la Société l'Assomption*[19]. Quand il dut s'éloigner de son milieu, il pensa faire oeuvre utile en racontant l'histoire de ses ancêtres. "Les Acadiens, écrit-il, dans l'épilogue de son premier roman, aiment particulièrement ceux qui ont bien voulu prendre leur part et épouser leur cause devant l'histoire[20]." Léger désire être de ce nombre.

En accord avec la thèse de Placide Gaudet quant à la responsabilité de Lawrence dans le "Grand Dérangement", il raconte, en deux volets, l'histoire des Acadiens, victimes innocentes, qui ne pouvaient échapper au complot infâme ourdi contre eux: *Elle et Lui* est l'histoire de ceux qui furent déportés et *Une fleur d'Acadie,* de ceux qui durent se cacher dans les bois. Prolongement à la fois du patriotisme de l'auteur et de l'idéologie issue des premières conventions nationales, ces

---

18. Sabattis, *La Fascination de la ville*, p. 9.
19. Antoine-J. Léger, *Les Grandes Lignes de l'histoire de la Société l'Assomption*, Québec, Imprimerie franciscaine missionnaire, 1933, 260 p.
20. Antoine-J. Léger, *Elle et Lui. Tragique Idylle du peuple acadien*, [Moncton, L'Évangéline Ltée, 1940], p. 202.

romans se veulent un encouragement à poursuivre le combat pour la survivance: le peuple acadien revit parce qu'il est fidèle à ses origines, aux seuls biens qu'on ne put lui ravir — "l'amour de Dieu et de la race" (*Elle et Lui*[21]); l'Acadien qui sait résister à l'ennemi et ne pas perdre espoir reprendra racine "là même où il a été déraciné" (*Une fleur d'Acadie*[22]).

Léger avait terminé, en novembre 1938, la rédaction de son premier roman qu'il intitulait alors *Jean*. C'était "l'histoire d'une famille acadienne, y compris la période de 1700 à 1800, un peu sous forme de roman historique[23]", écrivit-il à Émile Lauvrière en lui confiant qu'il hésitait à publier son livre à cause de son français. Lauvrière accepta de lire le manuscrit; il y apporta des corrections (répétitions, archaïsmes, anglicismes, ponctuation); il suggéra quelques réductions de lieux et l'ajout d'un nom de guerre à Jean, par exemple Francoeur, et des noms de familles bien acadiens aux autres[24]. Léger ne retint pas cette dernière suggestion. Tout au plus, apporta-t-il une précision au titre: *Jean dit l'Acadien*[25]. Il ajouta, néanmoins, le sous-titre proposé par Lauvrière *Tragique Idylle du peuple acadien* et, suite aux commentaires de ce dernier, il supprima de bonne grâce "toutes les réflexions sévères envers la France et les déclarations relatives à la fidélité de Charles Latour au roi de France[26]". Le roman fut publié, en 1940, sous le titre *Elle et Lui*[27].

---

21. P. 184 et 198.
22. P. 117: Antoine-J. Léger, *Une fleur d'Acadie. Un épisode du grand dérangement*, [Moncton, L'Imprimerie acadienne Ltée, 1946], 130 p.
23. Lettre d'Antoine-J. Léger à Émile Lauvrière, Moncton, 22 novembre 1938, CEA, fonds Antoine-J.-Léger, 3.2-15.
24. Lettre d'Émile Lauvrière à Antoine-J. Léger, Paris, 17 février 1939, CEA, fonds Émile-Lauvrière, 21.3-7.
25. C'est le titre d'un manuscrit conservé au Centre d'études acadiennes; dans l'avant-propos l'auteur explique son choix; il a donné le prénom "Jean" à son héros "pour qu'il serve de pseudonyme à toutes les familles acadiennes qui voudront bien l'adopter et lui donner leur nom, car son histoire est leur histoire" (manuscrit, p. 6, CEA, fonds Antoine-J.-Léger, 21.5-2).
26. A.-J. Léger précise: "Elles n'étaient point destinées au peuple français mais bien au gouvernement du temps. De peur d'être mal compris, il vaut mieux les supprimer ce que je fais très volontiers" (Ottawa, 22 mars 1939, CEA, *ibid.*, 3.3-1).
27. Dans l'avant-propos, l'auteur remplaça le prénom "Jean" par "Elle et Lui" sans toutefois mettre les pronoms au pluriel, comme il le fit dans la dédicace.

De même que les orateurs des conventions nationales du XIXe siècle, en parlant d'histoire acadienne, rappelaient toujours le "passé glorieux" d'avant le "Grand Dérangement", ainsi Léger fait remonter l'histoire de son héros au début du XVIIIe siècle. Le but est toujours le même: démontrer aux Acadiens qu'ils sont les fils non déchus d'ancêtres vertueux, héroïques, et que la fidélité à leurs origines est garante de leur survie:

> C'est par l'histoire que l'on rapproche les générations; et mon grand-père disait que raconter le passé de la vie, c'est le faire revivre[28].

C'est l'ultime message que l'ancêtre Joseph a laissé à ses enfants et à Jean, ce jeune Français qu'il accueillit à son arrivée à Grand-Pré, en 1716.

Après la mort de sa mère, Jean quitte son pays pour venir s'établir en Acadie où son père était mort au champ de bataille en 1710. Joseph et Madeleine lui offrent l'hospitalité et l'initient au métier de cultivateur et aux coutumes des Acadiens. Il épouse Jeanne, leur fille unique, qui lui donnera dix enfants. Instruit, respecté des Acadiens, Jean devient vite leur chef pendant les troubles politiques de 1729 à 1755; il est leur soutien pendant la déportation et leur guide pour le retour au pays. Mais il ne peut survivre à un second départ forcé et meurt sur sa nouvelle terre à Jemseg, au Nouveau-Brunswick, à l'âge de 85 ans, alors que ses enfants, cédant la place aux Loyalistes, vont s'établir les uns à Memramcook et les autres au Madawaska.

L'histoire de Jean, qui s'échelonne sur tout un siècle, est racontée en 36 chapitres et 187 articles. Mais pendant la moitié du livre (précisément de l'article 56 à 153), l'intrigue romanesque cède la place à l'histoire de la déportation et de l'exil des Acadiens; Jean et Jeanne deviennent alors véritablement Lui et Elle: leur histoire pouvant être celle de milliers d'Acadiens qui ont vécu le "Grand Dérangement". De plus, à partir du chapitre intitulé "Troubles politiques[29]", l'auteur insère, dans

---

28. A.-J. Léger, *Elle et Lui,* p. 88.
29. Ce titre recouvrirait six chapitres (19-24) selon l'indication paginale donnée par l'auteur dans la table des matières: "Troubles politiques" [p.] 63-90 (*ibid.,* p. 7).

son livre, de nombreux documents historiques français et anglais, il donne ses sources, intervient largement, retenant à peine son sang-froid au rappel des machinations éhontées de Lawrence et de ses acolytes; ainsi les lettres de Shirley et de Winslow sont parsemées de réflexions brèves qui révèlent toute l'indignation de l'essayiste[30]. Tout ceci porte à croire que Léger a greffé l'histoire de la famille de Jean sur des notes historiques précises déjà recueillies[31]. Qu'à la dernière minute, l'auteur ait changé le titre de son livre *Jean* pour celui de *Elle et Lui* ne fait qu'ajouter à la confusion. Celle-ci se lit également au niveau des personnages qui, à partir de la déportation, déçoivent par leur manque de courage et d'audace. Pour mieux illustrer la cruauté des Anglais, l'auteur jugea nécessaire de transformer ses braves Acadiens en un troupeau de résignés.

Tout, néanmoins, n'est pas que maladresses et incohérence dans ce roman. L'intégration de Jean au pays fournit à l'auteur l'occasion de relever, selon les saisons, un bon nombre de traditions et de coutumes acadiennes qu'il sut animer en utilisant des expressions typiquement acadiennes ou canadiennes-françaises[32].

Bien réussie également est l'évocation des liens d'amitié et de confiance qui unissent les Micmacs aux Acadiens: à Grand-Pré, à Jemseg et au Madawaska, le chef indien vient reconnaître — sacrer, en un sens — celui qui deviendra le nouveau guide des Acadiens[33] et, à chaque fois, il renouvelle solennellement son alliance avec ses ''courageux, mais trop crédules[34]'' frères blancs.

Finalement, le personnage de Madeleine est bien campé. C'est elle qui, au retour de l'exil, donne le signal de la

---

30. *Ibid.,* p. 79 (Shirley) et p. 107 (Winslow).
31. Quelques notes sur l'histoire acadienne ne trouvant pas leur place dans le livre ont été données à la fin (p. 203).
32. Deux critiques ont souligné cette heureuse utilisation des expressions locales: Andreyles, ''Elle et Lui'', dans *le Travailleur* (Lewiston, Me), 27 juin 1940, p. 3, col. 5, et Cécile Maillet, *Antoine-J. Léger, premier romancier acadien,* thèse, M.A., Québec, Université Laval, 1966, p. 46; voir également, de cette dernière, l'intéressant article intitulé ''Coutumes'', p. 33-36.
33. *Ibid.,* p. 56, 173, 198.
34. *Ibid.,* p. 196.

reconstruction d'un gîte et organise le défrichement de la terre; son exemple ramène, à son entourage, la confiance et l'espoir:

> Voyons, cher petit père, vous êtes donc toujours inconsolable? Ne voyez-vous pas grandir la clairière qui nous rendra bientôt une partie de ce que nous avons perdu[35].

Madeleine, comme Marie-Hélène de Chipoudie, l'héroïne du second roman de Léger, est de ces femmes qui, au dire de l'auteur, ont assuré la survie de la race et ont fait "l'Acadien grand dans l'adversité[36]".

À deux reprises, l'auteur d'*Une fleur d'Acadie* informe le lecteur qu'il a emprunté son récit à la tradition orale conservée dans sa famille[37]; les grandes lignes de son roman se retrouvent, également, dans l'histoire de la déportation et les Archives canadiennes. Léger puise abondamment à ces sources, orales et écrites, et comme dans *Elle et Lui,* il éprouve des difficultés à lier le romanesque et l'historique. Toutefois, son second roman marque un progrès réel sur son premier au niveau de la structure: intrigue sobre, lieu et temps restreints assurent plus de cohérence.

La narration historique débute avec la fondation, à la fin du XVIIe siècle, des villages de Chipoudie, Memramcook et Petitcoudiac. Dans ce territoire français aux limites mal définies par le traité d'Utrecht, les nouveaux colons se croient à l'abri des vexations auxquelles sont soumis leurs frères de l'Acadie conquise en 1710. Mais Shirley et Lawrence convoitent leurs terres; ils sont donc impitoyablement traqués comme les autres à qui l'on reproche de ne pas vouloir prêter le serment de fidélité absolue à la Couronne d'Angleterre. Pendant quatre ans, un certain nombre réussissent à déjouer l'ennemi, lui infligeant même quelques défaites. Marie-Hélène de Chipoudie et René de Petitcoudiac furent au premier rang de ces héroïques résistants.

---

35. *Ibid.,* p. 170.
36. A.-J. Léger, *Une fleur d'Acadie,* p. 127; voir aussi p. 93, et *Elle et Lui,* p. 171.
37. A.-J. Léger, "Avant-propos", *Une fleur d'Acadie,* p. 5, 19.

La première incursion des Anglais à Chipoudie survint la veille de leur mariage, le 25 août 1755. Hélène en sonnant la cloche de l'église fait partiellement échouer le pillage, mais elle est faite prisonnière avec quelques vieillards, femmes et enfants. On la remet en liberté dans l'espoir de découvrir où se cachent les siens; avec l'aide de deux Micmacs, elle brouille ses traces et fuit vers Petitcoudiac où elle retrouve les parents de René. Elle s'y dévoue sans relâche pour soulager les misères des autres supportant mieux ainsi ses propres malheurs. Lorsque la reddition de Louisbourg et la capitulation de Montréal forcent la soumission des résistants et déciment davantage leurs rangs[38], Hélène organise la survie:

> Réunissons nos énergies, nos talents, nos vertus, nos faiblesses même, et, que nos ennemis nous trouvent toujours unis pour réclamer nos droits. À nous il incombe de remettre à ceux qui nous suivront sinon nos biens confisqués, au moins l'héritage de notre foi et de notre nationalité; à nous d'empêcher que s'éteigne le flambeau de la survivance française sur cette terre qui fut la nôtre[39].

Autant pour venger sa fiancée et les siens que pour tromper sa souffrance, René, de son côté, se bat bravement sous le commandement de Boishébert à Saint-Jean, à Chignectou et à Louisbourg, ainsi que sous Lévis et Montcalm, au Canada. Après la perte du Canada, il revient en Acadie où il est fait prisonnier à Halifax. Ayant appris qu'Hélène est vivante, il s'évade et part à sa recherche. Malade, il est recueilli par des Micmacs; l'un d'eux le ramène à Petitcoudiac où, finalement, après sept ans de séparation, les deux fiancés peuvent s'unir dans le mariage. L'auteur précise qu'ils ont vécu et sont morts à Petitcoudiac où ils ont laissé ''l'empreinte de leurs vertus et de leur fidélité à la race qui les perpétue en leurs descendants[40]''.

Dans son étude consacrée aux romans de la déportation des Acadiens, Maurice Lemire, après avoir soigneusement

---

38. À cette date les deux tiers étaient morts de faim, un bon nombre était passé à l'île Saint-Jean ou au Québec; seuls restaient les vieillards, les infirmes et les entêtés (*ibid.*, p. 71). Les ''plus capables'' furent envoyés à Halifax, en 1761 (p. 91).
39. *Ibid.*, p. 93.
40. *Ibid.*, p. 126.

analysé *Elle et Lui* et *Une fleur d'Acadie,* signale la différence qui existe entre la thèse nationaliste d'A.-J. Léger et celle d'Albert Laurent, le premier voyant "le salut des Acadiens dans la soumission et dans la fidélité", le second, "dans la révolte et la revendication des droits[41]". Il ajoute: "La publication de *l'Épopée tragique* en 1956 marque l'évolution du sentiment national acadien."

Sans vouloir diminuer en rien l'analyse même que fait Lemire de ces trois romans historiques, nous devons relever deux erreurs qui rendent caduques ses affirmations relatives à l'évolution du nationalisme acadien. La plus grave porte sur la date de publication: le roman de Laurent parut d'abord en feuilleton, en 1939, dans le *Supplément de l'"Action paroissiale",* sous le titre *Les Splendides Têtus*[42] (l'on se rappellera que Léger avait terminé *Elle et Lui,* en 1938). La seconde erreur se rapporte à la nationalité de l'auteur: Laurent, alias père Albert Lortie, oblat, est né à Ottawa, en 1881; il vécut au Québec de 1914 à 1942 et ne fut jamais de résidence en Acadie, tout au plus, y vint-il prêcher des retraites[43]. C'est donc au Québec, que se fit l'évolution dans l'interprétation de l'histoire des Acadiens dont parle Lemire: Laurent corrigeant Bourassa uniquement[44].

En Acadie, c'est *J.-Alphonse DEVEAU* (né en 1917) qui donna une idée nouvelle des Acadiens de 1755 ainsi que des motifs de leur déportation. *Le Chef des Acadiens,* qu'il publia en 1956, complète en un sens l'oeuvre de Léger. Si *Elle et Lui* se rapporte aux Acadiens soumis qui se sont laissé déporter et *Une fleur d'Acadie,* aux entêtés qui sont restés sur leurs terres et se

41. Maurice Lemire, *Les Grands Thèmes nationalistes du roman historique canadien-français,* Québec, Les Presses de l'université Laval, 1970, p. 113.
42. Albert Laurent, "*Les Splendides Têtus.* Roman acadien", dans le *Supplément de l'"Action paroissiale",* vol. 4, nos 1-7, 1939.
43. Quelques semaines avant sa mort, il quittait Montréal, pour venir à Sainte-Anne de Kent, au Nouveau-Brunswick, pensant y refaire sa santé; il est décédé, au cours de la prédication d'une retraite, d'après G. Carrière. Voir "Décès du R.P. Albert Lortie, o.m.i.", dans *le Devoir,* 26 septembre 1942, p. 3, col. 4, et Gaston Carrière, *Dictionnaire biographique des Oblats de Marie-Immaculée au Canada,* t. II, Ottawa, Éd. de l'Université d'Ottawa, 1977, p. 333-334.
44. M. Lemire, *Les Grands Thèmes nationalistes...,* p. 118, et p. 113-117 (l'analyse du roman d'A. Laurent).

sont cachés dans les bois environnants, *le Chef des Acadiens* concerne les évadés et les fugitifs qui ont survécu grâce à leurs exploits et à l'aide des Micmacs. C'est l'intérêt porté à l'histoire de son pays qui amena Deveau à écrire son roman dont ''le fond est authentique'', précise-t-il dans l'avant-propos[45]. En fait, il fait évoluer des personnages réels et des Acadiens aux noms fictifs de façon à donner un roman d'aventures tout autant qu'historique.

L'action débute à l'automne de 1754, à Grand-Pré, alors qu'un marchand huguenot, dénommé Desmarets[46], est à la recherche de l'Acadien rebelle Jehan Martin, qui ruine son commerce. Ce coureur des bois, devenu agent des Français de Louisbourg, achète des fourrures aux Indiens en plus de leur fournir des armes, et il alimente le fort de Louisbourg avec le bétail et les produits que les Acadiens ont à vendre. Desmarets est donc forcé de s'approvisionner à Boston pour remplir ses engagements avec la garnison anglaise de Halifax. Ce qui l'amène à jurer la perte et de Jehan et des Acadiens.

Difficultés économiques des Anglais et des commerçants, doublées d'un désir de vengeance et d'envie, voilà ce qui est à l'origine de la déportation des Acadiens de Grand-Pré. Desmarets est explicite:

> En résumé, Excellence [Lawrence], voilà la situation: ces Acadiens sont établis sur les meilleures terres de la Nouvelle-Écosse. Ils possèdent cent vingt mille têtes de bestiaux. Leur présence ici encourage les Micmacs à trafiquer avec les agents français et à continuer leurs ravages contre nous. Vous avez les moyens de nous débarrasser de ces Acadiens. Prenez-les et expulsez ces indésirables. Je ne veux que le bétail pour moi. Ainsi la note que vous devez à la maison Desmarets sera acquittée. Je sais par ailleurs que vous n'êtes pas capable de me payer. Alors je vous offre ce moyen qui ne vous coûtera rien personnellement[47].

---

45. J.-Alphonse Deveau, *Le Chef des Acadiens,* [Yarmouth, J.A. Hamon, 1956], p. 5. Originaire de la Rivière-aux-Saumons, N.-É., il écrivit également l'histoire de la région de Clare: *La Ville française,* Québec, Éditions Ferland, 1968, 286 p.
46. Seul personnage historique au nom fictif, il siégeait au conseil qui décréta la déportation (''Avant-propos'').
47. J.-A. Deveau, *Le Chef des Acadiens,* p. 22.

Les motifs de la déportation étant ainsi exposés et le double complot de Desmarets, bien détaillé, l'action progressera à un rythme remarquable — pour ne pas dire affolant; elle sera centrée sur Jehan, le chef des Acadiens, que ne quitte pas d'une semelle le fort et rusé Micmac Saoua.

La première mission de Jehan, à la tête d'une délégation auprès des autorités anglaises de Halifax, se termine par la libération de prisonniers et d'otages acadiens retenus à l'île Georges. Le groupe se réfugie dans la forêt; il devra constamment déjouer les Rangers à la solde de Desmarets. À ces évadés de l'île Georges, se joignent, dans l'espace d'un an, ceux de Grand-Pré et de Port-Royal ainsi que les rescapés du village des Terrio, prisonniers sur le ''Pembroke'', et ceux du Cap-Sable retenus sur le ''Hannah'' — Jean et ses hommes ayant réussi à capturer ces deux bateaux. C'est avec le ''Hannah'', d'ailleurs, pris en temps de guerre, que Jehan, Saoua et quarante-huit des plus braves pourront se rendre à Boston pour y délivrer leurs femmes et leurs enfants déportés de Cap-Sable et emprisonnés sur le ''Sphinx''. Ce dernier exploit sera des plus périlleux et des plus féroces:

> [...] les Acadiens montèrent sur le pont avec une force et une agilité que Jehan ne leur avait jamais reconnues [...]. Une colère aveugle les emportait contre ces hommes qui avaient enlevé leurs femmes, leurs enfants et leurs parents. Avec leurs armes, ou de leurs propres mains, ils assaillaient tous ceux qui se trouvaient sur leur chemin, frappant, tranchant, déchirant avec la férocité des sauvages qu'ils avaient observés lors de la prise du ''Hannah''[48].

À ces récits d'évasion et de prises de bateaux, s'intègre bien l'intrigue amoureuse, celle de Jehan Martin et Marie Gaudet, de Jeanne Martin et François Dugas. En effet, c'est en se lançant à la recherche ou de son amie ou de sa soeur que Jehan, le chef des Acadiens, est amené à s'emparer du ''Pembroke'', du ''Hannah'' et du ''Sphinx'' et qu'il doit défendre les siens enlevés par les matelots anglais et pourchassés par les ''maudits Bostonnais'' qui servent les buts de Desmarets.

---

48. *Ibid.*, p. 130-131.

Dans ce roman, l'accumulation de faits et de situations, plus ou moins semblables, peut agacer; mais encore plus le style et la langue. Il est facile de relever les incorrections, les répétitions d'expressions, la similitude des types de phrases, les maladresses dans le dialogue surtout au début.

Malgré ces nombreuses faiblesses, *le Chef des Acadiens* mérite notre attention pour plusieurs raisons. L'auteur a porté le débat autour des événements de 1755 sur le terrain économique; il a bien montré que Grand-Pré ne fut que la première d'une série de déportations des Acadiens de la Nouvelle-Écosse; surtout, il a rompu avec l'image de l'Acadien toute vertu et toute résignation.

Les Acadiens, dans ce roman de Deveau, ont des défauts comme tous les humains; ils sont violents, bagarreurs, insoumis, taciturnes ou moqueurs; mais ils ne connaissent même pas le mot résignation. Ils sont déportés uniquement à la pointe de la baïonnette[49], aucune mention n'est faite de vieillard qui exhorte au pardon, à la prière ou à la soumission. Les Acadiens qui peuvent s'évader fuient, se battent et gagnent. Quand, finalement, ils peuvent se reposer sur leur terre, ils pensent à la reconquête de leur place en Acadie — même si l'auteur, à ce moment, n'entrevoit celle-ci que par la revanche des berceaux.

D'après des documents conservés dans sa famille, Deveau reconstitua le journal de son arrière-arrière-grand-mère Cécile Murat, fille adoptive de Casimir LeBlanc. Le *Journal de Cécile Murat*[50], publié en 1960, constitue un document d'une certaine valeur historique, mais non pas psychologique ou littéraire. L'auteur en donna, en 1963, une adaptation pour enfants[51].

Marguerite MICHAUD publia, en 1950, dans la collection ''Petits contes illustrés'', une adaptation du poème *Evangeline*

---

49. *Ibid.,* p. 62-63.
50. J.-Alphonse Deveau, *Journal de Cécile Murat,* [s.l.n.é., 1960], 46 p.
51. J.-Alphonse Deveau, *Journal de Cécile Murat,* Montréal, Centre de Psychologie et de Pédagogie, [1963], 62 p.

de Longfellow[52]. Il ne faut pas chercher dans son ouvrage des éléments nouveaux qui auraient été introduits dans l'action ou des modifications apportées au caractère des personnages: l'auteur se borne à bien paraphraser. Le prologue laisse entendre que le but poursuivi est de montrer que les ancêtres ont eu "bien de la misère". Les trois derniers paragraphes, qui pourraient servir d'épilogue, font allusion à la survivance du peuple acadien qui se souvient de son héroïne, symbole de sa fidélité.

Né sous une mauvaise étoile

En 1949, parut dans *le Petit Journal* de Montréal une étude sur le jeune écrivain canadien-français, **Donat COSTE** (1912-1957). Quelques mois plus tard, l'article fut reproduit dans *l'Évangéline,* mais précédé d'une notice biographique et intitulé, en gros caractères: "L'Étrange Odyssée d'un jeune écrivain acadien. Daniel Boudreau, né à Petit-Rocher, est en train de se tailler une position enviable dans le monde des lettres[53]". Les lecteurs purent apprendre qu'orphelin à l'âge de cinq ans, le jeune Daniel avait été "enlevé" par une famille française de Saint-Pierre et Miquelon qui lui donna son nom, lui assura une bonne éducation aux îles et l'amena à Montréal quand elle s'y installa. Madame Coste étant morte quelques années plus tard, Daniel, qui ne pouvait plus marcher, "fut abandonné dans la métropole" avant d'être hébergé à l'hôpital de la Merci par les Frères de Saint-Jean-de-Dieu; il y travailla pendant neuf ans à la rédaction de leur journal, *La Voix de la Charité.* En 1943, il épousa une infirmière, attachée à l'Université de Montréal, qui lui donna un fils. Et l'auteur de la notice ajoutait que Donat Coste est le frère d'Eddy Boudreau, collaborateur à *l'Évangéline* et auteur de *la Vie en Croix.* Il ne précisait pas, cependant, que ce dernier, comme son frère Daniel, était atteint de la paraplégie.

Ce mal qui foudroya Donat Coste, en 1929, mit fin à ses projets d'études littéraires en France, mais non à son amour pour la littérature. Cloué à une chaise roulante, il écrivit quan-

---

52. Marguerite Michaud, *Évangéline,* t. I: *En Acadie,* t. II: *Sur les routes de l'exil,* Montréal, Librairie générale canadienne, [1950], 32, 32 p.
53. Dans *l'Évangéline,* 21 juillet 1949, p. 4, col. 1-4.

tité de contes[54], nouvelles, billets poétiques, critiques littéraires et articles de fond. Signalons sa collaboration au journal de Jean-Charles Harvey[55], *Le Jour,* où il remplaça, d'ailleurs, Louis Dantin à la chronique "La Tribune de Mentor". Donat Coste dit avoir déchiré son premier roman par découragement ou désappointement: il ne trouvait pas d'éditeur. Par la suite, il en aurait composé plusieurs[56], néanmoins; mais seul *l'Enfant noir*[57] fut publié. Quand sept ans plus tard, une maison d'édition refusa *le Dauphin,* roman auquel il travaillait depuis plus de deux ans, Donat Coste ne surmonta pas sa déception[58], et mourut, peu après, à l'âge de 45 ans.

La critique canadienne-française fut sévère pour *l'Enfant noir,* affabulation ridicule[59], roman "mal fait", qui veut être "méchant et radical[60]"; cependant, l'on sut reconnaître que l'auteur avait du talent:

> Que Donat Coste ait tout ce qu'il faut pour faire un bon romancier, il n'y a pas à hésiter à le dire. Les matériaux de son livre, la vie de ses personnages, certaines parties du récit et quelquefois l'allure du style l'attestent. Mais il nous a donné une oeuvre prématurée, dont les défauts sont si criants qu'on comprend que bien des critiques en aient été scandalisés[61].

---

54. Son premier écrit à être publié fut un "Conte de Noël", signé D.B. Coste, dans l'*Almanach du peuple,* Montréal, Beauchemin, 1932, p. 362-368.

55. L'un de ses maîtres à écrire, dit Donat Coste, dans l'article qu'il publia en réponse à la critique de Gilles Marcotte: "Le Père de *l'Enfant noir* nous écrit", dans *le Devoir,* 4 novembre 1950, p. 9, col. 7-8.

56. Selon l'article du *Petit Journal,* reproduit dans l'*Évangéline,* Donat Coste aurait écrit *Désaxé,* un roman paysan, et *Étoile en or.* Ces titres n'ont pas été mentionnés par sa femme, Mme Mariana Coste, lors de l'entrevue qu'elle accorda, en 1965, à Cécile Maillet, ni dans la lettre qu'elle lui adressa le 27 juin 1966; elle fournit plutôt la liste suivante: *J'ai deux amours* (la mer et la littérature, publié en feuilleton, en 1928), *L'Onde opaque* (roman de moeurs, commencé en 1942), *L'Île aux sortilèges* (roman historique: l'île d'Anticosti), *Le Dauphin* (roman historique: civilisation canadienne-française).

57. Donat Coste, *L'Enfant noir,* Montréal, Les Éditions Chantecler, 1950, 242 p.

58. Louise Cousineau, "Donat Coste est mort. Il n'avait plus la force de combattre", dans *le Petit Journal,* 5 mai 1957, p. 49, col. 1-5.

59. Gilles Marcotte, *"L'Enfant noir",* dans *le Devoir,* 30 septembre 1950, p. 6, col. 2.

60. Jean-Charles Bonenfant, "Donat Coste, *L'Enfant noir",* dans *Culture,* vol. 11, no 4, décembre 1950, p. 456.

61. Théophile Bertrand, *"L'Enfant noir",* dans *Lectures,* tome 7, décembre 1950, p. 199-200.

L'Enfant noir est divisé en treize livrets, équivalents de chapitres, dont le premier sert à présenter le domaine, puis, l'un après l'autre, les huit personnages principaux du roman. En plus d'être aride et déroutante, cette manière de fixer, dès le début, le caractère des personnages laisse évidemment peu de place à leur évolution et donne a priori la clé des événements. L'auteur soulève quantité de problèmes: classes sociales, racisme[62], éducation religieuse, fédéralisme, relations hors mariage, frigidité, homosexualité, avortement. Il va sans dire que certaines de ces questions étaient taboues, en 1950, et que l'auteur devait être conscient que son livre en choquerait plus d'un.

L'intrigue de ce roman se déroule dans une région ''bonne canadienne[63]'', au sud-ouest de Lévis; la malchance en constitue le leitmotiv. Un Sénégalais, Gilles Gélos, a quitté l'Afrique dans l'espoir d'échapper à sa mauvaise étoile; il est engagé comme jardinier chez le parvenu millionnaire, Gratien Pindus. Ses amours avec Madeleine Chaloute, la fille de chambre de madame Juliette Pindus, deviennent un prétexte de congédiement par Gratien Pindus rongé par la jalousie: sa femme, qui fait chambre à part, s'entretient souvent avec le Noir. Pour ne pas communiquer sa malchance à Madeleine, Gilles Gélos va se noyer. Découvrant qu'elle est enceinte, Madeleine veut suivre l'exemple de son amant, mais elle en est empêchée par Juliette Pindus. La vieille tante Marticotte, pour sauver l'honneur de la famille, conseille à sa nièce d'épouser le cultivateur Fabien Lalancette. Comme Madeleine craint que son mari ne vienne à découvrir ses amours passés, la vieille tante fait une neuvaine pour que la Vierge vienne chercher l'enfant noir. Celui-ci meurt et Madeleine peut recommencer sa vie ''à neuf'' avec Fabien:

---

62. Le nègre n'est pas à sa place dans la province de Québec, dira la tante Marticotte (p. 230). Le critique Peter Okeh a vu en Donat Coste un auteur sympathique à la cause des Noirs; lire P.I. Okeh, ''Donat Coste's *L'Enfant noir:* A Literary Projection of the Francophone Example of Racist Mentality in Canada'', *Black Presence in Multi-Ethnic Canada,* Edited by Vincent d'Oyley, Vancouver. Centre for the Study of Curriculum and Instruction, U.B.C., and Toronto, The Ontario Institute for Studies in Education, [1978], p. 317-339.
63. D. Coste, *L'Enfant noir,* p. 8.

> Il est préférable de demeurer en la sphère de simplicité où Dieu a voulu que l'on naisse. Quand on ne cherche pas à s'évader de son milieu, quand on ne s'arrange pas pour couper les cheveux en quatre, c'est alors qu'on a la paix[64].

Nous ne pouvons interpréter ce message de l'auteur comme étant un simple appel à se contenter de son sort, sans quoi l'on sera puni comme le furent Gilles et Madeleine. Une telle conclusion moralisante et conservatrice est inconciliable avec les idées nouvelles et libérales émises tout au long du volume. Le choix de Madeleine est dérisoire: il répond au pessimisme de l'auteur en complétant le portrait qu'il a donné de la société canadienne-française.

La société peinte par Coste rappelle celle des "demi-civilisés" de Jean-Charles Harvey, avec la différence que les "primaires" de *l'Enfant noir* ne se retrouvent pas qu'au sommet mais à la base du triangle et, surtout, qu'il y a peu d'espoir d'"ouvrir l'étau"[65]: "la nouvelle génération plus instruite et aux visées plus larges, avait appris le même credo séculaire[66]". Elle se laisse guider par la tante Marticotte. Madeleine recommence donc "à neuf" une vie dont le tracé est "le chemin aux ornières[67]"; elle la recommence avec Fabien, un Canadien français moyen, ainsi que l'écrivait l'auteur à René Baudry:

> [...] il ressemble à tous ces gens de chez nous, ces gens indécis qui voient bien l'inondation gagner du terrain mais qui sont impuissants à la colmater; bref, Fabien c'est un Canadien-français comme vous et moi[68].

L'Enfant noir de Coste a fort peu de choses en commun avec les romans acadiens publiés durant cette période, si ce n'est la présence de la mer et celle du malheur. Ce ne sera pas avant 1962 qu'un autre romancier, Ronald Després, publiera un volume ouvert sur le monde extérieur à l'Acadie. Dans *le*

---

64. *Ibid.*, p. 241.
65. Jean-Charles Harvey, *Les Demi-civilisés,* Montréal, L'Actuelle, [1970], p. 179.
66. D. Coste, *L'Enfant noir,* p. 25.
67. *Ibid.*, p. 8.
68. Lettre de Donat Coste à René Baudry, Montréal, [décembre 1956], fonds René-Baudry [correspondance].

Scalpel ininterrompu[69], l'auteur assimilera la société acadienne, non seulement à la société québécoise, comme le fit Coste, mais à toutes celles que menace la mécanisation à outrance. Auparavant, en 1958, Antonine Maillet avait modestement lancé son projet littéraire avec *Pointe-aux-Coques*[70]: celui de raconter la petite histoire des siens, trop négligée en regard de l'histoire de la déportation, et celui de substituer à l'Evangeline de Longfellow une galerie d'héroïnes acadiennes.

---

69. Ronald Després, *Le Scalpel ininterrompu*, [Montréal], Éditions à la Page, [1962], 137 p.
70. Antonine Maillet, *Pointe-aux-Coques*, Montréal, Fides, 1958, 127 p.

Chapitre IV

POÉSIE: L'HISTOIRE SUBIE ET SUBLIMÉE

Consolation et patriotisme. — Joie conquise d'un poète de la douleur. — Destinée glorieuse d'un peuple martyr.

Jusqu'en 1958, la poésie acadienne exalte les valeurs nationales. Puisant leur inspiration dans l'histoire, la religion ou la nature, les auteurs célèbrent l'Acadie immortelle: un peuple, fauché cruellement pour avoir trop aimé son Dieu et sa langue, ne saurait mourir. Quant à la forme, ils n'ont pu se débarrasser des mièvreries et des images vieillottes, relents d'une rhétorique qui date, d'un romantisme et d'un symbolisme qui ont traversé, tardivement, le fleuve Saint-Laurent.

Le premier recueil de poèmes publié par un Acadien date de 1948: *La Vie en croix* d'Eddy Boudreau. Cependant, il ne faudrait pas conclure rapidement que les Acadiens sont venus aussi tard à la poésie comparativement au théâtre et au roman. L'inventaire de *l'Évangéline,* à lui seul, démontre le contraire. Ainsi, François-Moïse Lanteigne livrait déjà ses vers à ce journal, en 1914, alors que Napoléon-P. Landry y publiait en l'espace de deux ans, soit de 1937 à 1939, exactement le tiers de son premier recueil qui parut en 1949. Outre ces trois auteurs de volumes, deux noms retiennent l'attention vers les années 30: Glaneuse (une religieuse de Notre-Dame du Sacré-Coeur) et Désiré-F. Léger.

Consolation et patriotisme

Pendant près d'un demi-siècle, *Joséphine DUGUAY* (1896-1981) livra périodiquement à *l'Évangéline* quelques-uns de ses écrits, qu'elle signa Religieuse N.D.S.C. et, plus souvent, Glaneuse. Elle s'est exercée dans divers genres — poésie, essai, histoire, théâtre —, mais elle s'est surtout adonnée à la poésie. Nous avons pu lire une centaine de ses poèmes, conservés à la maison mère de sa congrégation, dont la plupart ont été écrits durant les années 20 et 30. Joséphine Duguay aurait pu facilement donner à l'Acadie, son premier recueil qui se serait comparé avantageusement à ceux de F.-M. Lanteigne et d'Eddy Boudreau.

Une quinzaine de ses poèmes furent composés pendant les deux années qu'elle fut retenue à l'infirmerie, immédiatement après sa première profession religieuse[1]. C'est en chantant la nature qu'elle semble trouver la paix et la force de continuer à sourire alors que les visiteurs se révèlent de piètres consolateurs. Trois poèmes leur sont consacrés qui rapportent leurs propos avec vérité et humour[2]. L'on retrouve la même lucidité dans les vers inspirés surtout par la vie religieuse au noviciat et la prédication de retraites. Une quinzaine de poèmes sont dédiés à sa famille: lignes écrites à l'occasion de la ''graduation'' d'une soeur, de la mort d'une enfant; surtout, conseils aux neveux pour les exhorter au bien, ou pour consoler leurs chagrins d'enfants qui ''sombrent dans un jouet[3]''.

Dans sa poésie, aux formes variées, mais avec rimes et mesure, Joséphine Duguay se révèle avant tout amoureuse de la nature et en quelque sorte poète du peuple, ses vers étant à la portée de tous. Elle est moins préoccupée par l'Acadie et tournée vers le passé que les écrivains de son temps, bien qu'elle ait publié quelques poèmes sur l'Acadie qui reflètent leur vision du pays et de l'histoire[4]. Parmi les inédits qu'elle a laissés, se trouve ''Leçon d'histoire (1755-1800). Le Grand-père et l'Enfant[5]''. Dans ce dialogue, composé de trente strophes, le grand-père justifie les siens en rectifiant l'enseignement donné à son petit-fils par un maître assimilé ou anglais[6].

---

1. Elle entra en religion en 1924.
2. ''Comment on console un malade'', ''Les Nerveux'' et ''Aveugles Consolateurs'', Archives NDSC, Moncton.
3. Dans le sonnet ''Pleurs d'enfants''.
4. Mentionnons: ''Aux Évangélines'', dans l'*Évangéline,* 2 avril 1931, p. 12, col. 5-6, et ''Poème'', *ibid.,* 1er février 1971, p. 4, col. 2-3.
5. Archives NDSC, Moncton.
6. Joséphine Duguay a laissé un drame en trois actes, écrit en 1939 et intitulé *Acadie, souviens-toi!, ibid.*

Désiré-François LÉGER (1855-1939) ne vint pas à la poésie par amour des muses. Homme d'action, intéressé à promouvoir la culture, il encouragea particulièrement la presse acadienne. "C'est la presse qui, aujourd'hui, soulève, mène et agite le monde à son gré[7]", déclarait-il dans un de ses articles sur les journaux français. En conséquence, il désirait que tous les Acadiens lisent leur journal et qu'un plus grand nombre se mettent à écrire; lui-même donna l'exemple en fournissant de nombreux articles et en signant quelques vers dans *l'Évangéline*.

En 1920, il publia trois poèmes patriotiques: "Ode à l'Acadie[8]" où il raconte la déportation et prie la Vierge de faire renaître l'Acadie; "La Ferme déserte[9]" où il déplore l'exode d'Acadiens vers la ville, et "Le 15 août 1920[10]" où il exhorte les siens à rester Acadiens: "À jamais, jurons-le, Acadiens demeurons!". Dix ans plus tard, il écrivit un long poème en mémoire de la dispersion des Acadiens, qu'il lut à Grand-Pré le 20 août 1930; celui-ci fit l'objet d'une plaquette[11], ce qui explique la mention de cet auteur dans ce chapitre. Écrite à la manière de Fréchette, cette oeuvre s'apparente à ce qu'il y a de plus officiel comme idéologie acadienne depuis cinquante ans. Elle est composée de quarante-trois strophes de quatre vers chacune. Les cinq parties peuvent se résumer comme suit: rappel de l'histoire du début au retour d'exil; invitation à travailler à la cause commune pour qu'au Canada deux races soient sur un pied d'égalité; exhortation à garder l'héritage d'un "quadruple amour": langue, foi, berceaux, Vierge; appel à tous les Acadiens dispersés par tout le continent pour préparer "l'avenir d'une grande Acadie"; promesse de fidélité au terrain d'où les ancêtres furent bannis:

De l'ancien Port-Royal, du fameux Beaubassin,
Des rochers gaspésiens, du joli Port-la-Joie,

---

7. D.F.L., "Nos journaux français", dans *l'Évangéline,* 1er février 1923, p. 1, col. 2.
8. *Ibid.,* 19 février 1920, p. 2, col. 4-5.
9. *Ibid.,* 4 mars 1920, p. 6, col. 4.
10. *Ibid.,* 12 août 1920, p. 1, col. 3-4.
11. Désiré-F Léger, *Cent soixante-quinze ans depuis la déportation,* [s.l.n.é., 1930, 10 p.]. Poème paru dans *l'Évangéline,* 28 août 1930, p. 10, col. 1-4.

Des États de l'Union, des bayoux Saint-Martin,
Du Petitcoudiac, de partout qu'on vous voie!

Avancez parmi nous, contemplez votre race!-
Au Grand Dérangement, on vous comptait dix mille,
"Au Grand Arrangement", nous sommes deux cent mille,
Assez fiers du passé pour suivre votre trace!

Nous voulons demeurer comme vous Acadiens,
Comme vous, des Français, comme vous, des chrétiens!
Ce serment nous prenons sur la tombe voisine,
Devant le bronze ému de la douce héroïne[12].

Joie conquise d'un poète de la douleur

Eddy BOUDREAU (1914-1954), que l'on surnomma "le poète de la douleur[13]", est né au Petit-Rocher, Nouveau-Brunswick. Il est le dernier d'une famille de treize enfants à qui les fièvres typhoïdes enlevèrent la mère en 1915; le père mourut subitement deux ans plus tard. Âgé de trois ans, Eddy Boudreau fut adopté par Jean-Baptiste Comeau qui s'installa au village voisin d'Allardville. Il éprouva sa première attaque de paraplégie en 1929 et, à l'âge de vingt-cinq ans, il ne pouvait plus marcher. En 1940, on le conduisit à l'hospice Saint-Antoine, à Québec, où il est mort. C'est dans les années 40 qu'Eddy Boudreau revit pour la première fois son frère Daniel, devenu Donat Coste. La paraplégie les avait frappés tous les deux la même année. Mais alors que Daniel sortit de l'hôpital et se maria, Eddy resta toute sa vie au milieu de vieillards, dans une chambre qui n'avait qu'une fenêtre donnant sur le mur d'une cathédrale. Les deux frères se lièrent d'une grande amitié; Donat encouragea son cadet, qui n'avait reçu qu'une instruction élémentaire, à développer sa vocation d'artiste, d'écrivain[14].

---

12. *Ibid.,* p. [3-4].
13. Madeleine Fohy-Saint-Hilaire, "Eddy Boudreau: le poète de la douleur" (CEA, fonds Eddy-Boudreau, 32.1-7, p. 1), et R.F. Clément Lockwell, é.c., "Eddy Boudreau, prosateur et poète de la douleur" (CEA, *ibid.,* 32.1-8, p. 27).
14. À la mort d'Eddy Boudreau, il avouera: "Quand pour la première fois, j'ai lu *la Vie en croix* (son premier jet littéraire), j'ai souvenance d'avoir insisté pour lui inculquer une forme plus concise de la versification. J'ai été sévère pour lui, pour lui, mon petit frère, mon petit saint, mon petit crucifié..." (Donat Coste, "À la mémoire d'Eddy Boudreau. Élégie", dans *l'Évangéline,* 27 avril 1954, p. 4, col. 5-6).

Napoléon-P. Landry

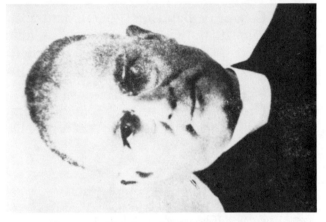

François-Moïse Lanteigne

Eddy Boudreau

169

Il est probable qu'Eddy Boudreau voulut se faire la main en rédigeant ses deux cahiers autobiographiques, dont les titres sont assez révélateurs du contenu: *Le Petit Crucifié*[15] et *Le Mutilé de la vie*[16]. Dès 1942, sous le pseudonyme de Québécois solitaire, il commença à fournir des articles à *la Vallée de la Chaudière*[17] dont il restera un fidèle collaborateur ainsi que de *l'Évangéline* à partir de 1946[18]; il signera également des écrits dans *l'Action catholique, le Travailleur,* et dans diverses revues. Le Centre d'études acadiennes possède plus de deux cents coupures d'articles publiés, signés Eddy Boudreau; malheureusement, une cinquantaine ne comportent aucune autre indication bibliographique que le titre et l'auteur. On retrouve plusieurs de ces textes, quelque peu corrigés, dans ses deux recueils *La Vie en croix*[19] et *Vers le triomphe*[20]; au moins l'un d'eux, "La Cabane de Baptiste[21]", était destiné au recueil de contes annoncé en 1950: "Coeur en écharpe". L'année de sa mort, il devait faire paraître un troisième recueil (prose et poèmes) intitulé "L'Heureux Temps[22]" ou, selon une autre source, "Au temps heureux[23].

Les écrits d'Eddy Boudreau, publiés et inédits, témoignent de son cheminement de malade, déraciné[24] et reclus. Offerts en

---

15. CEA, fonds Eddy-Boudreau, 32.1-1.
16. *Ibid.,* 32.1-2.
17. Suzanne Vachon, "Eddy Boudreau et son livre", dans *la Vallée de la Chaudière,* 31 août 1948 (CEA, *ibid.,* 32.1-8, p. 15).
18. Lire l'éditorial d'Euclide Daigle, "Ami et collaborateur", dans *l'Évangéline,* 15 avril 1954, p. 4. En 1953, Eddy Boudreau inaugura, dans *l'Évangéline,* la rubrique "Le Coin du penseur" ("Suggestion", 15 avril 1953, p. 4, col. 3-4).
19. Eddy Boudreau, *La Vie en croix,* Québec, [Des Ateliers de l'Institut St-Jean-Bosco], 1948, 111 p.
20. Eddy Boudreau, *Vers le triomphe,* Québec, [Le Quotidien Ltée], 1950, 99 p.
21. Dédié à ses parents (adoptifs) d'Allardville avec cette note à la fin: Fragment d'un livre en préparation: "Coeur en écharpe"; ce récit parut probablement dans *la Vallée de la Chaudière,* en 1947 ou 1948 (CEA, *ibid.,* 32.1-9, p. 78-79).
22. [Anonyme], "Eddy Boudreau meurt à Québec à l'âge de 40 ans", dans *l'Évangéline,* 14 avril 1954, p. 2, col. 6.
23. [Christo Christy], "À la douce mémoire de Eddy Boudreau", dans *l'Évangéline,* 4 mai 1954, p. 4, col. 8.
24. C'est toujours avec nostalgie que Boudreau évoque son village de Petit-Rocher "en perpétuelle vision de la Mer" (*La Vie en croix,* p. 8). Voir sa lettre à Suzanne Vachon, écrite en octobre 1942 (CEA, fonds Eddy-Boudreau, 32.1-8, p. 11).

réconfort à tous ses frères infirmes et souffrants, ses deux recueils *La Vie en croix* et *Vers le triomphe* invitent à la confiance et à la joie de vivre. Mais c'est d'une joie conquise après des années de lutte dont il est ici question[25], et le "fiat" doit sans cesse être redit[26]. Un an à peine avant sa mort, celui qui avait tant chanté la beauté, la lumière, le printemps, les oiseaux, écrivait à l'éditeur de *l'Évangéline:*

> Ce n'est pas sans nostalgie que je regarde le printemps qui s'amène... Dans ma prison, j'écoute le bruit des sources qui chantonnent le renouveau des choses. Printemps! Cruelle saison pour moi, car je sens plus lourde sur mes épaules la chaîne qui me retient au parquet de l'épreuve. Comme il faut payer cher la rançon d'un bonheur plus grand[27]!

La Vie en croix comporte treize chapitre écrits sous la forme de journal, d'anecdotes, de lettres, de poèmes. L'auteur raconte son expérience de malade, enrichie par la méditation sur la valeur de la souffrance comme moyen d'apostolat et de progrès individuel. Le style simple s'apparente à l'oral, mais çà et là se trouvent de belles envolées poétiques même dans la prose; l'auteur a de la sensibilité et du style malgré des gaucheries de débutant.

Son second recueil, *Vers le triomphe,* où alternent encore les morceaux en prose et les poèmes, accuse du progrès sur *la Vie en croix* quant au fond et à la forme. L'auteur est moins centré sur lui-même, sur sa propre souffrance; sa pensée est plus originale bien qu'elle ne soit pas toujours claire, son vocabulaire s'est enrichi, sa phrase coule mieux. Les critiques s'accordent pour reconnaître que Boudreau possède d'heureuses dispositions pour le vers libre[28].

---

25. Lire E. Boudreau, *La Vie en croix,* p. 23-24.
26. Voir *ibid.,* p. 101.
27. E. Daigle, "Ami et collaborateur", dans *l'Évangéline,* 15 avril 1954, p. 4, éditorial.
28. Lire surtout Charles-E. Harpe, *"Vers le triomphe",* CEA, *ibid.,* 32.1-8, p. 21.

Destinée glorieuse d'un peuple martyr

C'est la "rime parfaite[29]" que recherche, quant à lui, *François-Moïse LANTEIGNE* (1885-1964), dans une poésie qu'il veut "agréable à Dieu[30]". Il a réuni dans *Lyre d'Acadie* des méditations sacerdotales, des poèmes historiques ou de circonstances et des chants de la nature. Le ton, sinon le but, du recueil est donné dans le premier poème:

> Par tes vers, ô poète, imite la nature
> Qui chante chaque jour un hymne à l'Éternel:
> [...]
> Puisse ta lyre aussi, pendant ta vie entière,
> Faire monter au ciel l'encens de ta prière[31].

L'inspiration religieuse, voilà bien le seul lien unificateur de cet ouvrage aux sujets multiples et sans division autre que la petite suite de sept poèmes intitulée "Autour de mon chalet[32]". L'on notera, cependant, que cinq des premiers poèmes sont consacrés à l'Acadie[33], et quatre des derniers, à Israël[34]; l'auteur se trouve ainsi à souligner une certaine similarité dans l'histoire de ces pays: dans ces deux ensembles, il est question des chefs religieux de peuples élus, soumis à la persécution, à l'exil, et l'épreuve y est présentée comme le sceau de "toute oeuvre de bien[35]", la marche vers une terre promise. Lanteigne écrit dans un français simple. Ses vers, généralement longs et encombrants quand il raconte

---

29. François-Moïse Lanteigne, "Avant-propos", *Lyre d'Acadie,* [Montréal, École industrielle des sourds-muets], 1951, p. 10.
30. "La Prière du bocage", *ibid.,* p. 11.
31. *Ibid.,* p. 11.
32. Lanteigne, curé au Petit-Rocher de 1940 jusqu'à sa retraite en 1961, se fit construire un chalet, "Villa Maria", face à la mer; le lecteur peut en voir la photo à la page 66 du recueil.
33. "Le Premier Prêtre acadien", "Le Premier Évêque acadien", "Sur la tombe de Winslow", "L'Incendie de mon Alma Mater", et "Le Premier Archevêque acadien".
34. "Le Cantique de Moïse", "Le Voile I", "Le Voile II", et "Le Dernier Jour de Moïse".
35. F.-M. Lanteigne, *Lyre d'Acadie,* p. 20.

l'histoire[36], ont plus de souplesse quand il se laisse aller à la douceur de vivre et à la contemplation de la nature[37].

Désirant apporter sa contribution aux fêtes du bicentenaire de la déportation, il mit en vers dans une mince plaquette les hauts faits de deux cents ans d'histoire acadienne[38]. Dans la première partie de *l'Odyssée acadienne,* il raconte dix épisodes du ''Grand Dérangement'' en mettant Évangéline et Gabriel au centre de son récit. Cependant l'auteur, contrairement à Longfellow, prête aux Acadiens — qui furent déportés pour n'avoir pas voulu trahir Dieu et l'héritage — non seulement l'espoir d'un retour au pays d'origine, mais la certitude d'une victoire s'ils restent fidèles aux aïeux[39]. Dans la seconde partie, cinq poèmes retracent les étapes du ''miracle[40]'' d'une Acadie nouvelle à partir de l'arrivée des missionnaires et des ''géants de l'éducation[41]''. Le poème ''Sur la tombe de Winslow[42]'', repris de *Lyre d'Acadie,* sert d'épilogue à cette odyssée prodigieuse:

> Pensais-tu donc, Winslow, que l'Acadie
>   Serait toujours sans vie?
> Le pays est rempli des dispersés
>   De deux siècles passés[43].

Le nom à retenir parmi ceux qui se sont essayés à la poésie avant 1958, c'est assurément celui de *Napoléon-P. LANDRY* (1884-1956). De son presbytère de Sainte-Marie de Kent, où il fut curé de 1925 jusqu'à sa retraite de 1954, le père Nap', comme tous l'appelaient, se fit le chantre d'une Acadie qu'il voulait triomphante et immortelle.

---

36. Exemple: ''Le Premier Prêtre acadien'', p. 12-14. Ce poème avait paru sous le titre ''L'Abbé Mathurin Bourg'', dans *l'Évangéline,* 14 avril 1921, p. 1, col. 6-7.
37. Exemples: ''La Grive'', p. 75-76, et ''La Rose'', p. 69-71.
38. François-Moïse Lanteigne, *L'Odyssée acadienne,* Montréal, Fides, [1955], p. 35.
39. *Ibid.,* p. 19, 26.
40. *Ibid.,* p. 33.
41. *Ibid.,* p. 41.
42. F.-M. Lanteigne, *Lyre d'Acadie,* p. 17-18.
43. F.-M. Lanteigne, *L'Odyssée acadienne,* p. 43.

Son premier recueil *Poèmes de mon pays*[44] comprend trente-neuf ou quarante et un titres[45], dont sept sont des suites plus ou moins longues de quatre à dix-neuf poèmes[46]. Si l'on examine la mise en pages plutôt que la table des matières, l'on compte cent neuf poèmes et l'on peut établir une division assez satisfaisante du livre en cinq parties. La première et la dernière sont consacrées à l'histoire de l'Acadie (45 poèmes); la deuxième et la quatrième, à celle du Québec et des martyrs canadiens (49 poèmes); la partie centrale parle du Bon Pasteur, de Pie XI, de Fatima, et des ''Présages du Grand Dérangement''.

L'auteur eut raison de prévenir le lecteur qu'un ''lien géographique, historique et même théologique[47]'' constituait la seule unité de ce livre. Du début à la fin, celui-ci s'inspire, en effet, d'une vision religieuse, messianique, qui éclaire tout le recueil et explique le choix des faits ou des personnages historiques acadiens et canadiens-français; cette vision est donnée clairement dans le poème ''Résignation'': si Dieu veut qu'un peuple soit son ''Porte-Croix'', c'est qu'il lui réserve une destinée glorieuse[48].

Ce livre, que Landry offrait à tous les membres de la grande Patrie, fut bien accueilli par les critiques qui signalèrent sa parution. En 1949, Lionel Groulx parla d'une veine poétique de ''source fraîche, claire et saine'', de vers qui ''atteignent à la grande émotion[49]'', et Alphonse Désilets qualifia cette poésie de ''sobre et grave, simple et claire, expressive et entraînante[50]''. Mais quatre ans plus tard, alors qu'Émile

---

44. Napoléon-P. Landry, *Poèmes de mon pays,* [Montréal, École industrielle des sourds-muets], 1949, 166 p.
45. Deux poèmes, ''Prière'' (p. 75) et ''Ton destin'' (p. 154), ne figurent pas dans la table des matières et, pourtant, ne font partie d'aucune suite.
46. Dans son second recueil, *Poèmes acadiens* (Montréal, Fides, 1955, 143 p.), l'auteur a repris, en changeant les titres, les trois suites consacrées à l'Acadie; dans cette publication, la mise en pages indique clairement qu'il s'agit de trois poèmes comprenant plusieurs parties.
47. N.-P. Landry, ''Préface'', *Poèmes de mon pays,* p. 2.
48. *Ibid.,* p. 19.
49. Lionel Groulx, ''Landry, Abbé, N.-P., *Poèmes de mon Pays'',* dans *Revue d'histoire de l'Amérique française,* vol. 3, septembre 1949, p. 279.
50. Alphonse Désilets, ''Les Poèmes de mon pays'', dans *l'Évangéline,* 25 novembre 1949, p. 3, col. 5. Cet article, paru dans *Vie française,* vol. 4, no 5, janvier-

Bégin voit encore dans ce recueil "un chant d'une noblesse soutenue, au souffle puissant[51]", Louis Morin soutient que cet ouvrage se signale par "la précarité de l'inspiration, le recours perpétuel aux procédés les plus désuets, l'accumulation de clichés poussiéreux et vieillots[52]".

Le second recueil de Landry, *Poèmes acadiens,* paru en 1955, ne semble pas avoir retenu l'attention des critiques. Pourtant, même si l'auteur reprend les poèmes consacrés à l'Acadie, sauf deux, les deux tiers de son ouvrage sont des inédits et l'ensemble se révèle d'une qualité supérieure à son premier recueil. Dans cet ouvrage, la distribution des poèmes est faite avec soin, quoique selon un ordre conventionnel. Un premier groupe, sans titre, sert de préliminaire à l'ensemble intitulé "En relisant notre histoire acadienne". L'invocation au cap Blomidon, témoin oculaire de "l'authentique Histoire[53]", vient habilement ponctuer le recueil et le diviser en quatre sections d'égales longueurs.

Les premiers poèmes présentent les trois thèmes fondamentaux qui constituent la charpente du recueil — la terre, l'histoire et la religion. En nommant la terre (Caraquet, Memramcook) et la mer (Cocagne, Petitcodiac), l'auteur signe son appartenance à la nouvelle Acadie néo-brunswickoise; toutefois, c'est surtout la fidélité de la terre qu'il chante dans ce recueil: comme Blomidon, celle-ci "se souvient des grands jours d'autrefois[54]" et elle constitue le meilleur gage de survie du peuple acadien. Quant à l'histoire, l'auteur en dit et "le martyre et la gloire[55]"; il relate le martyre sobrement, en des poèmes courts[56], alors que, soutenu par un souffle épique, il

---

février 1950, p. 278-279, sera reproduit en grande partie au plat inférieur du recueil *Poèmes acadiens.*

51. Émile Bégin, "N.-P. Landry. *Poèmes de mon pays*", dans *la Revue de l'université Laval,* vol. 7, no 6, février 1953, p. 567.
52. Louis Morin, "Landry (N.P.), *Poèmes de mon pays*", dans *Lectures,* vol. 9, janvier 1953, p. 217.
53. N.-P. Landry, *Poèmes acadiens,* p. 91.
54. *Ibid.,* p. 13.
55. C'est le dernier vers du poème "À notre Acadie", *ibid.,* p. 18.
56. Exemples: "La Proclamation fatale" (p. 94), "L'Épouvante" (p. 95), "L'Exode" (p. 95), et "La Souffrance d'un peuple" (p. 115).

s'attarde aux "exploits" d'une Dame Latour, d'un Boishébert, d'un Brassard, à tous les "gestes glorieux" du pays dont la jeunesse doit être fière[57]. Le thème de la religion chrétienne qui sous-tend tout le recueil n'est pas visible seulement dans le rapport mort - résurrection, ou martyre - gloire, il se lit dans le parallélisme qui est établi entre l'histoire acadienne et l'histoire sainte. Pour ne donner que deux exemples: comme la Vierge des douleurs, les Acadiens connurent l'exil; comme à la fondation de l'Église du Christ, ils furent douze à jeter les bases d'une Société (Mutuelle l'Assomption) vouée à l'édification de la nouvelle Acadie.

Landry chante son Acadie avec enthousiasme, dans un style souple et imagé. S'il privilégie les moments "glorieux" de l'histoire, c'est qu'il veut susciter chez les jeunes une fierté légitime. C'est à eux qu'il appartient de perpétuer les gloires et les traditions des aïeux dans cette Acadie qui ne saurait mourir et pour laquelle ils doivent se battre jusqu'à la victoire[58]:

> De la mer jusqu'à nos montagnes,
> De nos sommets, de nos campagnes,
>   Tous tes enfants,
>   Par tous les temps,
>   O terre la plus belle,
>   O patrie immortelle,
> Défendront au nom du Christ-Roi,
> Tes sillons, ta langue et ta foi[59].

Une "Cantate du bicentenaire de la Déportation" termine le recueil et paraît bien, rétrospectivement, mettre un point final à une littérature qui témoigna, d'une part, d'une idéologie qui fit pivoter sur l'événement de 1755 le passé et l'avenir du peuple acadien et, d'autre part, d'un mythe développé autour de l'héroïne de Longfellow[60]. Désormais, les auteurs acadiens, en général, vont se tourner vers des préoccupations ou plus universelles ou plus actuelles.

---

57. *Ibid.*, p. 64, 101.
58. *Ibid.*, p. 136.
59. *Ibid.*, p. 135.
60. Landry consacre quatre poèmes à Longfellow, *ibid.*, p. 120-123.

REGARDS SUR LA LITTÉRATURE ACADIENNE
DEPUIS 1958

RÉCUPÉRATION ET CONTESTATION

Chapitre dernier

RÉCUPÉRATION ET CONTESTATION[1]

> Qu'il est difficile de nous faire sortir de
> l'idée de servage.
>
> N'est-ce pas assez longtemps, un siècle et
> demi, avoir vécu en vassal?

Que le lecteur ne s'y méprenne pas, les citations mises en exergue à ce chapitre ne sont pas d'un auteur engagé des années 1970; elles remontent à 1923 et elles sont d'un curé[2]. Ce n'est pas que, dans l'intervalle, absolument rien ne se soit passé en Acadie. Même durant les décennies d'essoufflement et d'enlisement, des gains non négligeables furent enregistrés: fondation de caisses populaires et d'associations d'éducation dans les trois provinces Maritimes, installation de quelques postes de radio français, introduction de programmes scolaires français dans les écoles publiques, et reconnaissance officielle des cours d'été au Nouveau-Brunswick. Tant et si bien que les Acadiens habitués à se contenter de miettes avaient fêté au bicentenaire du "grand dérangement". Dans l'esprit des organisateurs de ce "glorieux anniversaire", "l'année du souvenir" devait être "l'année de la reconnaissance", car il n'était plus question de survivance — du moins au Nouveau-Brunswick — mais "d'épanouissement et de rayonnement[3]".

Et puis avec l'élection de l'Acadien Louis-J. Robichaud comme Premier ministre du Nouveau-Brunswick, en 1960, et

---

1. Ce chapitre est paru, en partie, dans *les Acadiens des Maritimes: études thématiques,* sous la direction de Jean Daigle, Moncton, Centre d'études acadiennes, 1980, p. 573-581.
2. Désiré-F. Léger, "Nos journaux français", dans *l'Évangéline,* 8 février 1923, p. 1, col. 2.
3. Adélard Savoie, *Les Acadiens: hier et aujourd'hui,* texte d'une conférence prononcée à Marieville, le 26 septembre 1954, [Saint-Jean, P.Q., Éditions du Richelieu Ltée, 1955], p. 14.

son programme de "chances égales pour tous", c'était l'amorce d'une réforme en profondeur en vue d'un meilleur partage des ressources provinciales. Au nombre des réalisations importantes de ses dix ans au pouvoir, Robichaud comptait la création de l'Université de Moncton, celle de l'École normale française et la reconnaissance des deux langues officielles au Nouveau-Brunswick. Mais, dans les trois provinces Maritimes, les Acadiens oeuvraient toujours dans des structures très majoritairement aux mains des anglophones, la situation économique des régions acadiennes demeurait pitoyable, des groupes acadiens n'étaient pas encore desservis pas la radio et la télévision françaises, l'assimilation progressait à un rythme alarmant, surtout en Nouvelle-Écosse et à l'île du Prince-Édouard, et l'on pourrait allonger la liste des principales lacunes ou doléances.

Comme le collège Saint-Joseph, un siècle plus tôt, l'Université de Moncton — institution laïque — devint, dès sa fondation, le foyer d'un mouvement de régénérescence. À un moment où certains Acadiens étaient tentés de renoncer à un pays devenu pour eux presque mythique, des jeunes cherchaient obstinément leur véritable identité. Sensibilisés aux problèmes des minorités, aux maux engendrés par le capitalisme et par la technologie, ils lancèrent les débats nationaux sur la place publique et ils chantèrent leur révolte, et leur libération anticipée, dans des nuits de poésie inoubliables.

En 1972, les Éditions d'Acadie furent fondées dans le but de stimuler les forces créatrices, en Acadie, et d'augmenter la production littéraire; en huit années d'existence, cette première maison d'éditions acadienne compte, à elle seule, plus de cinquante titres à son catalogue; elle est à l'origine de tout un revirement de situation. Depuis le XIXe siècle, la moitié des écrivains devaient trouver un éditeur au Québec et les autres faire imprimer leurs ouvrages à compte d'auteur ou aux presses du *Moniteur acadien,* de *l'Évangéline,* ou plus récemment à l'Imprimerie acadienne; et près de 60% des écrivains étaient des curés ou des religieux. À partir des années 1972, nous assistons à une floraison d'oeuvres éditées, pour la plupart, en Acadie et dont les auteurs, à plus de 95%, sont des laïcs.

Toutefois, avant même que soient fondées les Éditions d'Acadie et l'Université de Moncton, le signal d'une nouvelle orientation avait été donné, en 1958, avec la parution des premiers ouvrages d'Antonine Maillet et de Ronald Després, deux auteurs qui lancèrent la littérature acadienne sur les voies de la récupération et de la contestation.

Si *Pointe-aux-Coques*[4] ne retint pas, à cette date, l'attention des critiques étrangers, en revanche *Silences à nourrir de sang*[5] classa d'emblée son auteur **Ronald DESPRÉS** parmi les bons poètes du Canada français[6]. La publication de *Cloisons en vertige*[7] et du *Balcon des dieux inachevés*[8] confirma cette réputation sans pour autant conquérir les Acadiens. Ceux-ci restèrent longtemps déroutés par cette poésie ''au goût salin du sang[9]'', pour reprendre le dernier vers de ''Mon Acadie'', poème qui ouvre le recueil *Paysages en contrebande*. Pourtant, sous les apparences d'une démarche purement esthétique et personnelle, la poésie de Després est bien du pays, ne serait-ce, justement, que par sa hantise de la mer, lieu des mirages comme des possibles. Mais il y a plus. Sa peinture et sa contestation d'une société déshumanisante, pour universelles qu'elles soient, n'en rejoignent pas moins celles des poètes des années 1970. Pour eux aussi, le rêve, l'évasion se révélera porte de sortie permettant de survivre dans un monde (ou une Acadie) où tout est piège et source d'angoisse. Quant à l'appel au réveil, sinon à la révolte, Després l'a lancé à sa façon dans un roman-sotie *Le Scalpel ininterrompu*[10]: les hommes, au nom du progrès, courent allègrement à leur perte.

---

4. Antonine Maillet, *Pointe-aux-Coques,* Montréal, Fides, 1958, 127 p.
5. Ronald Després, *Silences à nourrir de sang,* [Montréal], Éditions d'Orphée, [1958], 105 p.
6. Voir Pierre de Grandpré, ''Alan Horic - Ronald Després'', dans *le Devoir,* 24 mai 1958, p. 11, col. 3-6, et *Histoire de la littérature du Québec,* tome III, p. 80-82; Gilles Marcotte, ''Jeune Poésie canadienne-française'', dans *la Presse,* 27 avril 1963, p. 7.
7. Ronald Després, *Les Cloisons en vertige,* [Montréal], Beauchemin, [1962], 94 p.
8. Ronald Després, *Le Balcon des dieux inachevés,* Québec, Garneau, [1968], 69 p.
9. Ronald Després, *Paysages en contrebande... à la frontière du songe,* Moncton, Éditions d'Acadie, [1974], p. 11. Ce recueil comprend un choix de poèmes déjà parus et les deux inédits ''Mon Acadie'' et ''Nuit de la poésie acadienne''.
10. Ronald Després, *Le Scalpel ininterrompu,* [Montréal], Éditions à la Page, [1962], 137 p.

Ronald Després

Antonine Maillet

181

Autant Després s'est fait discret sur ses origines, autant *Antonine MAILLET* étale glorieusement son lignage. Après la parution de sept romans[11], autant de pièces de théâtre[12] et de deux contes[13], il est devenu très évident que Maillet poursuit inlassablement un projet commencé, en 1958, avec *Pointe-aux-Coques:* récupérer la petite histoire de son pays et fixer les traditions populaires acadiennes trop longtemps délaissées au profit de l'événement de 1755 et des traditions dites nationales. Il est tout aussi manifeste que Maillet désirait prêter sa voix à l'Acadien pauvre, colonisé, minoritaire. Sa meilleure réussite, en ce sens, reste l'inoubliable Sagouine. Cette personne apparemment résignée, sans identité, honteuse de ne pas parler ''à la grandeur'' ose, depuis 1971, élever la voix pour s'expliquer dans ses mots à elle, pour dire qu'elle n'est pas dupe de ce qu'on lui fait subir ou accepter depuis des siècles et ce, dans tous les domaines — religieux, social, économique, politique. Pour dire aussi comment elle referait le monde selon d'autres valeurs si elle avait droit de parole.

Élever les plaintes et les réclamations des siens au niveau universel, traduire leur joie de vivre et leur gros bon sens dans une forme si belle qu'elle puisse forcer l'attention du monde, tel semble bien avoir été le souhait — pour ne pas dire le pari — d'Antonine Maillet:

> J'aimerais voir donner à mon oeuvre dramatique et littéraire le sens d'une transposition poétique de la réalité naturelle et humaine de mon pays, l'Acadie, dans la mesure où celle-ci est visage d'une plus

---

11. *Pointe-aux-Coques,* 1958; *On a mangé la dune,* Montréal, Beauchemin, 1962, 175 p.; *Don l'Orignal,* [Montréal], Leméac, [1972], 149 p.; *Mariaagélas,* [Montréal], Leméac, [1973], 236 p.; *Les Cordes-de-bois,* [Montréal], Leméac, [1977], 351 p.; *Pélagie-la-Charrette,* [Montréal], Leméac, [1979], 351 p., et *Cent ans dans les bois,* [Montréal], Leméac, [1981], 358 p.
12. *Les Crasseux,* [Montréal, Holt, Rinehart et Winston Ltée, 1968], 68 p.; *La Sagouine,* [Montréal], Leméac, [1971], 105 p.; *Gapi et Sullivan,* [Montréal], Leméac, [1973], 73 p.; *Évangéline deusse,* [Montréal], Leméac, [1975], 109 p.; *Gapi,* [Montréal], Leméac, [1976], 108 p., et *La Veuve enragée,* [Montréal], Leméac, [1977], 177 p.
13. *Par derrière chez mon père,* [Montréal], Leméac, [1972], 91 p., et *Emmanuel à Joseph à Dâvit,* [Montréal], Leméac, [1975], 142 p.

vaste réalité qui s'appelle l'homme de tous les temps et du monde entier[14].

À en juger par le succès qu'elle a obtenu au Canada ou à
l'étranger avec *la Sagouine, Mariaagélas, les Cordes-de-bois* et
tout récemment avec *Pélagie-la-Charrette,* elle a bel et bien
obtenu son souhait ou gagné son pari.

Bien sûr, d'aucuns ont jugé trop folklorique (au sens péjo-
ratif du terme) l'image de l'Acadie que véhicule l'oeuvre de
Maillet[15]. Certains aussi se sont fatigués de voir se succéder tant
d'héroïnes, toujours les mêmes, occupées à détrôner
l'Evangeline de Longfellow[16]. Aujourd'hui toutefois, il
semblerait que ces voix discordantes doivent se rallier autour de
Pélagie-la-Charrette[17] et ses personnages aux noms nouveaux,
mais bien ''toniniens''. La marche de ces exilés vers l'Acadie
Terre promise se présente, nous aimons le souligner, comme
une merveilleuse résurrection d'un mythe littéraire créé il y a
trois cent soixante-dix ans par Marc Lescarbot. Avec ce prodigieux récit que vient de donner Maillet, la boucle serait
bouclée si les Acadiens n'avaient pas trouvé leur paradis occupé
par l'étranger. La romancière-conteuse ne pouvait tarder à donner le deuxième volet de l'épopée acadienne: *Cent ans dans les
bois*[18].

C'est la petite histoire des sorciers de la côte sud du Nouveau-Brunswick que relate, pour sa part, *Régis BRUN* dans *la*

---

14. Antonine Maillet, ''Témoignages sur le théâtre québécois'', dans *le Théâtre
    canadien-français* (Archives des lettres canadiennes, t. V), Montréal, Fides,
    [1976], p. 812.
15. Voir Raymond LeBlanc, ''Lire Antonine Maillet de *Pointe-aux-Coques* à *la
    Sagouine*'', dans *Si Que...*, Université de Moncton, 7e année, no 2, mai 1974,
    p. 57-68, et Pierre-André Arcand, ''La Sagouine de Moncton à Montréal'', dans
    Études françaises, vol. 10, no 2, mai 1974, p. 193-199.
16. Voir Gabrielle Poulin, ''Cordes de bois et chaise berçante. Il n'y a pas de bes-
    soune... sans besson'', dans *Lettres québécoises,* no 9, février 1979, p. 5-7.
17. Voir André Vanasse, ''Un jupon dans les ridelles. Antonine Maillet: *Pélagie-la-
    Charrette*'', dans *Lettres québécoises,* no 16, hiver 1979-1980, p. 13-15, et
    Louise Després-Péronnet et Catherine Phlipponneau, ''Ce qu'on dit d'An-
    tonine Maillet. *Pélagie-la-Charrette* et le Goncourt'', dans *Le Voilier,* 2 avril
    1980, p. 24, col. 1-6.
18. Antonine Maillet, *Cent ans dans les bois.*[Montréal], Leméac, [1981], 358 p.

Mariecomo[19]. Personnages aux étranges goûts de fête et de liberté que ce peuple des Borgitte! Leur présence même dans un village acadien est une contestation d'un mode de vie dit bourgeois, mode qui serait dicté par des impératifs cléricaux et nationaux. Tout au long de son roman, l'auteur a su garder avec bonheur le rythme du langage parlé; par contre, le manque de consistance dans la graphie peut déranger le lecteur.

Mis à part Régis Brun et Antonine Maillet chez qui l'on retrouve les deux tendances caractéristiques de la littérature acadienne des années 60 et 70 à savoir, la récupération et la contestation, il est relativement facile de rattacher les auteurs de cette période à l'une ou à l'autre de ces grandes préoccupations.

Parmi ceux qui se sont employés à sauvegarder de l'oubli les traditions, les légendes et les contes acadiens, il convient de mentionner en tout premier lieu *Anselme CHIASSON*. Outre sa monographie sur Chéticamp[20] dans laquelle il fait une large place aux traditions populaires, il a regroupé dans un beau recueil[21], paru en 1969, les légendes qu'il avait lui-même recueillies aux îles de la Madeleine. Nous lui devons également d'avoir mis au point pour la publication un manuscrit laissé par *Francis SAVOIE: L'Île de Shippagan: anecdotes, tours et légendes*. L'auteur, mort en 1961, entendait suivre les gens de son île "pas à pas dans la vie quotidienne[22]. *Félix THIBODEAU* et *Désiré D'ÉON,* de la Nouvelle-Écosse, poursuivaient vraisemblablement un but analogue en écrivant leurs récits historiques et folkloriques; leurs recueils[23] nous rendent sympathiques les Acadiens "d'un temps qui n'est plus".

19. Régis Brun, *La Mariecomo,* Montréal, Éditions du Jour, 1974, 129 p.
20. Anselme Chiasson, *Chéticamp: histoire et traditions acadiennes,* Moncton, Éditions des Aboiteaux, 1961, 317 p.
21. Anselme Chiasson, *Les Légendes des îles de la Madeleine,* Moncton, Éditions des Aboiteaux, 1969, 123 p.
22. Francis Savoie, *L'Île de Shippagan: anecdotes, tours et légendes,* Moncton, Éditions des Aboiteaux, 1967, 93 p.
23. Félix Thibodeau, *Dans note temps avec Marc et Philippe,* [Yarmouth, Imprimerie Lescarbot Ltée, 1976], 112 p. et *Dans note temps avec Mélonie et Philomène,* [Yarmouth, Imprimerie Lescarbot Ltée, 1978], 76 p.; Désiré d'Éon, *Histoires de chez-nous. Faits et anecdotes d'un temps qui n'est plus,* [Yarmouth, Imprimerie Lescarbot Ltée], 1977, 74 p.

185

Différente fut la préoccupation de *Melvin GALLANT:* huit contes populaires adaptés et présentés dans un français moderne font revivre le personnage de Ti-Jean[24].

C'est à partir de ses souvenirs d'enfance et des récits d'un parent[25] que *Louis HACHÉ* brosse un tableau historique de la petite île de Miscou[26], sise au nord-est du Nouveau-Brunswick. Les insulaires, dont l'auteur décrit si bien les occupations principales de chasse et de pêche, demeurent attachés à leur "charmant" coin de pays malgré une bataille journalière pour la survie et malgré la menace imminente d'un nouvel exode. Dans son second ouvrage *Adieu, P'tit Chipagan*[27], Louis Haché, remontant dans le temps, retrace la vie quotidienne des pionniers du Nord-Est. Poésie, humour et tendresse caractérisent ce roman qui valut à son auteur d'être le premier lauréat du prix France-Acadie. Il semble bien qu'en Louis Haché la Péninsule acadienne ait trouvé son historien-conteur et l'Acadie, son chantre de la mer.

Cet effort de plusieurs auteurs pour faire connaître aux Acadiens la richesse de leur culture populaire et pour reconstituer le mode de vie des ancêtres à partir de la tradition orale, pour nécessaire qu'il soit, n'en comportait pas moins des dangers. Les Acadiens ne risquaient-ils pas de se réfugier dans ce passé, somme toute glorieux, plutôt que de dénoncer la révoltante réalité du présent? Certains l'ont pensé. Ils sont de cette génération qui a vécu la contestation étudiante de 1968 à l'Université de Moncton ou qui en a saisi les enjeux grâce au film *L'Acadie, l'Acadie*[28]. Contestation, manifestation que Ronald Després, de son exil, salua comme "une prise de conscience qui incarne les promesses d'un merveilleux matin[29]".

24. Melvin Gallant, *Ti-Jean,* Moncton, Éditions d'Acadie, [1973], 165 p.
25. Martin Lagardère, "Louis Haché: la rigueur de l'histoire au service de l'imagination du poète", dans *l'Évangéline,* 13 juillet 1979, p. 35, col. 1.
26. Louis Haché, *Charmante Miscou,* [Moncton], Éditions d'Acadie, [1974], 115 p.
27. Louis Haché, *Adieu, P'tit Chipagan,* [Moncton], Éditions d'Acadie, [1978], 141 p.
28. Film de Pierre Perrault et de Michel Brault (ONF), projeté, pour la première fois, à la télévision de Radio-Canada, le 8 janvier 1972.
29. Ronald Després, "Testament de foi d'un Acadien", dans *l'Évangéline,* 22 mars 1972, p. 6, col. 3.

Pour hâter ce réveil, un groupe de jeunes auteurs s'employa résolument, d'une part, à dénoncer les responsables de la situation intenable dans laquelle vivote le peuple acadien et, d'autre part, à exhorter celui-ci à sortir de sa peur et de sa léthargie.

Des quelques dramaturges qui ont publié leurs pièces, *Laval GOUPIL* est celui qui a retenu davantage l'attention des critiques. Il dit avoir été poussé à écrire *Tête d'eau* pour défendre, en Acadie, toute forme de créativité, en montrant à quelle folie peut aboutir celui dont l'imagination a toujours été brimée[30]. En réalité cette "mort par asphyxie graduée. Made in Acadialand[31]", qu'il dénonce, pourrait fort bien être le produit de n'importe quelle société nord-américaine ou occidentale. En revanche, les personnages de sa seconde pièce peuvent facilement être identifiés soit par leur langage, soit par leurs occupations et inquiétudes. À maints égards, *le Djibou*[32] rappelle *la Noce est pas finie*[33] tourné à Lachigan, village fictif que le cinéaste Léonard Forest situe au nord-est du Nouveau-Brunswick. Dans la pièce comme dans le film, un étranger qui à la fois fascine et dérange est l'occasion d'une profonde remise en question; celle-ci s'arrête, toutefois, au seuil de la démarche à entreprendre pour que l'Acadien sorte de sa peur et de sa condition inacceptable: "Astheûre, i va fallouère qu'on sôrt d'not' trou![34]".

C'est aussi une étrangère[35] qui, dans un petit village acadien de 1950, força tous et chacun à se montrer sous leur vrai jour et à s'adapter à leur époque. Après la création de *la Bringue*, *Jules BOUDREAU* se tourna vers le théâtre historique: il écrivit les dialogues pour la comédie musicale *Louis*

30. Réjean Poirier, "Une interview exclusive de Laval Goupil, auteur, metteur en scène, et interprète principal", dans *l'Évangéline*, 25 janvier 1974, p. 14, col. 4.
31. Laval Goupil, *Tête d'eau*, [Moncton], Éditions d'Acadie, [1974], p. 27.
32. Laval Goupil, *Le Djibou*, [Moncton], Éditions d'Acadie, [1975], 94 p.
33. Film réalisé, en 1971, par Léonard Forest (ONF).
34. L. Goupil, *Le Djibou*, p. 93.
35. Surnommée la Bringue, titre de la pièce de Jules Boudreau créée à Caraquet, en 1973.

Mailloux[36] et fit paraître, en 1978, *Cochu et le soleil*[37]. La même année les Éditions d'Acadie publiaient une autre pièce à caractère historique *Sacordjeu*[38] de **Claude RENAUD**. Ces trois ouvrages mettent en scène des Acadiens courageux, tenaces ou révoltés. Les auteurs, chacun à sa façon, tentent de faire échec à ce mythe de l'Acadien passif et soumis[39]. Dans un texte relativement court, *Les Pêcheurs déportés*[40], **Germaine COMEAU** soulève autant de problèmes qu'elle crée de personnages; un thème néanmoins se dégage: la nécessité de faire tomber des barrières pour pouvoir se comprendre et se parler.

> Jeunes et vieux nous sommes tous pareils
> Tu es moi et je suis toi
> Dans un monde à l'envers
> Nous avons des endroits à créer[41]

chante le jeune artiste qui, avec ses compagnons, dut se déporter pour arriver à s'exprimer.

Ces murs qu'il faut abattre pour retrouver son identité individuelle et collective, nul groupe d'écrivains ne les a mieux indiqués et dénoncés que les poètes des années 70. Refusant pour eux-mêmes et pour les leurs une vie d'esclaves et de colonisés, les Raymond LeBlanc, Guy Arsenault, Calixte Duguay, Herménégilde Chiasson, Ulysse Landry ont tous démasqué les oppresseurs et stigmatisé la peur et le silence qui empêchent les Acadiens de se libérer.

Raymond LEBLANC est le premier poète qui ait tenté d'amener les siens à reconnaître et avouer leur état d'esclaves. Sa poésie se présente comme un cri contre leur silence, un cri de

---

36. Créée à Caraquet en 1974; le texte est de Jules Boudreau, les chansons et la musique sont de Calixte Duguay.
37. Jules Boudreau, *Cochu et le soleil,* Moncton, Éditions d'Acadie, [1979], 84 p.
38. Claude Renaud, *Sacordjeu,* [Moncton], Éditions d'Acadie, [1979], 72 p.
39. William Thériault, ''Jules Boudreau. Dépeindre autre chose que la déportation'', dans le supplément de *l'Évangéline,* ''Il était une fois... un salon du livre à Shippagan'', février 1979, p. 8, col. 5.
40. Germaine Comeau, *Les Pêcheurs déportés,* Yarmouth, Imprimerie Lescarbot Ltée, 1974, 32 p.
41. *Ibid.,* p. 27.

révolte: *Cri de terre*[42]. La condition des Acadiens étant fortement liée au problème de la langue, c'est à partir non seulement d'une prise de la parole mais d'une révolution du langage qu'il entrevoit la victoire:

C'est à tangage réglé à l'espace des mots précis
Que nous reprendrons le feu des origines
Pour transformer nos visions en promesses lucides

Voici l'heure de l'histoire voulue
Pour changer la misère des esclaves
Dans la réalité des hommes nouveaux et libres[43]

Toutefois, sauf peut-être la dernière phrase de ''Petitcodiac[44]'', rien n'indique que l'appel du poète sera entendu et que la collectivité se révoltera. C'est prosaïquement et en chiac que l'auteur dénonce, en fin de recueil, l'humiliante et inacceptable réalité acadienne. Dans un pays-fantôme, pour des gens ''sans identité et sans vie[45]'', comment la poésie serait-elle possible, comment surtout pourrait-elle être entendue. Mieux vaut, semble conclure le poète, brandir une pancarte:

Je suis Acadien
[...]
Multiplié fourré dispersé acheté aliéné vendu révolté[46]

C'est sur une note tout aussi dérisoire et dénonciatrice que *Guy ARSENAULT* termine son recueil:

And chances are
I'll still be here tomorrow
playing the harp
playing the blues[47]

Acadie Rock est une oeuvre violente; c'est le refus de se laisser mécaniser, robotiser. Guy Arsenault est le seul poète acadien à

---

42 Raymond LeBlanc, *Cri de terre*, Moncton, Éditions d'Acadie, [1972], 58 p.
43. *Ibid.*, p. 45.
44. *Ibid.*, p. 50.
45. *Ibid.*, p. 41.
46. *Ibid.*, p. 51.
47. Guy Arsenault, *Acadie Rock,* Moncton, Éditions d'Acadie, [1973], p. 73.

dénoncer la bêtise et la routine d'un système scolaire déshumanisant, comme il est le seul à décrire longuement le ridicule d'une pratique religieuse empêtrée dans des rites, vidée de tout sens du sacré. Mais il rejoint les préoccupations des autres poètes de sa génération dans son refus d'une culture étrangère et dans ses reproches aux siens: ils sont restés silencieux et se sont anglicisés pour gagner leur pain. Dans sa faim d'une Acadie plus pure, le poète reste en attente d'un soulèvement général qu'il veut déjà fêter dans ''Célébrer septembre[48]''. Néanmoins il reste conscient qu'il est peut-être condamné à chanter ses complaintes en anglais.

Calixte DUGUAY a fort bien personnifié la peur qui paralyse le peuple acadien et montré le lien existant entre celle-ci et le silence. Silence fait de ''Deux siècles de patience sublimée[49]'' qui réduit l'Acadien à l'inactivité, l'empêche d'habiter son pays; silence qui s'explique par la peur, une peur atavique, tranchante comme une épée, portée en permanence comme une blessure:

> O stigmates du silence
> Je vous sens en moi
> Comme une épée de peur
> Enfoncée
> Au ventre des siècles
> Et au flanc des miens[50]

De ces stigmatisés du silence et de la peur, le poète n'attend pas de révolte collective; tout au plus leur demande-t-il de reconnaître le Messie quand il se présentera, sinon qu'ils se résignent à l'oubli. En attendant la venue du Rédempteur-Conquistador, il offre aux siens ses chants et ses rêves. Ses chants ''pour que fonde le givre[51]'', pour ''se faire un été du froid de nos hivers[52]''; ses rêves d'un pays magique où la

---

48. *Ibid.*, p. 27.
49. Calixte Duguay, *Les Stigmates du silence*, Moncton, Éditions d'Acadie, [1973], p. 73.
50. *Ibid.*, p. 107.
51. *Ibid.*, p. 63.
52. *Ibid.*, p. 99.

solidarité et la liberté remplaceraient la solitude, la dispersion, l'esclavage. C'est un rêve si beau que le poète s'écrie:

> Je serais fou de n'y pas croire
> Même si souvent ça ne dure qu'un instant[53]

Cesser de rêver, de s'illusionner, regarder en face les réalités aberrantes et abrutissantes, ainsi pourrait se résumer le message qu'*Herménégilde CHIASSON* livre à ses compatriotes dans ses deux recueils *Mourir à Scoudouc* et *Rapport sur l'état de mes illusions*. Dans sa dénonciation de la bêtise vécue quotidiennement, il rejoint Guy Arsenault; et chez ces deux poètes les procédés stylistiques d'énumération et de répétition produisent le même sentiment de nausée et d'asphyxie:

> nous savons dire please a minute please pardon me please thank you so very much please don't bother please I don't mind please et encore you're welcome please come again please anytime please don't mention it please PLEASE PLEASE PLEASE please kill us please draw the curtain please laugh at us please treat us like shit please, le premier mot que nous apprenons à leur dire et le dernier que nous leur dirons please. Please, make us a beautiful ghetto, not in a territory, no, no, right in us, make each of us a ghetto, take your time please[54].

Comment faire comprendre à des colonisés à qui ''ils ont arraché les yeux'' et n'ont laissé ''qu'une langue à ne rien faire[55]'' qu'ils doivent enlever le voile de leur visage et se débarrasser de la peur qui leur ôte toute envie de se révolter. Comment amener des Acadiens ''touristes aveugles'' et ''goélands au bec coupé'' à refuser d'être ''sans passeport[56]'' dans leur propre pays et à ne plus accepter d'être ''folkloriques'' ou ''cobayes d'Acadie Acadie''. La tâche lui paraît si énorme qu'il déclare:

---

53. *Ibid.*, p. 73.
54. Herménégilde Chiasson, *Mourir à Scoudouc,* Moncton, Éditions d'Acadie, [1974], p. 44.
55. *Ibid.*, p. 20.
56. *Ibid.*, p. 21.

Comment arriver à dire que nous n'avons peut-être plus rien à dire que nous sommes en train de couler comme si nous étions encore sur les bateaux pourris du colonel Monkton[57].

Herménégilde Chiasson reste partagé entre son désir d'exprimer noir sur blanc le quotidien abrutissant, de dénoncer en le parodiant "le langage même qui nous opprime[58]" et celui de redonner à ce langage des siens une intensité poétique qui le chargerait de promesses.

Tabous aux épines de sang d'*Ulysse LANDRY* dénonce, à son tour, les "monstres officiels", assassins qui forcent l'homme à rejouer la vie des autres[59]; avec ironie ou colère, contre les tabous, les blessures et les bavures, l'auteur reprend "toutes les palpitations des histoires connues" pour s'en faire un long cri d'amour et de belles images de vie:

et je te donnerai
ces images jeux d'enfants
avec des mots de goélands
rien que pour une fois
silencer
l'atroce attente de l'hiver[60]

L'hiver, il se fait long en Acadie; *Léonard FOREST* dirait qu'il remonte à des "saisons antérieures". C'est le titre de son premier recueil[61], publié en 1973, dont "l'écriture résolument neuve" fut remarquée par les critiques[62]. Pour ce poète exilé, solitaire, et pour ses frères, l'annonce de l'été restera longue:

---

57. *Ibid.*, p. 39.
58. Herménégilde Chiasson, *Rapport sur l'état de mes illusions,* [Moncton, Éditions d'Acadie, 1976], p. 9.
59. Ulysse Landry, *Tabous aux épines de sang,* [Moncton], Éditions d'Acadie, [1977], p. 19-21.
60. *Ibid.*, p. 47.
61. Léonard Forest, *Saisons antérieures,* [Moncton, Éditions d'Acadie, 1973], 103 p. Il a aussi publié *Comme en Florence,* [Moncton], Éditions d'Acadie, [1979], 109 p.
62. Alain Masson, "Étranglement, étalement", dans *Si Que...,* Université de Moncton, 7e année, no 2, mai 1974, p. 165-195, et G.-André Vachon, "*Saisons antérieures*", dans *Études françaises,* vol. 10, no 2, mai 1974, p. 219-226.

n'est-ce pas du fond de nos plus dolentes mémoires,
n'est-ce pas du fond de nos éternels départs,
n'est-ce pas du fond de nos deuils, du fond de nos errances,
    du fond de nos peines patrimoine,
n'est-ce pas du fond d'un destin nostalgique et fraternel
que naîtra notre été[63].

Le pays-mirage s'annonce comme "des châteaux en espoir": "Lachigan doux-amer[64]" ainsi qu'un beau rêve qu'on croit irréalisable.

Pessimisme? Lucidité? Une chose est indéniable: cette poésie acadienne, belle dans son ensemble et bien du pays, traduit en même temps que la souffrance et l'humiliation d'un peuple un immense amour pour un pays à faire naître à la vraie liberté.

S'il n'est pas déjà trop tard, ajouterait l'auteur de *l'Acadie perdue*. En effet pour **Michel ROY,** comme pour le poète Raymond LeBlanc à une certaine étape de son cheminement[65], il n'est d'avenir pour un "royaume aussi délabré, si tragiquement défiguré[66]" que dans un projet Acadie-Québec. Écrit avec ferveur et passion, le très bel essai *L'Acadie perdue* fait honneur aux lettres acadiennes. S'il peut nourrir le doute ou semer le désespoir chez certains, il devrait davantage forcer une réflexion neuve chez ceux qui interprètent le fait acadien ou qui se préoccupent de son avenir.

Après tant de titres qui transpirent la souffrance et l'inquiétude *(Cri de terre, Les Stigmates du silence, Mourir à Scoudouc, Tabous aux épines de sang, L'Acadie perdue),* celui de *L'Acadien reprend son pays* se présente comme une bouffée d'espoir. Au peuple "qui chemine depuis si longtemps à la recherche d'une voie[67]", **Claude LEBOUTHILLIER** offre ce

63. L. Forest, *Saisons antérieures,* p. 29.
64. *Ibid.,* p. 20.
65. R. LeBlanc, "Projet de pays (Acadie-Québec)", *Cri de terre,* p. 45.
66. Michel Roy, *L'Acadie perdue,* Montréal, Éditions Québec/Amérique, [1978], p. 174.
67. Claude LeBouthillier, "Épigraphe", *L'Acadien reprend son pays,* [Moncton], Éditions d'Acadie, [1977], p. 7.

roman d'anticipation en espérant que "demain deviendra aujourd'hui[68]", que le paradis perdu sera retrouvé[69]. La reconquête pacifique du royaume adviendra, en l'an 1988, alors que le peuple aura vécu et surmonté sa peur; elle sera l'oeuvre des Acadiens de tous âges et de toutes classes sociales. Sa vision se précise dans *Isabelle-sur-mer*[70]: si le peuple acadien trouve un remède à la crise mondiale de l'an 2000, c'est qu'il a misé sur les valeurs essentielles qu'elles soient nouvelles ou traditionnelles.

Jacques SAVOIE, dans *Raconte-moi Massabielle*[71], traite d'un sujet d'une brûlante actualité: l'expropriation des habitants d'un village, qui pourrait être Kouchibougouac, et l'expropriation de son propre imaginaire par l'invasion de la télévision américaine. Ce roman, cependant, n'est pas un ouvrage à thèse, et il ne contient ni jérémiades ni dénonciations virulentes. Marqué au coin de l'humour et du plaisir d'écrire, il est aussi nouveau par le ton que moderne par la forme.

Avec son premier roman, *Zélica à Cochon Vert*[72], **Laurier MELANSON** apporte, lui aussi, une note de détente à la littérature acadienne. L'auteur s'amuse follement à peindre et à faire parler des personnages hauts en couleurs qui renvoient à la légende l'image de l'Acadien souffre-douleurs.

Les ouvrages des années 70, nous l'avons vu, furent fortement marqués par la contestation et la récupération; avec les romans de LeBouthillier, Savoie et Melanson, ces deux caractéristiques s'atténuent ou disparaissent: la littérature acadienne des années 80 connaît une nouvelle orientation.

---

68. "Avant-propos", *ibid.,* p. 9.
69. "Conclusion", *ibid.,* p. 129.
70. Claude LeBouthillier, *Isabelle-sur-mer,* [Moncton], Éditions d'Acadie, [1979], 156 p.
71. Jacques Savoie, *Raconte-moi Massabielle,* [Moncton], Éditions d'Acadie, [1979], 153 p.
72. Laurier Melanson, *Zélica à Cochon Vert,* [Montréal], Leméac, [1981], 159 p.

Deux maisons d'éditions[73] et une revue de création littéraire, fondées en 1980, encouragent les vigueurs naissantes. Perce-neige se consacre exclusivement à la publication des premières oeuvres des écrivains acadiens. La revue *Éloizes,* tout en publiant des textes inédits d'auteurs déjà connus, permet surtout à plusieurs jeunes de soumettre leurs premiers écrits à la lecture et à la critique. D'ores et déjà l'on peut noter quelques points importants. Quoique la poésie semble toujours être le genre le plus cultivé, en Acadie, le poème engagé cède du terrain, pour ne pas dire qu'il disparaît. Plus de la moitié des auteurs sont des femmes; l'ensemble de la littérature acadienne fera son profit de la vision plus intérieure qu'elles donnent de l'Acadie.

Sans se soucier de faire oeuvre littéraire, des Acadiens commencent à se raconter. Leurs confidences et témoignages empruntent les formes diverses du récit, du journal ou de la poésie. L'on est encore bien loin, cependant, du journal intime: les auteurs mêlent leurs souvenirs à la tradition orale, racontent leur vie en même temps que celle de leur région. *Diane DOUCET-BRYAR* s'est fait le porte-parole de sa grand-mère pour retracer une histoire d'amour peu ordinaire: *Ma vie avec mes six handicapés*[74]. Un seul, *Calixte SAVOIE,* a publié ses *Mémoires*[75]: récit des luttes qu'il a menées de concert avec des compatriotes pour obtenir un à un les droits des Acadiens, surtout en matière d'éducation. Quiconque lit cet ouvrage comprend mieux pourquoi certains auteurs sont si amers et si violents, pourquoi d'autres ne voient d'avenir pour l'Acadie que dans l'annexion au Québec.

Les poètes des années 1980-81, *Dyane LÉGER, Clarence COMEAU, Gérald LEBLANC, Louis COMEAU, Roméo SAVOIE,* s'éloignent délibérément des réalités acadiennes comme telles et se tournent vers une poésie formelle, ou intimiste

---

73. Lescarbot, à Yarmouth en N.-É. et Perce-neige, à Moncton au N.-B.
74. Diane Doucet-Bryar, *Ma vie avec mes six handicapés,* [Moncton], Éditions d'Acadie, [1981], 145 p.
75. Calixte-F. Savoie, *Mémoires d'un nationaliste acadien,* Moncton, Éditions d'Acadie, [1979], 357 p.

ou du quotidien. Ils explorent leur propre imaginaire. Remontant à leur enfance triste, à leur jeunesse tourmentée, ils cherchent à comprendre et à dire les raisons de tant d'amours violentées, d'ambitions tuées, de rêves avortés, de désirs de fuir. Bien que désengagés et lancés sur des pistes nouvelles, ces poètes rejoignent leurs aînés en ce qu'ils témoignent de la même difficulté d'être et de vivre en Acadie, de la même impossibilité d'accepter l'intolérable. Comment s'en étonner si l'on croit, comme l'affirme Dyane Léger, que ''l'Imaginaire... c'est le plus pur du réel[76]''.

---

76. Dyane Léger, *Graines de fées,* [Moncton], Éditions Perce-neige, [1980, s.p.], dernier vers du recueil.

CONCLUSION

Les auteurs contemporains ont voulu rompre avec une littérature jugée passéiste, une littérature qui privilégiait l'événement de 1755 et les traditions dites nationales. Il n'en demeure
pas moins que, ces dernières années, plusieurs s'intéressent de
plus en plus aux textes anciens. Ce n'est évidemment pas des
leçons de style et d'écriture que cherchent les Acadiens dans les
ouvrages des pionniers du XIXe siècle ou des lointains ancêtres;
à ce sujet, ils sont à l'écoute du monde et lisent aussi bien les
Américains et les Anglais que les Français et les Canadiens.
Non, c'est d'une tradition de pensée qu'ils sentent le besoin; ils
veulent retrouver leurs racines, se définir à partir de leur milieu,
de la collectivité acadienne. Tout compte fait, même les con-
testataires reconnaissent que les auteurs d'avant 1958 n'ont pas
oeuvré inutilement, mais ont préparé et rendu possible la
floraison qui prend place à l'heure actuelle.

Cette littérature de qualité qui, aujourd'hui, s'ébauche
lentement, que sera-t-elle demain? Si nul ne peut le dire avec
certitude, l'on peut quand même penser qu'en continuité avec
ses origines elle sera encore l'expression d'un peuple qui lutte et
affirme, peut-être plus que jamais, son désir de vivre pleinement chez lui, en Acadie.

TABLEAU CHRONOLOGIQUE

MOUVEMENT LITTÉRAIRE		ÉVÉNEMENTS CONTEMPORAINS	
1604		Arrivée à l'île Sainte-Croix du sieur de Monts avec un groupe de 80 personnes.	1604
1605		Établissement à Port-Royal.	1605
1606	Spectacle nautique: *Théâtre de Neptune*, de Marc Lescarbot.	Deuxième expédition de Poutrincourt à Port-Royal; Marc Lescarbot l'accompagne.	1606
1609	*Les Muses de la Nouvelle France*, de Marc Lescarbot. *Histoire de la Nouvelle France*, de Marc Lescarbot.		1609
1613		Destruction de Port-Royal par les Anglais sous Argall.	1613
1616	*Relation de la Nouvelle France, de ses Terres, Naturel du Païs & de ses Habitans*, de Pierre Biard.		1616
1622		Cession de l'Acadie à Sir William Alexander qui lui donnera le nom de Nova Scotia.	1622
1632		Traité de Saint-Germain-en-Laye: retour de l'Acadie à la France. Fondation d'une colonie à La Hève par le commandeur de Razilly (son groupe comprend 300 personnes dont Nicolas Denys). (ou 1633) Fondation de la première institution d'enseignement en Acadie (à La Hève par les pères Capucins).	1632
1635		Charles d'Aulnay transporte la colonie de La Hève à Port-Royal. Charles de La Tour s'installe au fort de la rivière Saint-Jean.	1635
1641		Existence à Port-Royal d'une école pour jeunes filles.	1641
1652		Nicolas Denys construit un poste à Nipisiguit (Bathurst).	1652

MOUVEMENT LITTÉRAIRE		ÉVÉNEMENTS CONTEMPORAINS	
1653		Concession, à Nicolas Denys, des terres et des îles depuis le cap Canceau jusqu'au cap des Rosiers (du Cap-Breton à Gaspé).	1653
1654		Troisième prise de possession de l'Acadie par les Anglais sous Sedgewick.	1654
1667		Traité de Bréda: retour de l'Acadie à la France.	1667
1672	*Description geographique et historique des costes de l'Amerique Septentrionale. Avec l'Histoire naturelle du Païs,* de Nicolas Denys.	Ouverture de nouveaux postes: Beaubassin (Amherst), Grand' Prée des Mines, Pisiquid (Windsor), Cobequit (Truro).	1672 -85
1684	Rapport de Robert Challes présenté à M. de Seignelay.		1684
1686		Visite de Mgr de St-Vallier. Recensement ordonné par l'intendant de Meulles: 915 habitants en Acadie dont 30 soldats.	1686
1690		Quatrième prise de possession de l'Acadie par les Anglais sous Phipps.	1690
1691	*Nouvelle Relation de la Gaspésie,* de Chrestien Le Clercq.		1691
1692		Traité de Ryswick: rétrocession de l'Acadie à la France.	1692
1707		Attaque de Port-Royal, repoussée par Subercase.	1707
1708	*Relation du voyage du Port Royal de l'Acadie ou de la Nouvelle France,* de Dièreville.		1708
1710		Prise de Port-Royal: l'Acadie passe définitivement à l'Angleterre.	1710
1713		Traité d'Utrecht: confirmation de la domination anglaise sur l'Acadie sauf sur les îles Royale et Saint-Jean (Port-Royal de-	1713

	MOUVEMENT LITTÉRAIRE	ÉVÉNEMENTS CONTEMPORAINS	
1713		vient Annapolis Royal et la colonie conquise prend officiellement le nom de Nova Scotia).	1713
1720		Début de la construction de la forteresse de Louisbourg.	1720
		Premier établissement français à l'île Saint-Jean.	
1744		Tentative, par le capitaine Duvivier, de reprendre Annapolis (Port-Royal); les Acadiens refusent de participer au siège.	1744
1745	*Lettre d'un habitant de Louisbourg,* de B.L.N.	Prise de Louisbourg par les Anglais.	1745
1746		Expédition du duc d'Anville en vue de reconquérir l'Acadie.	1746
1747		Attaque, par Coulon de Villiers, de la garnison anglaise à Grand'Prée; les Acadiens restent neutres.	1747
1748		Traité d'Aix-la-Chapelle; rétrocession de Louisbourg à la France.	1748
1749		Fondation, par les Anglais, de Halifax qui devient la capitale de la Nouvelle-Écosse.	1749
		Établissement de la rivière Missaquash, dans l'isthme de Chignectou, comme ligne de démarcation entre la Nouvelle-Écosse et l'Acadie restée française.	
1750		Construction du fort Beauséjour, près de Beaubassin.	1750
		Construction du fort Lawrence, deux milles au sud du fort Beauséjour.	
1751	*Îles Royale et Saint-Jean, 1751. Voyage du sieur Franquet.*		1751

MOUVEMENT LITTÉRAIRE	ÉVÉNEMENTS CONTEMPORAINS	
1755	Lettre de Pierre Maillard sur les Missions de l'Acadie, au Supérieur des Missions Étrangères.	Prise de l'''Alcide'' et du ''Lys'' par l'amiral Boscawen. Prise du fort Beauséjour par le général Monckton. Environ 6 000 Acadiens sont déportés dans les colonies de la Nouvelle-Angleterre, amenés prisonniers à Halifax et en Angleterre, d'où certains passent en France et en Louisiane. Des groupes d'Acadiens se réfugient à la rivière Saint-Jean, dans les régions de Miramichi et de la baie des Chaleurs; d'autres s'enfuient vers le Canada (Québec). Fondation de Tracadièche (Carleton, en Gaspésie) par sept familles acadiennes.	1755
1756	Lettre de François Le Guerne sur la prise du fort Beauséjour, à M. Prévost, ordonnateur à l'île Royale.	Début de la guerre de Sept Ans entre la France et l'Angleterre.	1756
1757	Lettre de François Le Guerne sur la dispersion des Acadiens, probablement à l'abbé de l'Isle-Dieu.		1757
1758		Prise définitive de la forteresse de Louisbourg et reddition de l'île Saint-Jean. Environ 3 000 Acadiens de l'île Saint-Jean sont déportés en Europe, principalement en France.	1758
1760	*Lettres et Mémoires pour servir à l'histoire Naturelle, Civile et Politique du Cap-Breton*, de Thomas Pichon.		1760
1762		Environ 1 500 Acadiens rassemblés à Halifax sont transportés à Boston.	1762

203

	MOUVEMENT LITTÉRAIRE	ÉVÉNEMENTS CONTEMPORAINS	
1763		Traité de Paris: cession à l'Angleterre de toute la Nouvelle-France (le Nouveau-Brunswick actuel, les îles Royale et Saint-Jean que les Anglais annexent à la Nouvelle-Écosse, les îles de la Madeleine qu'ils annexent à Terre-Neuve).	1763
1765		Arrivée des premières familles acadiennes aux îles de la Madeleine.	1765
1766		Premiers retours des Acadiens de la Nouvelle-Angleterre.	1766
1769		L'île Saint-Jean, politiquement détachée de la Nouvelle-Écosse, obtient le statut de province (en 1799, elle prendra le nom de Prince Edward Island).	1769
1774		Les îles de la Madeleine sont juridiquement rattachées au Bas-Canada (Québec).	1774
		Arrivée en Gaspésie de 81 Acadiens, amenés de Saint-Malo par la compagnie jersiaise Robin.	
1776		Arrivée des Loyalistes américains en terre d'Acadie.	1776
1784		À la demande des Loyalistes, création de la province du Nouveau-Brunswick et érection de l'ancienne île Royale en province du Cap-Breton (en 1820, l'île sera réannexée à la Nouvelle-Écosse).	1784
1785		Premières élections au Nouveau-Brunswick; annulation des élections dans Westmorland parce que des Acadiens, catholiques, ont voté.	1785
1791	Lettres de Vénérande Robichaux à son frère Otho.		1791

MOUVEMENT LITTÉRAIRE	ÉVÉNEMENTS CONTEMPORAINS	
1795	Lettre de J.-Mathurin Bourg à Mgr Hubert.		1795
1798		Des lettres patentes constituent Sir Isaac Coffin seigneur des îles de la Madeleine.	1798
1799		Arrivée du père Jean-Mandé Sigogne à la Pointe-de-l'Église, N.-É.	1799
1803		Visite pastorale de Mgr Denaut.	1803
		Population acadienne des provinces Maritimes selon Mgr Denaut: 8 432.	
1811		Visite de Mgr Plessis en Acadie (un deuxième voyage en 1815 complétera la tournée apostolique).	1811
1814	Lettre d'Antoine Gagnon à Mgr Plessis.		1814
1817		Érection de la Nouvelle-Écosse péninsulaire en vicariat apostolique relevant directement du Saint-Siège.	1817
1819	Lettre d'Antoine Gagnon à Mgr Panet.	Création d'un second vicariat avec siège à Charlottetown comprenant les îles du Prince-Édouard, de la Madeleine, du Cap-Breton, et le Nouveau-Brunswick.	1819
1829		Charlottetown érigé en diocèse et Mgr MacEachern nommé évêque.	1829
1833		Démarches pour ouvrir un collège à Gédaïc (Grande-Digue, N.-B.); la charpente, élevée à Barachois en 1835, sera démolie après la mort du fondateur, l'abbé Antoine Gagnon.	1833
1836		Premiers députés acadiens élus en Nouvelle-Écosse (Simon d'Entremont dans Argyle, Frédéric Robichaud dans Clare).	1836

MOUVEMENT LITTÉRAIRE		ÉVÉNEMENTS CONTEMPORAINS	
1840	Lettre d'Antoine Gagnon à Mgr Turgeon.		1840
1842		Le Nouveau-Brunswick constitué en évêché avec siège épiscopal à Fredericton - par la suite transféré à Saint-Jean - et Mgr Dollard nommé évêque.	1842
		Halifax érigé en diocèse et confié à Mgr Fraser.	
1844		Création à Arichat d'un diocèse englobant le Cap-Breton, Antigonish et Pictou; nomination de Mgr Walsh à Halifax et de Mgr Fraser à Arichat.	1844
1846		Premier député acadien élu au Nouveau-Brunswick (Armand Landry).	1846
1847	*Evangeline*, de Henry W. Longfellow.		1847
1854		Ouverture par l'abbé F.-X. Lafrance du séminaire Saint-Thomas à Memramcook, N.-B. (en 1862, le séminaire devra fermer ses portes).	1854
		Premier député acadien élu à l'île du Prince-Édouard (Stanislas Poirier).	
1855		Lettre pastorale adressée en français aux Acadiens des provinces Maritimes par Mgr Walsh, archevêque de Halifax (centième anniversaire de la déportation).	1855
1859	*La France aux colonies, Acadiens et Canadiens*, d'Edmé Rameau.		1859
1860		Fondation du diocèse de Chatham, au Nouveau-Brunswick (Mgr Rogers le gouvernera jusqu'en 1902).	1860
1861		Enseignement collégial à Arichat, N.-É., par les Frères des Écoles chrétiennes (la loi de	1861

206

MOUVEMENT LITTÉRAIRE		ÉVÉNEMENTS CONTEMPORAINS	
1861		1864 les amène à fermer leur maison).	1861
1864		Fondation du collège Saint-Joseph à Memramcook, N.-B., par le père Camille Lefebvre.	1864
1866	*Jacques et Marie,* de Napoléon Bourassa.	Fondation de la première société littéraire acadienne, l'Académie Saint-Jean-Baptiste au collège Saint-Joseph de Memramcook.	1866
1867	*Le Moniteur acadien,* journal fondé à Shédiac, N.-B., par Israël Landry.		1867
1874	*Origine des Acadiens,* de Pascal Poirier.		1874
1875	*Les Acadiens de Philadelphie,* de Pascal Poirier, joué à Ottawa.	Émeute à Caraquet, N.-B., suite à l'adoption de la loi de 1871 sur la neutralité scolaire.	1875
1880		Délégation de 40 Acadiens au congrès de la Société Saint-Jean-Baptiste, à Québec.	1880
1881		À Memramcook, N.-B., la première convention nationale des Acadiens: choix du 15 août comme fête nationale. Fondation de la Société nationale l'Assomption. Recensement:	1881

Prov.	Pop. or. fr.	% pop. tot.
N.-B.	56 635	17,6
N.-É.	41 219	9,4
I.P.-É.	10 751	9,9

MOUVEMENT LITTÉRAIRE		ÉVÉNEMENTS CONTEMPORAINS	
1884		À Miscouche, île du P.-É., la deuxième convention nationale des Acadiens: adoption d'un drapeau et d'un hymne national.	1884
1885	*Le Courrier des provinces Maritimes,* journal fondé à Bathurst, par Narcisse Landry.	Nomination du premier sénateur acadien (Pascal Poirier).	1885

MOUVEMENT LITTÉRAIRE	ÉVÉNEMENTS CONTEMPORAINS	
1887	*L'Évangéline,* journal fondé à Digby, N.-É., par Valentin Landry; il sera publié à Moncton à partir de 1905.		1887
1890		Fondation du collège Sainte-Anne à la Pointe-de-l'Église, N.-É. À la Pointe-de-l'Église, la troisième convention nationale des Acadiens.	1890
1893	*L'Impartial,* journal fondé à Tignish, île du P.-É., par Gilbert Buote.	Création de la Société littéraire Saint-Joseph, au collège Sainte-Anne, en Nouvelle-Écosse.	1893
1894	*L'Album souvenir des noces d'argent de la Société Saint-Jean-Baptiste du collège Saint-Joseph,* Memramcook, par un membre du Comité exécutif.		1894
1896	*L'École aux apparitions mystérieuses,* de Philéas-F. Bourgeois.		1896
1898	*Le Père Lefebvre et l'Acadie,* de Pascal Poirier.		1898
1899		Fondation du collège du Sacré-Coeur, à Caraquet, N.-B. (détruit par le feu en 1915 et transféré à Bathurst).	1899
1902	*Subercase,* d'Alexandre Braud, joué au collège Sainte-Anne.		1902
1903	*Histoire du Canada en 200 leçons,* de Philéas-F. Bourgeois.	Fondation, au Massachusetts, de la Société mutuelle l'Assomption.	1903
1905	*Les Français du sud-ouest de la Nouvelle-Écosse. Le R.P. Jean-Mandé Sigogne,* de Pierre-M. Dagnaud.		1905
1907	*Conventions nationales des Acadiens,* compilé par Ferdinand-J. Robidoux.		1907
1908		Création du Cercle (littéraire) Jean-Eudes au collège du Sacré-Coeur de Caraquet, N.-B.	1908

MOUVEMENT LITTÉRAIRE		ÉVÉNEMENTS CONTEMPORAINS	
1910	*Les Anciens Missionnaires de l'Acadie devant l'histoire,* de Philéas-F. Bourgeois.		1910
1911	*Chez les anciens Acadiens. Causeries du grand-père Antoine,* d'André-T. Bourque.	Premier congrès pédagogique des enseignants francophones des comtés de Kent et de Westmorland (organisé par Désiré-F. Léger), à Saint-Louis, N.-B.	1911
1912		Nomination du premier évêque acadien, Mgr Édouard LeBlanc, diocèse de Saint-Jean.	1912
1913	*Vie de l'abbé François-Xavier Lafrance,* de Philéas-F. Bourgeois. *Le Madawaska,* journal fondé à Edmundston, N.-B., par Albert Sormany et Maximilien Cormier.		1913
1916	*Retour à la terre,* d'Arthur Melanson.		1916
1917		Accession d'Aubin Arsenault au poste de Premier ministre de l'île du Prince-Édouard.	1917
1918	*Pour la terre,* d'Arthur Melanson.		1918
1919		Fondation de la Société Saint-Thomas-d'Aquin, à l'île du Prince-Édouard.	1919
1920	*Histoire du Madawaska,* de Thomas Albert.		1920
1921	*Vie de l'abbé Bourg, premier prêtre acadien,* d'Arthur Melanson.	Reprise de possession d'un terrain historique à Grand-Pré (ancien site de l'église Saint-Charles).	1921
1922	*Le Grand Dérangement. Sur qui retombe la responsabilité de l'expulsion des Acadiens,* de Placide Gaudet.	Bénédiction solennelle de l'église-souvenir de Grand-Pré. Fondation du Comité France-Acadie (président de la section française: Émile Lauvrière).	1922

MOUVEMENT LITTÉRAIRE		ÉVÉNEMENTS CONTEMPORAINS	
1923		Accession d'un Acadien au poste de Premier ministre du Nouveau-Brunswick (Pierre Véniot).	1923
1924		Fondation, au Nouveau-Brunswick, de deux congrégations religieuses: les Filles de Marie de l'Assomption et les Soeurs Notre-Dame du Sacré-Coeur.	1924
		Création du Cercle (littéraire) Sainte-Jeanne-d'Arc-Évangéline, au collège du Sacré-Coeur de Bathurst.	
1925	*À fleur d'eau et à tire-d'aile*, de Joseph-F. Raîche.		1925
1926	*L'Enseignement du français en Acadie (1604-1926)*, d'Omer Le Gresley.		1926
1927	*Au creux des sillons*, de Joseph-F. Raîche.		1927
	Journal d'un vicaire de campagne, de Joseph-F. Raîche.		
	Histoire des Acadiens de l'île du Prince-Édouard, de J.-Henri Blanchard.		
1928	*Le Parler franco-acadien et ses origines*, de Pascal Poirier.		1928
	Un tribut à la race acadienne. Mémoires, 1871-1927, d'Onésiphore Turgeon.		
1929	*Les Frelons nacrés*, de Joseph-F. Raîche.		1929
	Les Dépaysés, de Joseph-F. Raîche.		
	L'Émigrant acadien, de James Branch.		
1930	*La Fascination de la ville*, de Sabattis (Thomas Gill).		1930
	L'Étoile de Lunenburg, de Sabattis (Thomas Gill).		

	MOUVEMENT LITTÉRAIRE	ÉVÉNEMENTS CONTEMPORAINS	
1931		Recensement:	1931
		Prov. Pop. or. fr. % pop. tot.	
		N.-B. 136 999 33,6 N.-É. 56 629 11,0 I.P.-É. 12 962 14,7	
1932	*Le Drame du peuple acadien*, de Jean-Baptiste Jégo. *Vivent nos écoles catholiques! ou la Résistance de Caraquet*, de James Branch.		1932
1936		Création de l'archidiocèse acadien de Moncton et nomination de Mgr L.-J.-Arthur Melanson. Fondation de l'Association acadienne d'éducation (fusionnée avec la Société nationale l'Assomption, en 1968). Inauguration des cours d'été au collège du Sacré-Coeur à Bathurst, N.-B. Fondation de la première caisse populaire acadienne, à Petit-Rocher, N.-B.	1936
1937	*Le Petit Courrier*, journal fondé à Pubnico-Ouest, N-É., par Désiré d'Éon.		1937
1938		Inauguration des cours d'été au collège Saint-Joseph, au Nouveau-Brunswick, et au couvent de la Congrégation Notre-Dame, à l'île du Prince-Édouard. Transfert du siège épiscopal de Chatham à Bathurst et nomination de Mgr Camille LeBlanc.	1938
1940	*Mgr M.-F. Richard, prélat domestique*, de Fr. M. Gildas. *Elle et Lui. Tragique Idylle du peuple acadien*, d'Antoine-J. Léger.		1940

MOUVEMENT LITTÉRAIRE	ÉVÉNEMENTS CONTEMPORAINS	
1941	Inauguration des cours d'été au collège Sainte-Anne, en Nouvelle-Écosse.	1941
1942	*Chansons d'Acadie*, premier de cinq recueils, par A. Chiasson et D. Boudreau.	1942
1944 *Marie dans l'éducation nationale en Acadie*, de Sr Rose-Marie.	Fondation du diocèse d'Edmundston, au Nouveau-Brunswick (détaché de Bathurst).	1944
	Établissement d'un poste privé de radio à Edmundston (CJEM).	
1945 *Un Acadien errant... Journal de route*, de Fernand Ouellet.	Fondation de la Fédération des Caisses populaires acadiennes.	1945
1946 *Une fleur d'Acadie. Un épisode du grand dérangement*, d'Antoine-J. Léger.	Les îles de la Madeleine sont séparées du diocèse de Charlottetown et rattachées au diocèse de Gaspé.	1946
	Fondation du collège Saint-Louis, à Edmundston, N.-B.	
1947 *À l'ombre du Petit-Rocher (1897-1947)*, de F.M. Camille (Camille-Antonio Doucet).		1947
1948 *La Vie en croix*, d'Eddy Boudreau.		1948
Histoire de Saint-Louis-de-Kent. Cent cinquante ans de vie paroissiale française en Acadie nouvelle, de L.-Cyriaque Daigle.		
1949 *Poèmes de mon pays*, de Napoléon-P. Landry.	Ouverture, au Nouveau-Brunswick, de deux collèges pour filles: à Moncton, le collège Notre-Dame d'Acadie; à Saint-Basile, le collège Maillet.	1949
Le journal *L'Évangéline* devient quotidien.		
50 ans d'éducation catholique et française en Acadie 1899-1949, de Marcel Tremblay.		

	MOUVEMENT LITTÉRAIRE	ÉVÉNEMENTS CONTEMPORAINS	
1950	*L'Enfant noir*, de Donat Coste (Daniel Boudreau).		1950
	Vers le triomphe, d'Eddy Boudreau.		
	Évangéline, de Marguerite Michaud.		
1951	*Lyre d'Acadie*, de François-M. Lanteigne.		1951
1953		Fondation de la Société historique du Madawaska.	1953
		Création d'un diocèse acadien à Yarmouth, N.-É., et nomination de Mgr Albert Leménager.	
1954		Installation à Moncton, N.-B., du poste français de Radio-Canada (CBAF).	1954
1955	*Poèmes acadiens*, de Napoléon-P. Landry.	Fêtes du bicentenaire de la déportation.	1955
	L'Odyssée acadienne, de François-M. Lanteigne.	Fondation de la Société historique de l'île du Prince-Édouard (nouvelle constitution en 1970).	
	La Reconstruction française au Nouvau-Brunswick: Bouctouche, paroisse-type, de Marguerite Michaud.	*Les Aboiteaux*, film réalisé par Léonard Forest (ONF).	
1956	*Acadiens de l'île du Prince-Édouard*, de J.-Henri Blanchard.	Fondation, à Moncton, de la troupe théâtrale Notre-Dame de Grâce.	1956
	Les Anciens Missionnaires de l'Acadie, de L.-Cyriaque Daigle.		
	Le Chef des Acadiens, de J.-Alphonse Deveau.		
1957	*Les Entretiens du village*, d'Emery LeBlanc.	Réorganisation de la Société nationale l'Assomption qui prend le nom de Société nationale des Acadiens.	1957
	Entr'acte, d'Antonine Maillet, joué au collège Notre-Dame d'Acadie, à Moncton.		
1958	*Silences à nourrir de sang*, de Ronald Després.	Inauguration à Moncton, N.-B., du premier poste français de télévision (CBAFT).	1958
	Pointe-aux-Coques, d'Antonine Maillet.		

MOUVEMENT LITTÉRAIRE	ÉVÉNEMENTS CONTEMPORAINS	
1958	*Poire-âcre*, d'Antonine Maillet, primée au Festival national d'art dramatique. *Entre-deux...*, de Durandal (Guy Michaud). *Diversité des langues et bilinguisme*, de Léopold Taillon.		1958
1960		Élection de Louis-J. Robichaud comme Premier ministre du Nouveau-Brunswick; son programme de ''chances égales pour tous''. Fondation de la Société historique acadienne. Ouverture du collège Jésus-Marie à Shippagan, N.-B.	1960
1961	*Chéticamp: histoire et traditions acadiennes*, d'Anselme Chiasson.	Recensement: Prov. Pop. or. fr. % pop. tot. N.-B. 232 127 38,8 N.-É. 87 883 11,9 I.P.-É. 17 418 16,6	1961
1962	*Les Cloisons en vertige*, de Ronald Després. *Le Scalpel ininterrompu*, de Ronald Després. *On a mangé la dune*, d'Antonine Maillet.	Création du festival acadien de Caraquet, au Nouveau-Brunswick. *Rapport de la Commission d'enquête sur l'enseignement supérieur au Nouveau-Brunswick*, de J. Deutsch.	1962
1963	*Journal de Cécile Murat*, de J.-Alphonse Deveau. *Les Acadiens*, d'Emery LeBlanc.	Création de l'Université de Moncton, au Nouveau-Brunswick.	1963
1966		Ralliement de la jeunesse acadienne à Memramcook, N.-B.	1966
1967	*L'Île de Shippagan: anecdotes, tours et légendes*, de Francis Savoie.	*Les Acadiens de la dispersion*, film réalisé par Léonard Forest (ONF).	1967
1968	*Le Balcon des dieux inachevés*, de Ronald Després. *Les Crasseux*, d'Antonine Maillet.	Ouverture d'une École normale française sur le campus de l'Université de Moncton.	1968

	MOUVEMENT LITTÉRAIRE	ÉVÉNEMENTS CONTEMPORAINS	
1968	*La Ville française*, de J.-Alphonse Deveau. *Henri Bosco: une poétique du mystère*, de Jean-Cléo Godin.	Réception à l'Elysée de la délégation des "Quatre Acadiens"; entente de coopération technique et culturelle. Création du Centre d'études acadiennes, à l'Université de Moncton.	1968
1969	*Les Légendes des îles de la Madeleine*, d'Anselme Chiasson. *Les Francophones de la cité de Bathurst et leur situation linguistique et culturelle*, de Pierre Poulin.	Sanction royale de la loi sur les langues officielles du Nouveau-Brunswick (entrée en vigueur le 1er juillet 1977). Accord de coopération entre le Nouveau-Brunswick et le Québec. Expropriation de 235 familles en vue d'aménager un parc national à Kouchibougouac, N.-B. Film de Pierre Perrault *L'Acadie, l'Acadie* (contestation et revendications des étudiants de l'Université de Moncton). *Éloge du chiac*, film réalisé par Michel Brault (ONF). *Acadie libre*, film réalisé par Léonard Forest (ONF). Fondation à Moncton, N.-B., de deux troupes théâtrales: les Feux-Chalins, pour les adultes; le Théâtre amateur de Moncton, pour les jeunes des écoles secondaires (le TAM est une réorganisation de la troupe Notre-Dame fondée en 1956). Ouverture du département d'Art dramatique à l'Université de Moncton. Fondation de la Société historique Nicolas Denys.	1969

MOUVEMENT LITTÉRAIRE	ÉVÉNEMENTS CONTEMPORAINS	
1969	Gala provincial de la chanson et de la poésie (Festival de Caraquet).	1969
1970 *Le Vaisseau fantôme. Légende étiologique*, de Catherine Jolicoeur.	*Rapport sur l'union des provinces Maritimes*, de F. Drummie et J. Deutsch.	1970
Le Théâtre québécois, de Jean-Cléo Godin et Laurent Mailhot.	Fondation d'une troupe théâtrale à l'Université de Moncton.	
1971 *La Sagouine*, d'Antonine Maillet.	Fondation du Parti acadien et de la revue *L'Acayen*.	1971
Rabelais et les traditions populaires en Acadie, d'Antonine Maillet.	Occupation des bureaux de la Commission d'assurance-chômage, à Bathurst, N.-B.; arrestation de 13 chômeurs acadiens.	
Cinq ans de trop..., de Pierre Godin.	Fondation de l'organisme Activités-Jeunesse.	
	Rapport Lafrenière sur la planification académique de l'Université de Moncton.	
	La noce est pas finie, film réalisé par Léonard Forest (ONF).	
	Recensement:	

Prov.	Pop. or. fr.	% pop. tot.
N.-B.	235 025	37,0
N.-É.	80 215	10,4
I.P.-É.	15 325	13,7

1972 *Don l'Orignal*, d'Antonine Maillet.	Congrès des Francophones, à Fredericton, N.-B.	1972
Par derrière chez mon père, d'Antonine Maillet.	Fondation des Éditions d'Acadie, à Moncton.	
Cri de terre, de Raymond LeBlanc.	Création d'un centre culturel, à Moncton.	
Étoile magannée, de Jacques Savoie.	Première représentation de *la Sagouine* d'Antonine Maillet, interprétée par Viola Léger.	
	''Nuit de la poésie'', à l'Université de Moncton.	
	Un soleil pas comme ailleurs, film réalisé par Léonard Forest (ONF).	

MOUVEMENT LITTÉRAIRE	ÉVÉNEMENTS CONTEMPORAINS	
1973	*Acadie Rock,* de Guy Arsenault.	Transformation de la Société nationale des Acadiens en une fédération des trois sociétés acadiennes provinciales: Société des Acadiens du Nouveau-Brunswick, Fédération des Acadiens de la Nouvelle-Écosse, Société Saint-Thomas-d'Aquin.	1973
	Saisons antérieures, de Léonard Forest.		
	La Conversation entre hommes d'Huguette Légaré.		
	Mariaagélas, d'Antonine Maillet.	Grand ''frolic'' à Memramcook, N.-B.	
	Gapi et Sullivan, d'Antonine Maillet.	Création à Maisonnette, N.-B., de la troupe théâtrale Les Élouèzes.	
	Ti-Jean, de Melvin Gallant.		
	Une étoile s'est levée en Acadie: Marcel-François Richard, de Camille-A. Doucet.	Premier numéro de *Si Que,* revue de critique littéraire, Université de Moncton.	
	La Bringue, de Jules Boudreau, créée à Caraquet.	*Avant d'être dépaysée,* premier disque d'Édith Butler.	
		Simple histoire d'amours, vidéo réalisé par Fernand Dansereau (Télé-Public et ONF).	
1974	*Les Pêcheurs déportés,* de Germaine Comeau.	Fondation à Caraquet, N.-B., de la compagnie de spectacles Productions de l'Étoile et ouverture de la Boîte-Théâtre (en 1976, la troupe deviendra professionnelle et prendra le nom de Théâtre populaire d'Acadie).	1974
	Tête d'eau, de Laval Goupil.		
	Charmante Miscou, de Louis Haché.		
	La Mariecomo, de Régis Brun.		
	Mourir à Scoudouc, d'Herménégilde Chiasson.		
	Paysages en contrebande, de Ronald Després.	Concours de textes dramatiques organisé par les Feux-Chalins et les Éditions d'Acadie.	
	As-tu vu ma balloune? de Raymond LeBlanc, joué à l'Université de Moncton.	Établissement à Moncton, N.-B., de Régonalisation-Acadie (centre de production de l'Office national du film).	
		Première, disque d'Angèle Arsenault.	
		L'Acadie s'marie, disque d'Édith Butler.	
		On s'en vient vite, disque de Lorraine Diotte.	
		Viens voir l'Acadie, disque de Donat Lacroix.	

217

	MOUVEMENT LITTÉRAIRE	ÉVÉNEMENTS CONTEMPORAINS	
1975	*Le Djibou*, de Laval Goupil. *Emmanuel à Joseph à Dâvit*, d'Antonine Maillet. *Les Stigmates du silence*, de Calixte Duguay. *Première*, d'Angèle Arsenault. *De boue et de sang*, de Pierre Gérin. *Louis Mailloux*, texte de Jules Boudreau, chansons et musique de Calixte Duguay, créé à Caraquet. *Becquer-Bobo*, d'Herménégilde Chiasson, joué à l'Université de Moncton. *Chansons de Shippagan*, de Dominique Gauthier. *L'Acadie du discours*, de Jean-Paul Hautecoeur.	Recommandation du rapport Lebel: restructuration de l'Université de Moncton avec trois campus - à Moncton, à Edmundston et à Shippagan.	1975
1976	*Rapport sur l'état de mes illusions*, d'Herménégilde Chiasson. *Le Ciel végétal*, d'Huguette Légaré. *Gapi*, d'Antonine Maillet. *Kouchibouquoi?* de Roger LeBlanc, joué par le Théâtre amateur de Moncton. *Le Retour de Jérôme*, de Germaine Comeau, joué à Meteghan River, N.-É. *Dans note temps avec Marc et Philippe*, de Félix-E. Thibodeau. *Le Grand Chipagan. Histoire de Shippagan*, de Donat Robichaud. *Un demi-siècle d'histoire acadienne. Le docteur A.-M. Sormany*, d'Alexandre Savoie.	*La Nuit du 8*, film sur la Nuit de poésie à l'Université de Moncton. *Les Aboiteaux*, premier disque de Calixte Duguay. Premier colloque culturel interprovincial de l'Atlantique. Formation du Conseil acadien de coopération culturelle.	1976

MOUVEMENT LITTÉRAIRE	ÉVÉNEMENTS CONTEMPORAINS	
1977	*Tabous aux épines de sang*, d'Ulysse Landry. *Acadie / Expérience. Choix de textes acadiens: complaintes, poèmes et chansons*, de J.-G. Rens et Raymond LeBlanc. *La Veuve enragée*, d'Antonine Maillet. *La Nuit blanche*, de Léonie Poirier. *Les Cordes-de-bois*, d'Antonine Maillet. *L'Acadien reprend son pays*, de Claude LeBouthillier. *Histoire de chez nous. Faits et anecdotes d'un temps qui n'est plus*, de Désiré d'Éon. *Le Parlement du monde ordinaire*, de Claude Snow. *Mgr Stanislas-J. Doucet*, d'Éloi DeGrâce. *Acadienne de Clare*, d'Édith Comeau-Tufts. *Héritage d'Acadie*, de Jean-Claude Dupont. *L'Acadie sans frontières*, d'Édith Butler.	*Les Héritiers de Lord Durham*, de la Fédération des Francophones hors Québec. Premier colloque international sur l'Acadie, organisé par le Centre d'études acadiennes. Ouverture officielle du Village historique acadien de Caraquet, N.-B. Établissement d'un poste privé de radio à Caraquet, N.-B. (CJVA). À Moncton, la VIIe Biennale de la langue française. *Libre*, disque d'Angèle Arsenault. *Beausoleil Broussard*, premier disque de ce groupe. Fondation de la Société historique de la vallée de Memramcook. Incorporation de la Société historique de Kent. *La Confession*, film réalisé par Claude Renaud (ONF, Régionalisation-Acadie).	1977
1978	*La Tempête du pollen*, d'Huguette Légaré. *Cochu et le soleil*, de Jules Boudreau. *Sorry, I Don't Speak French*, d'Herménégilde Chiasson, présenté en première à CBAF-radio. *Adieu, P'tit Chipagan*, de Louis Haché. *Dans note temps avec Mélonie et Philomène*, de Félix-E. Thibodeau.	Création de l'Association des écrivains acadiens. *1755*, premier disque de ce groupe. *Les Gossipeuses*, film réalisé par Phil Comeau (ONF, Régionalisation-Acadie). Fondation de la première Caisse d'entraide, à Edmundston. Ouverture d'une école de Droit commun, à l'Université de Moncton.	1978

MOUVEMENT LITTÉRAIRE	ÉVÉNEMENTS CONTEMPORAINS	
1978	*Les Sanctions populaires en Acadie*, de Lauraine Léger.		1978
	Caraquet, village au soleil, de J.-Antonin Friolet.	
	L'Acadie perdue, de Michel Roy.	
	Un siècle de revendications scolaires au Nouveau-Brunswick, 1891-1971, d'Alexandre Savoie.	
1979	*Comme en Florence*, de Léonard Forest.	Fêtes du 375e anniversaire de l'Acadie.	1979
	L'Amarinée, d'Huguette Légaré.	Première convention d'orientation nationale des Acadiens, à Edmundston.
	La Mer écartelée, d'Henri-Dominique Paratte.	
	Poèmes venteux, d'Albert Roy.	*Pour ne plus être... sans pays*, du Comité politique de la Fédération des Francophones hors Québec.
	Jeunesse mouvementée. Suivi de Acadie, Acadie, d'André Dumont.	
	Pélagie-la-Charrette, d'Antonine Maillet.	Premier numéro de *la Petite Souvenance*, Société historique acadienne de l'île du Prince-Édouard.
	Raconte-moi Massabielle, de Jacques Savoie.	Première de *Kouchibougouac*, film tourné en 1976 par l'Office national du film.
	Isabelle-sur-mer, de Claude LeBouthillier.	
	Sacordjeu, de Claude Renaud.	Antonine Maillet remporte le Prix Goncourt avec *Pélagie-la-Charrette*.
	Première neige d'automne, de Clarence Comeau, jouée au monument Lefebvre, à Memramcook.	
		Premier festival des métiers d'arts acadiens.
	Deux pièces acadiennes, de Vincent Dumas.	Fondation, à Moncton, de l'Association acadienne du cinéma.
	Polidore, de Lorraine Diotte.	
	Le Journal d'une raconteuse, d'Antoinette Gallant.	
	Petit Coin perdu, de Lina Madore.	

	MOUVEMENT LITTÉRAIRE	ÉVÉNEMENTS CONTEMPORAINS	
1979	*Plumes d'icitte. La Première Acadie s'exprime,* de Nicole LeVert, Jules Chiasson et Hans Runte.		1979
	Anthologie de textes littéraires acadiens, de Marguerite Maillet, Gérard LeBlanc et Bernard Émont.		
	Histoire populaire de l'Acadie de Jean-Claude Dupont.		
	Les Acadiens, de Jean-Claude Vernex.		
1980	*Histoire en histoire,* d'Herménégilde Chiasson, jouée par le Théâtre de l'Escaouette.	Fêtes du 375e anniversaire de la fondation de Port-Royal.	1980
	Gisèle, Marie-Anne et les autres, de Germaine Comeau, jouée à Saulnierville, N.-É.	VIe conférence internationale des communautés ethniques de langue française, à Caraquet, N.-B.	
	Entre amours et silences, de Clarence Comeau.	Inauguration officielle, à Moncton, d'un Bureau du Québec aux Maritimes.	
	Graines de fées, de Dyane Léger.	Fondation des Éditions Perceneige, à Moncton.	
	Fouillis d'un Brayon, d'Albert Roy.	Fondation des Éditions Lescarbot, à Yarmouth, N.-É.	
	Les Jongleries, d'Anne Levesque.	*Pascal Poirier, patriote acadien,* film réalisé par Colette Blanchard (O.N.F.).	
	Toubes jersiaises, de Louis Haché.		
	L'Oiseau de la vérité, de Gérald-E. Aucoin.	*Armand Plourde, une idée qui fait son chemin,* film réalisé par Denis Godin (O.N.F. Régionalisation-Acadie).	
	Complaintes acadiennes de l'île du Prince-Édouard, de Georges Arsenault.	Premier numéro d'*Éloizes,* revue de création littéraire.	
	Le Petit Clairvaux, 1818-1918, d'Ephrem Boudreau.	Premier numéro d'*Égalité: revue acadienne d'analyse politique,* Université de Moncton.	
	De mémoire brayonne, d'Irène Daigle-Nadeau.		
	Le Philosophe chat ou les Ruses du désir, de Roger Savoie.	*Ça me rapproche de toi,* disque de Philippe et Wendell d'Éon.	

MOUVEMENT LITTÉRAIRE	ÉVÉNEMENTS CONTEMPORAINS	
1980	*Les Acadiens des Maritimes: études thématiques*, sous la direction de Jean Daigle. *Théâtre québécois II*, de Jean-Cléo Godin et Laurent Mailhot. *Le Pays d'Acadie*, de Melvin Gallant. *Images de l'Acadie*, de Roméo Cormier.	*Rapport sur l'organisation et les frontières des districts scolaires au Nouveau-Brunswick*, J.-G. Finn et F. Eliott. Projet de loi Simard sur la reconnaissance des deux communautés linguistiques officielles au Nouveau-Brunswick.	1980

BIBLIOGRAPHIE

I. SOURCES

A. Oeuvres imprimées

a) en volumes:

Albert, Thomas, *Histoire du Madawaska,* d'après les recherches historiques de Patrick Therriault et les notes manuscrites de Prudent-L. Mercure, Québec, Imprimerie franciscaine missionnaire, 1920, XXIII, 448 p.

Album (L') souvenir des noces d'argent de la Société Saint-Jean-Baptiste du collège Saint-Joseph. Memramcook, [s.l.n.é., 1894], 364 p. [Cet album contient des textes d'auteurs acadiens; l'ouvrage a été édité par un membre du comité exécutif.]

Allain, Désiré, *La Paroisse Saint-Antoine de Kent: historique, vieilles coutumes acadiennes,* [s.l.n.é.], 1923, 32 p.

Arsenault, Guy, *Acadie Rock,* Moncton, Éditions d'Acadie, [1973], 75 p.

Baudry, René, *Marc Lescarbot,* textes choisis et présentés par ... (coll. "Classiques canadiens", 32), Montréal, Fides, [1968], 96 p.

Bernard, Antoine, *Histoire de la survivance acadienne, 1755-1935,* Montréal, Les Clercs de Saint-Viateur, [1935], 467 p.

———, *Le Drame acadien depuis 1604,* Montréal, Les Clercs de Saint-Viateur, [1936], 461 p.

———, *Histoire de l'Acadie,* Moncton, L'Évangéline Ltée, [1939], 132 p.

———, *L'Acadie vivante,* Montréal, Édition du "Devoir", 1945, 182 p.

———, *La Renaissance acadienne au XXe siècle,* Québec, Le Comité de la survivance française, Université Laval, [1949], 193 p.

Biard, Pierre, *Relation de la Nouvelle France, de ses Terres, Naturel du Païs & de ses Habitans,* Lyon, Chez Louys Muguet, 1616, 338 p.; dans Lucien Campeau, *Monumenta Novae Franciae,* t. I: *La Première Mission d'Acadie (1602-1616),* Rome, "Monumenta Hist. Soc. Iesu", Québec, Les Presses de l'université Laval, 1967, doc. 162, p. 456-637.

Blanchard, Joseph-Henri, *Les Acadiens de l'île Saint-Jean,* conférence au congrès pédagogique des instituteurs acadiens, Miscouche, [s.é.], 1920, 27 p.

———, *Histoire des Acadiens de l'île du Prince-Édouard,* Moncton, Imprimerie de "l'Évangéline", 1927, 120 p.

————, *Rustico, une paroisse acadienne de l'île du Prince-Édouard,* [s.l.n.é., 1938], 126 p.

————, *Acadiens de l'Île-du-Prince-Édouard,* [s.l.n.é.], 1956, 143 p.

————, *The Acadians of Prince Edward Island,* Charlottetown, [s.é.], 1964, 151 p.

[B.L.N.], *Lettre d'un habitant de Louisbourg, contenant une relation détaillée et circonstanciée de la prise de l'Isle-Royale, par les Anglais,* Québec, Chez Guillaume le Sincère, À l'image de la vérité, 1745, 81 p.; *Louisbourg in 1745. The Anonymous Lettre d'un habitant de Louisbourg (Cape Breton). Containing a narrative by an eye-witness of the siege of 1745,* traduction de l'original, par George M. Wrong, Toronto, Warwick Bro's & Rutter, 1897, 74 p.

Boudreau, Eddy, *La Vie en croix,* Québec, [Des Ateliers de l'Institut St-Jean-Bosco], 1948, 111 p.

————, *Vers le triomphe,* prose et poèmes, Québec, [Le Quotidien Ltée], 1950, 99 p.

Boudreau, Jules, *Cochu et le soleil,* pièce en trois actes, Moncton, Éditions d'Acadie, [1979], 84 p.

Bourgeois, Philéas-Frédéric, "Sur la situation présente et l'avenir des Acadiens", dans H.-J.-J.-B. Chouinard, *Fête nationale des Canadiens français célébrée à Québec en 1880,* Québec, A. Côté, 1881, p. 336-346.

————, *Panégyrique de l'abbé Jean-Mandé Sigogne, missionnaire français à la baie Sainte-Marie, Nouvelle-Écosse, depuis 1799 jusqu'en 1844,* Weymouth, Imprimerie "l'Évangéline", 1892, 33 p.

————, *L'École aux apparitions mystérieuses,* Montréal, C.O. Beauchemin & fils, 1896, 81 p.

————, *L'Histoire du Canada en 200 leçons,* Montréal, Librairie Beauchemin, 1903, VII, 440 p.

————, *Henry Wadsworth Longfellow: sa vie, ses oeuvres littéraires, son poème Évangéline,* conférence donnée à Moncton le 27 février 1907 à l'occasion de la célébration du centenaire de naissance de Longfellow, [Shédiac, Typographie du "Moniteur acadien", 1907], 22 p.

————, *Les Anciens Missionnaires de l'Acadie devant l'histoire,* Shédiac, Des Presses du "Moniteur acadien", [1910], IV, 114 p.

————, *L'Histoire du Canada depuis sa découverte jusqu'à nos jours* (coll. "Champlain"), Montréal, Librairie Beauchemin Ltée, 1913, 236 p.

————, *Petit Résumé de l'histoire du Nouveau-Brunswick depuis quatre-vingts ans,* Moncton, Des Presses de l'Évangéline Ltée, 1913, 39 p.

————, *Vie de l'abbé François-Xavier Lafrance. Suivie d'une courte notice biographique de l'abbé François-Xavier Cormier, premier prêtre né dans la paroisse de Memramcook,* Montréal, Librairie Beauchemin Ltée, 1913, 235 p.

Bourque, André-Thaddée, *Chez les anciens Acadiens. Causeries du grand-père Antoine,* [Moncton, Des Presses de ''l'Évangéline'', 1911], 153 [1] p.

Branch, James, *L'Émigrant acadien,* drame social acadien en trois actes, [Moncton, L'Évangéline Ltée, 1929], 36 p.; 2e éd. revue, corrigée et augmentée, [Moncton, L'Évangéline Ltée, s.d.], 46 p.; (coll. ''Le Blé qui lève'', 6), 3e éd., [Gravelbourg, L'Imprimerie Amateur], 1937, 30 p.

————, *Jusqu'à la mort!... Pour nos écoles!,* drame canadien de la ''Question des Écoles'', [Moncton, L'Évangéline Ltée, 1929], 33 p.

————, *Vivent nos écoles catholiques! ou la Résistance de Caraquet,* drame historique acadien, [Moncton, L'Évangéline Ltée, 1929], 42 p.; 2e éd., (coll. ''Le Blé qui lève'', 4), Gravelbourg, L'Imprimerie des scouts catholiques, [s.d.], 28 p.

————, *Whose Fault Is It?,* social drama in three acts, [Moncton, L'Évangéline Ltée, 1929], 31 p.

————, *Frassati,* drame de jeunesse, (coll. ''Le Blé qui lève'', 5), [Gravelbourg, L'Imprimerie Amateur, 1937], 34 p.

Brun, Régis, *La Mariecomo,* roman, Montréal, Éditions du Jour, 1974, 129 p.

Camille, F.M., voir Doucet, Camille-Antonio.

Challes, Robert, *Mémoires de Robert Challes, écrivain du Roi,* publiés par A. Augustin-Thierry, Paris, Plon, 8e éd., [1931], 301 p.

Champlain, Samuel de, *Les Voyages du Sieur de Champlain Xaintongeois, Capitaine ordinaire pour le Roy, en la marine. Divisez en Deux livres. ou, Journal tres-fidele des observations faites ès descouvertures de la Nouvelle France: tant en la descriptiô des terres, costes, rivieres, ports, havres, leurs hauteurs & plusieurs declinaisons de la guide-aymant; qu'en la creâce des peuples, leur superstition, façon de vivre & de guerroyer: enrichi de quantité de figures,* À Paris, Chez Jean Berjon, 1613, 325 p.

Chiasson, Anselme, *Chéticamp: histoire et traditions acadiennes,* Moncton, Éditions des Aboiteaux, 1961, 317 p.

————, *Les Légendes des îles de la Madeleine,* Moncton, Éditions des Aboiteaux, 1969, 123 p.

Chiasson, Herménégilde, *Mourir à Scoudouc,* Moncton, Éditions d'Acadie, [1974], 63 p.

————, *Rapport sur l'état de mes illusions,* [Moncton, Éditions d'Acadie, 1976], 69 p.

Comeau, Germaine, *Les Pêcheurs déportés,* Yarmouth, Imprimerie Lescarbot Ltée, 1974, 32 p.

Coste, Donat, *L'Enfant noir,* roman, Montréal, Les Éditions Chantecler, 1950, 242 p.

Dagnaud, Pierre-Marie, *Les Français du sud-ouest de la Nouvelle-Écosse. Le R.P. Jean-Mandé Sigogne, apôtre de la baie Sainte-Marie et du cap de Sable,* Besançon, Librairie centrale, 1905, XXVII, 278 p.

————, *Quatrième Livre de lecture. À travers le Canada,* Londres, Edimbourg, et New York, Thomas Nelson and Sons Ltd., Halifax, N.-É., A. & W. Mackinlay, [s.d.], 189 p.

Daigle, Louis-Cyriaque, *Histoire de Saint-Louis-de-Kent. Cent cinquante ans de vie paroissiale en Acadie nouvelle,* Moncton, L'Imprimerie acadienne Ltée, [1948], 247 p.

Denys, Nicolas, *Description geographique et historique des costes de l'Amerique Septentrionale. Avec l'Histoire naturelle du Païs,* Paris, Louis Billaine, 1672, t. I, XXIII, 268 p., t. II, I, 481 p.; dans *The Description and Natural History of the Coasts of North America (Acadia),* édition de l'original, par W.F. Ganong, Toronto, The Champlain Society, 1908, p. 453-610.

d'Éon, Désiré, *Histoires de chez-nous. Faits et anecdotes d'un temps qui n'est plus,* [Yarmouth, Imprimerie Lescarbot Ltée], 1977, 74 p.

Després, Ronald, *Silences à nourrir de sang,* [Montréal], Éditions d'Orphée, [1958], 105 p.

————, *Le Scalpel ininterrompu. Journal du docteur Jan von Fries,* [Montréal], Éditions à la Page, [1962], 137 p.

————, *Les Cloisons en vertige,* [Montréal], Beauchemin, [1962], 94 p.

————, *Le Balcon des dieux inachevés,* poèmes, Québec, Garneau, [1968], 69 p.

————, *Paysages en contrebande... à la frontière du songe,* choix de poèmes (1956-1972), Moncton, Éditions d'Acadie, [1974], 140 p.

Deveau, J.-Alphonse, *Le Chef des Acadiens,* [Yarmouth, J.A. Hamon, 1956], 154 p.

————, *Journal de Cécile Murat,* [s.l.n.é., 1960], 46 p.; (coll. "Le Canoë d'argent"), Montréal, Centre de Psychologie et de Pédagogie, [1963], 62 p.

————, *La Ville française,* Québec, Les Éditions Ferland, 1968, 286 p.

Dièreville, *Relation du voyage du Port Royal de l'Acadie, ou de la Nouvelle France, dans laquelle on voit un Détail des divers mouvemens de la Mer dans une Traversée de long cours; la Description du Païs, les Occupations des François qui y sont établis, les Manieres des differentes Nations Sauvages, leurs Superstitions & leurs Chasses; avec une Dissertation exacte sur le Castor*, Rouen, Chez Jean-Baptiste Besongne, 1708, 236 p.; dans *Relation of the Voyage to Port Royal in Acadia or New France*, édition de l'original, par Mrs. C. Webster, Toronto, The Champlain Society, 1933, p. 221-320.

Doucet, Camille-Antonio, *À l'ombre du Petit-Rocher, 1797-1947*, [s.l.n.é., 1947], XIX, 203 p. [sous le nom de Camille, F.M.].

———, *Une étoile s'est levée en Acadie: Marcel-François Richard*, [Charlesbourg-Est, Les Éditions du Renouveau, 1973], 317 p.

Doucet-Bryar, Diane, *Ma vie avec mes six handicapés*, [Moncton], Éditions d'Acadie, [1979], 145 p.

Duguay, Calixte, *Les Stigmates du silence*, poèmes et chansons, Moncton, Éditions d'Acadie, [1973], 111 p.

Durandal, voir Michaud, Guy.

Forest, Léonard, *Saisons antérieures*, [Moncton, Éditions d'Acadie, 1973], 103 p.

———, *Comme en Florence*, poèmes, [Moncton], Éditions d'Acadie, [1979], 109 p.

[Franquet, Louis], *Voyages et mémoires sur le Canada par Franquet*, Québec, Imprimerie générale A. Côté et Cie, 1889, 213 p.

Gallant Melvin, *Ti-Jean*, contes acadiens, Moncton, Éditions d'Acadie, [1973], 165 p.

Gaudet Placide, *Le Grand Dérangement. Sur qui retombe la responsabilité de l'expulsion des Acadiens*, Ottawa, Imprimerie de l'Ottawa Printing Company Limited, 1922, VII, 84 p.

Gildas, Fr. M., *Mgr M.-F. Richard, prélat domestique: sa vie et ses oeuvres*, Moncton, L'Imprimerie nationale Ltée, 1940, 157 [2] p.

Gill, Thomas [pseud.: Sabattis], *The Heart of Lunenburg*, [Lévis, La Cie de publication de Lévis], 1930, 96 p.

———, *La Fascination de la ville*, [Lévis, La Cie de publication de Lévis, s.d.], 144 p.

———, *L'Étoile de Lunenburg*, [Lévis, Imp. Le Quotidien, s.d.], 99 p.

———, *The Lure of the City*, Sackville, [The Tribune Press, s.d.], 129 p.

Goupil, Laval, *Tête d'eau*, pièce en trois tableaux et deux finales, [Moncton], Éditions d'Acadie, [1974], 64 p.

————, *Le Djibou,* pièce en deux actes, [Moncton], Éditions d'Acadie, [1975], 94 [2] p.

Haché, Louis, *Charmante Miscou,* [Moncton], Éditions d'Acadie, [1974], 115 p.

————, *Adieu, P'tit Chipagan,* [Moncton], Éditions d'Acadie, [1978], 141 p.

Jégo, Jean-Baptiste, *Le Drame du peuple acadien,* reconstruction historique en neuf tableaux et une pose plastique de la dispersion des Acadiens, d'après "la Tragédie d'un peuple" d'Émile Lauvrière, [Paris, Imprimerie Oberthur, 1932], 119 p.

Lagacé, Anita, *Grand-Sault: hier et aujourd'hui,* [s.l.n.é.], 1946, 119 p.

Landry, Napoléon-P., *Poèmes de mon pays,* [Montréal, École industrielle des sourds-muets], 1949, 166 p.

————, *Poèmes acadiens,* Montréal, Fides, 1955, 143 p.

Landry, Ulysse, *Tabous aux épines de sang,* [Moncton], Éditions d'Acadie, [1977], 58 p.

Lanteigne, François-Moïse, *Lyre d'Acadie,* [Montréal, École industrielle des sourds-muets], 1951, 138 p.

————, *L'Odyssée acadienne,* poème, Montréal, Fides, [1955], 39 p.

LeBlanc, Emery, *Les Entretiens du village,* Moncton, [Imprimerie acadienne, 1957], 148 p.

LeBlanc, Raymond, *Cri de terre,* poèmes (1969-1971), Moncton, Éditions d'Acadie, [1972], 58 p.

LeBouthillier, Claude, *L'Acadien reprend son pays,* roman d'anticipation, [Moncton], Éditions d'Acadie, [1977], 126 [5] p.

————, *Isabelle-sur-mer,* [Moncton], Éditions d'Acadie, [1979], 156 p.

Le Clercq, Chrestien, *Nouvelle Relation de la Gaspesie qui contient les Moeurs & la Religion des Sauvages Gaspesiens Porte-Croix, adorateurs du Soleil, & d'autres Peuples de l'Amerique Septentrionale, dite le Canada,* Paris, Chez Amable Auroy, 1691, XXV, 572 p.; Lyon, Chez T. Amoubry; dans *New Relation of Gaspesia with the Customs and Religion of the Gaspesian Indians,* édition de l'original, par W.F. Ganong, Toronto, The Champlain Society, 1910, p. 323-443.

Léger, Antoine-J., *Les Grandes Lignes de l'histoire de la Société l'Assomption,* Québec, Imprimerie franciscaine missionnaire, 1933, 260 p.

————, *Elle et Lui. Tragique Idylle du peuple acadien,* [Moncton, L'Évangéline Ltée, 1940], 203 p.

————, *Une fleur d'Acadie. Un épisode du grand dérangement,* [Moncton, L'Imprimerie acadienne Ltée, 1946], 130 p.

Léger, Désiré-François, *Histoire de la paroisse de Saint-Pierre de Cocagne, diocèse de Saint-Jean, N.-B.*, Moncton, ''L'Évangéline'', 1920, 35 p.

———, *Histoire de la paroisse Saint-Louis-de-France, Lewisville, diocèse de Saint-Jean, N.-B.*, Moncton, ''L'Évangéline'', 1925, 40 p.

———, *Cent soixante-quinze ans depuis la déportation*, [s.l.n.é., 1930, 10 p.]. [Le poème a d'abord paru dans *l'Évangéline*, 28 août 1930, p. 10, col. 1-4.]

Léger, Dyane, *Graines de fées*, [Moncton], Éditions Perce-neige, [1980, s.p.].

Le Gresley, Omer, *L'Enseignement du français en Acadie (1604-1926)*, Bathurst-Ouest, Collège du Sacré-Coeur, Mamers, Gabriel Énault, 1926, 259 p.

Le Guerne, François, *Lettre de M. l'abbé Le Guerne, missionnaire de l'Acadie*, publiée par C.O. Gagnon, Québec, Imprimerie générale A. Côté et Cie, 1889, 50 p.

Lescarbot, Marc, *Histoire de la Nouvelle France. Contenant les navigations, découvertes, & habitations faites par les François ès Indes Occidentales & Nouvelle France souz l'avoeu et authorité de noz Rois Tres-Chrétiens, & les diverses fortunes d'iceux en l'execution de ces choses, depuis cent ans jusques à hui. En quoi est comprise l'Histoire Morale, Naturelle, et Geographique de ladite province; Avec les Tables & Figures d'icelle*, Paris, Chez Jean Milot, 1609, 888 p.; 2e éd., 1611, 877 p.; 3e éd. enrichie de plusieurs choses singulières, outre la suite de l'Histoire, Paris, Adrian Périer, 1617, 971 p.; nouvelle édition, Paris, Tross, t. I: XX, 288 p., t. II: p. 289-588, t. III: p. 589-851, 84 p.

———, *Les Muses de la Nouvelle France*, Paris, Chez Jean Milot, 1609, 66 p. [en annexe à l'*Histoire de la Nouvelle France*].

Maillet, Antonine, *Pointe-aux-Coques*, roman, Montréal, Fides, 1958, 127 p.; (coll. ''Roman acadien'', 1), [Montréal], Leméac, [1970], 174 p.; (coll. ''Roman acadien'', 2), [Montréal], Leméac, [1972], 174 p.; [Montréal], Leméac, [1977], 227 p.

———, *Les Crasseux* (coll. ''Théâtre vivant'', 5), [Montréal, Holt, Rinehart et Winston Ltée, 1968], 68 p.; (coll. ''Théâtre acadien'', 1), [Montréal], Leméac, [1973], 91 p.; nouvelle édition revue, corrigée et considérablement augmentée pour la scène, [Montréal], Leméac, [1974], 119 p.

———, *On a mangé la dune*, Montréal, Éditions Beauchemin, 1962, 175 p.; [Montréal], Leméac, [1977], 186 p.

———, *La Sagouine*, pièce pour une femme seule (coll. ''Répertoire acadien'', 1), [Montréal], Leméac, [1971], 105 p.; (coll. ''Répertoire acadien'', 2), [Montréal], Leméac, [1973], 154 p.; nouvelle édition revue et considérablement augmentée (coll. "Répertoire acadien", 2), [Montréal], Leméac, [1974], 218 p.

———, *Rabelais et les traditions populaires en Acadie,* (Les Archives du folklore, 13), Québec, Les Presses de l'université Laval, 1971, X, 201 p.

———, *Don l'Orignal,* roman (coll. "Roman acadien", 1), [Montréal], Leméac, [1972], 149 p.

———, *Par derrière chez mon père,* contes (coll. "Conte acadien", 1), [Montréal], Leméac, [1972], 91 p.

———, *Mariaagélas,* roman (coll. "Roman acadien", 3), [Montréal], Leméac, [1973], 236 p.

———, *Gapi et Sullivan,* (coll. "Répertoire acadien", 3), [Montréal], Leméac, [1973], 73 p.

———, *Évangéline deusse,* (coll. "Théâtre/Leméac", 50), [Montréal], Leméac, [1975], 109 p.

———, *Emmanuel à Joseph à Dâvit,* récit (coll. "Roman acadien", 4), [Montréal], Leméac, [1975], 142 p.

———, *Gapi,* (coll. "Théâtre/Leméac", 59), [Montréal], Leméac, [1976], 108 p.

———, "Témoignages sur le théâtre québécois", dans *le Théâtre canadien-français* (Archives des lettres canadiennes, t. V), Montréal, Fides, [1976], p. 811-812.

———, *Les Cordes-de-bois,* [Montréal], Leméac, [1977], 351 p.

———, *La Veuve enragée,* (coll. "Théâtre/Leméac", 69), [Montréal], Leméac, [1977], 177 p.

———, *Pélagie-la-Charrette,* roman, [Montréal], Leméac, [1979], 351 p.

———, *Cent ans dans les bois,* [Montréal], Leméac, [1981], 358 p.

Melanson, Laurier, *Zélica à Cochon Vert,* [Montréal], Leméac, [1981], 159 p.

Melanson, Louis-Joseph-Arthur, *Retour à la terre,* Montréal, Librairie Beauchemin, [1916], 168 p.

———, *Pour la terre,* Moncton, L'Évangéline Ltée, 1918, 99 p.

———, *Vie de l'abbé Bourg, premier prêtre acadien, missionnaire et grand-vicaire pour l'Acadie et la Baie-des-Chaleurs, 1744-1797,* Rimouski, Le "Chez Nous", 1921, 175 p.

Michaud, Guy [pseud.: Durandal], *Entre-deux...,* Montréal, Éditions Beauchemin, 1958, 101 p. [Douze des vingt chapitres ont d'abord paru dans *l'Évangéline*, sous le pseudonyme G. Maska, du 30 décembre 1953 au 14 janvier 1954.]

Michaud, Marguerite, *Évangéline*, d'après le poème de Longfellow adapté par ..., t. I: *En Acadie*, t. II: *Sur les routes de l'exil*, Montréal, Librairie générale canadienne, [1950], 32, 32 p.

―――, *Le Père F.-X.-J. Michaud, grand curé, bâtisseur et organisateur*, Bouctouche, [s.é.], 1954, 11 p.

―――, *La Reconstruction française au Nouveau-Brunswick: Bouctouche, paroisse-type*, Frédéricton, Les Presses universitaires, [1955], 223 p.

Ouellet, Fernand, *Un Acadien errant... Journal de route*, [s.l.n.é., 1945], 227 p.

Paul, Placide, *l'homme mystérieux*, Tignish, Bureau de ''l'Impartial'', [s.d.], 61 p. [Le texte a d'abord paru, en feuilleton, dans *l'Impartial*, du 21 janvier au 18 août 1904.]

[Pichon, Thomas], *Lettres et Memoires pour servir à l'histoire Naturelle, Civile et Politique du Cap-Breton, depuis son établissement jusqu'à la reprise de possession de cette Isle par les Anglois en 1758*, La Haye, Chez Pierre Gosse, 1760, XVI, 327 p.

Poirier, Pascal, *Origine des Acadiens*, Montréal, Eusèbe Sénécal, 1894, 112 p. [Le texte a d'abord paru dans *la Revue canadienne*, tome XI, 1874, p. 850-876, 927-954; tome XII, 1875, p. 71-73, 140-152, 216-228, 310-320, 462-468, 524-528.]

―――, ''Rapport sur la situation particulière des Acadiens dans la Confédération'', dans H.-J.-J.-B. Chouinard, *Fête nationale des Canadiens français célébrée à Québec en 1880*, Québec, A. Côté, 1881, p. 446-460.

―――, *Le Père Lefebvre et l'Acadie*, Montréal, Beauchemin & fils, 1898, 311 p.

―――, *Le Parler franco-acadien et ses origines*, Québec, [Imprimerie franciscaine missionnaire, 1928], 339 p.

―――, *Glossaire acadien*, fascicule A-B-C, Université Saint-Joseph, 1953, 164 p.; fascicules D-E-F, G à M, N à R et S à Z, Centre d'études acadiennes, Université de Moncton, 1977 [la pagination du fascicule A-B-C se continue], 241, 307, 402, 466 p. [Le texte de cet ouvrage a d'abord paru dans *l'Évangéline*, du 15 septembre 1927 au 29 décembre 1932; la publication s'arrête au mot ''Réaliser''.]

Raîche, Joseph-Fidèle, *À fleur d'eau et à tire-d'aile*, Rimouski, Imprimerie générale, 1925, 153 p.

―――, *Au creux des sillons*, contes et nouvelles, Montréal, Éditions Édouard Garand, [1926], 58 [1] p.

————, *Journal d'un vicaire de campagne,* Montréal, Éditions Édouard Garand, 1927, 54 p.

————, *Les Dépaysés,* contes et nouvelles, Montréal, Éditions Édouard Garand, [1929], 94 [1] p.

————, *Les Frelons nacrés,* Rimouski, Imprimerie générale, 1929, 94 p.

Renaud, Claude, *Sacordjeu,* [Moncton], Éditions d'Acadie, [1979], 72 p.

Robidoux, Ferdinand-J., *Conventions nationales des Acadiens. Recueil des travaux et délibérations des six premières conventions,* compilé par ..., vol. I, *Memramcook, Miscouche, Pointe de l'Église, 1881, 1884, 1890,* Shédiac, Imprimerie du "Moniteur acadien", 1907, XXIX, 281 p.

Roy, Michel, *L'Acadie perdue,* Montréal, Éditions Québec/Amérique, [1978], 204 p.

Sabattis, voir Gill, Thomas.

Savoie, Adélard, *Les Acadiens, hier et aujourd'hui,* texte d'une conférence prononcée à Marieville, le 26 septembre 1954, [Saint-Jean, P.Q., Éditions du Richelieu Ltée, 1955], 20 p.

Savoie, Alexandre, *Un siècle de revendications scolaires au Nouveau-Brunswick, 1871-1971,* vol. 1, *Du français au compte-gouttes, 1871-1936,* [s.l.n.é., 1978], 255 p.

Savoie, Calixte-F., *Mémoires d'un nationaliste acadien,* Moncton, Éditions d'Acadie, [1979], 357 p.

Savoie, Francis, *L'Île de Shippagan: anecdotes, tours et légendes,* Moncton, Éditions des Aboiteaux, 1967, 93 p.

Savoie, Jacques, *Raconte-moi Massabielle,* [Moncton], Éditions d'Acadie, [1979], 153 p.

Soeur Rose-Marie, *Marie dans l'éducation nationale en Acadie,* Montréal, Fides, 1944, 77 p.

Taillon, Léopold, *École acadienne et bilinguisme. Régime antipédagogique et désastreux: cure ou cataplasme?,* [s.l.n.é., 1944], 32 p.

————, *Au service de l'école acadienne,* Moncton - Saint-Joseph, Université Saint-Joseph, 1957, 144 p.

————, *Diversité des langues et bilinguisme: problème mondial, le problème européen, le problème des minorités françaises au Canada,* Moncton, [L'Imprimerie acadienne Ltée], 1958, 65 p.; 2e édition, Montréal, Les Éditions de l'Atelier, [1959], 96 p.; 3e éd., *Diversité des langues et bilinguisme: problème mondial, le phénomène humain, le bilinguisme en éducation, implications canadiennes,* Montréal, Les Éditions de l'Atelier, [1967], 166 p.

Thibodeau, Félix, *Dans note temps avec Marc et Philippe,* [Yarmouth, Imprimerie Lescarbot Ltée, 1976], 112 p.

———, *Dans note temps avec Mélonie et Philomène,* [Yarmouth, Imprimerie Lescarbot Ltée, 1978], 76 p.

Turgeon, Onésiphore, *Un tribut à la race acadienne. Mémoires, 1871-1927,* Montréal, G. Ducharme, 1928, 522 [4] p.

b) dans des périodiques:

"Anthologie", dans *la Revue de l'Université de Moncton,* vol. 5, no 1., janvier 1972, p. 13-67. (Numéro spécial: "Poésie acadienne".)

Coste, Donat, "Conte de Noël", dans *Almanach du peuple,* Montréal, Beauchemin, 1932, p. 362-368.

[Franquet, Louis], "Iles Royale et Saint-Jean, 1751. Voyage du sieur Franquet au port Lajoie, au havre de Saint-Pierre, au port des Trois-Rivières de l'île Saint-Jean, à la Baie-Verte, à Beauséjour, au fort de Gaspareau, sur le continent du Canada, et au port de Toulouse de l'île Royale, avec des remarques sur ces endroits, de l'état actuel des postes qu'on y a établis, des forts qu'on y a construits, des augmentations dont ils sont susceptibles pour les mettre en état de défense, de ceux qu'on y projette et des avantages qu'on peut tirer de ces différents établissements", dans *Rapport de l'Archiviste de la province de Québec pour 1923-1924,* [Québec], Ls-A. Proulx, Imprimeur de Sa Majesté le Roi, 1924, p. 112-140.

Gaudet, Placide, "Généalogie des familles acadiennes avec documents", dans *Rapport contenant les Archives canadiennes pour l'année 1905,* Ottawa, Imprimé par S.E. Dawson, Imprimeur de sa très excellente Majesté le Roi, 1909, vol. II, Appendice A, 3e partie, XVII, 438 p.

Gildas, Fr. M., "Monseigneur M.-F. Richard", dans *le Canada français,* vol. 1, no 5, janvier 1919, p. 326-332; vol. 2, no 2, mars 1919, p. 118-131; vol. 1, no 5, août 1919, p. 354-367; vol. 3, no 5, janvier 1920, p. 352-365.

———, "Un ami et bienfaiteur des Acadiens, M. l'abbé E.-R. Biron", dans *le Canada français,* vol. 4, nos 2 et 3, mars et avril 1920, p. 100-111.

LeBlanc, Raymond, "Lire Antonine Maillet de *Pointe-aux-Coques* à *la Sagouine",* dans *Si Que...,* Université de Moncton, 7e année, no 2, mai 1974, p. 57-68.

———, "Pour une interprétation critique des complaintes acadiennes", dans *Si Que II,* Université de Moncton, 8e année, no 2, mai 1975, p. 79-103.

Le Guerne, François, "Lettre à M. Prévost, Ordonnateur à l'Isle Royale et dont la pareille a été aussi adressée à M. le Ch^{er} de Drucour, Gouverneur", Belair vers Cocagne, 10 mars 1756, dans *le Canada français,* vol. 2, 4e livraison, octobre 1889, p. 148-164.

Maillard, Pierre, "Lettre sur les Missions de l'Acadie et particulièrement sur les Missions Micmaques", dans *les Soirées canadiennes,* 3e année, 1863, p. 289-426.

———, "Lettre à Louis Robichaux", Halifax, 17 septembre 1761, dans *Rapport concernant les Archives canadiennes pour l'année 1905,* Ottawa, Imprimé par S.E. Dawson, Imprimeur de sa très excellente Majesté le Roi, 1909, vol. II, p. 267-268.

———, "Lettre à Edward How", Rivière de l'Original [Orignal], 3 novembre 1746, dans *Rapport concernant les Archives canadiennes pour l'année 1905,* Ottawa, Imprimé par S.E. Dawson, Imprimeur de sa très excellente Majesté le Roi, vol. II, p. 102-103.

Malchelosse, Gérard, "La Bibliothèque acadienne", dans *les Cahiers des Dix,* no 19, 1954, p. 263-286.

Marie-Grégoire, Sr [Antonine Maillet], "Possibilité d'une littérature acadienne", dans *l'Action nationale,* vol. 50, no 10, juin 1961, p. 953-960.

Michaud, Guy, "Soir de mai", dans *le Message des poètes,* bulletin no 7, 2e trimestre, 1959, p. 8.

Michaud, Marguerite, "L'Acadie dans la littérature", dans *l'Action nationale,* vol. 29, no 4, avril 1947, p. 273-284, et vol. 30, no 2, octobre 1947, p. 112-125.

———, "Nos auteurs acadiens", dans *l'Action nationale,* vol. 50, no 8, avril 1961, p. 752-762.

Pichon, Thomas [pseud.: Tyrell], "Correspondance between Pychon (or Tyrell) with the British Officers", dans *le Canada français,* vol. II, no 3, juillet 1889, p. 127-138.

Poirier, Pascal, "La Langue acadienne", dans *Nouvelles Soirées canadiennes,* vol. 3, 1884, p. 63-70.

———, "Les Huîtres", dans *Nouvelles Soirées canadiennes,* vol. 3, 1884, p. 147-156.

———, "Le Théâtre au Canada", dans *Nouvelles Soirées canadiennes,* vol. 5, 1886, p. 193-198.

———, "Louisbourg en 1902", dans *Mémoires de la Société royale du Canada,* 1902, section I, p. 97-126. [On a fait de cet extrait un tiré à part, même titre, 1903.]

————, "Mouvement intellectuel chez les Canadiens-français depuis 1900", dans *Mémoires de la Société royale du Canada,* 1903, section I, p. 109-116. [On a fait de cet essai un tiré à part, même titre, 1904.]

————, "Des Acadiens déportés à Boston en 1755. Un épisode du grand dérangement", dans *Mémoires de la Société royale du Canada,* 1908, section I, p. 125-180. [On a fait de cet essai un tiré à part, même titre, 1909.]

————, "Des vocables algonquins, caraïbes, etc., qui sont entrés dans la langue", dans *Mémoires de la Société royale du Canada,* 1916, section I, p. 339-364. [On a fait de cet essai un tiré à part, même titre, 1917.]

————, "Radicaux et racines", dans *Mémoires de la Société royale du Canada,* 1923, section I, p. 105-126. [On a fait de cet essai un tiré à part, même titre, 1924.]

————, "Comment une langue évolue", dans *Mémoires de la Société royale du Canada,* 1927, section I, p. 239-245. [On a fait de cet essai un tiré à part, même titre, 1928.]

————, "Recherches sur l'origine du mot Québec", dans *Mémoires de la Société royale du Canada,* 1926, section I, p. 93-98. [On a fait de cet essai un tiré à part, même titre, 1927.]

Roy, Pierre et Gérard LeBlanc, "Bilan des 20 dernières années", dans *la Revue de l'Université de Moncton,* vol. 5, no 1, janvier 1972, p. 6-12. (Numéro spécial: "Poésie acadienne".)

Tyrell, Thomas, voir Pichon, Thomas.

c) dans des journaux:

[Anonyme], "La Chute de Louisbourg", par * * *, dans *le Moniteur acadien,* en trois tranches, à partir du 8 juillet 1867.

Boudreau, Eddy, "Suggestion", dans *l'Évangéline,* 15 avril 1953, p. 4, col. 3-4.

Bourgeois, Philéas-Frédéric, "Recueillons nos écrits", dans *le Moniteur acadien,* 7 juillet 1891, p. 2, col. 1-2 [sous le pseudonyme de Viator].

————, "Le Village de Richibouctou et ses annales, 1796 à 1896", dans *le Moniteur acadien,* 11 décembre 1896, p. 2, col. 6.

[————], "Fin de discussion", dans *l'Évangéline,* 24 juin 1897, p. 2, col. 3.

[————], "*Le Père Lefebvre et l'Acadie*", dans *l'Évangéline,* 19 mai 1898, p. 2, col. 1-3.

[————], "L'Enseignement de notre histoire", dans *le Moniteur acadien,* 20 août 1903, p. 5, col. 4-5.

[———], "Les Anciens Missionnaires de l'Acadie devant l'histoire", dans *le Moniteur acadien,* du 13 octobre au 1er décembre 1910.

Braud, Alexandre, "Subercase", dans *le Moniteur acadien,* en huit tranches, du 14 avril au 30 octobre 1902.

Coste, Donat, "Le Père de *l'Enfant noir* nous écrit", dans *le Devoir,* 4 novembre 1950, p. 9, col. 7-8.

———, "À la mémoire d'Eddy Boudreau, Élégie", dans *l'Évangéline,* 27 avril 1954, p. 4, col. 5-6.

Delaittres, M.-L., voir Picard, Firmin.

Després, Ronald, "Testament de foi d'un Acadien", dans *l'Évangéline,* 22 mars 1972, p. 6, col. 3-5, p. 7, col. 1-3.

Duguay, Joséphine [pseud.: Une religieuse N.-D.S.-C.], "Aux Évangélines", dans *l'Évangéline,* 2 avril 1931, p. 12, col. 5-6.

———, [pseud.: Glaneuse], "Poème", dans *l'Évangéline,* 1er février 1971, p. 4, col. 2-3.

[Placide Gaudet], "Mort du sieur Basile A. Robichaud", dans *l'Évangéline,* 6 novembre 1890, p. 2, col. 3-4.

———, "Comment on écrit l'histoire", dans *le Moniteur acadien,* 22 janvier 1903, p. 5, col. 2-5.

———, "Une voix d'outre-tombe", dans *le Moniteur acadien,* 27 avril 1916, p. 1, col. 4-5, et dans *le Droit,* 29 avril 1916, p.5 col. 1-4 [à propos d'Édouard Richard].

———, "Sir Pierre-Amand Landry", dans *le Moniteur acadien,* 8 juin 1916, p. 1, col. 1-2.

———, "Sir Pierre Landry. Sa première lutte contre l'influence indue", dans *le Moniteur acadien,* 29 juin 1916 [26 juillet 1916], p. 1, col. 1-2.

Glaneuse, voir Duguay, Joséphine.

Grand'père (Un) [pseud.: ?], "Un conte acadien" ["Cendrillou"], dans *le Moniteur acadien,* 6 et 11 septembre 1889.

Lanos, Jules, "À bout", dans *le Monde illustré,* 5 mai 1894, p. 4.

———, "Lions et lionnes", dans *le Monde illustré,* 22 septembre 1894, p. 248.

———, "Au village", dans *le Monde illustré,* 15 juin 1895, p. 76-78.

———, "Glooscap", dans *le Monde illustré,* 31 décembre 1898, p. 547.

Lanteigne, François-Moïse, "L'Abbé Mathurin Bourg", dans *l'Évangéline,* 14 avril 1921, p. 1, col. 6-7.

Léger, Désiré-François, "Ode à l'Acadie", dans *l'Évangéline,* 19 février 1920, p. 2, col. 4-5.

———, "La Ferme déserte", dans *l'Évangéline*, 4 mars 1920, p. 6, col. 4.

———, "Le 15 août 1920", dans *l'Évangéline*, 12 août 1920, p. 1, col. 3-4.

———, "Nos journaux français", signé D.F.L., dans *l'Évangéline*, 1er février 1923, p. 1, col. 2.

———, "Cent soixante-quinze ans depuis la déportation", dans *l'Évangéline*, 28 août 1930, p. 10, col. 1-4.

Paul, "Placide, l'homme mystérieux", en treize tranches, dans *l'Impartial*, du 21 janvier au 18 août 1904.

———, "Deuxième aventure de Placide", en dix-sept tranches, dans *l'Impartial*, du 18 janvier au 21 juin 1906.

Picard, Firmin, "L'Oncle Ben", dans *le Monde illustré*, du 31 août au 21 septembre 1895, et dans *l'Évangéline*, du 26 janvier au 13 avril 1905.

———, "Le Manteau merveilleux", dans *l'Évangéline*, 9 novembre 1899, p. 4, col. 3-5.

———, "Grenier de l'abondance", dans *l'Évangéline*, 14 décembre 1899, p. 1, col. 4-8; dans *le Monde illustré*, 23 décembre 1899, p. 532-534, et dans *le Moniteur acadien*, 25 janvier 1900, p. 7, col. 1-3.

———, "La Chaussée miraculeuse", dans *l'Évangéline*, 21 décembre 1899, p. 1, col. 2-4.

———, "L'Évangéline", dans *l'Évangéline*, 5 décembre 1901, p. 2, col. 2.

———, "Le Serment de l'Acadien", dans *le Moniteur acadien*, 1er janvier 1903, p. 1, col. 1-5, p. 5, col. 1-5, p. 8, col. 1-2, p. 6, col. 2-4., et dans *l'Évangéline*, 8 janvier 1903, p. 1, col. 5-8, p. 2, col. 2-6, p. 3, col. 1.

———, "Rose de Noël", dans *l'Évangéline*, 7 janvier 1904, p. 4, col. 1-4.

———, "Membertou", dans *l'Évangéline*, 22 décembre 1904, p. 1, col. 5-8, et dans *le Moniteur acadien*, 29 décembre 1904, p. 1, col. 1-4, p. 8, col. 2-3.

———, "Causerie de Firmin Picard à la convention acadienne", dans *l'Évangéline*, 5 octobre 1905, p. 1, col. 5-8.

———, [pseud.: M.L. Delaittres], "J'accuse", dans *l'Évangéline*, 12 septembre 1907, p. 2, col. 3-4.

Poirier, Pascal, "Un poème acadien", dans *l'Évangéline*, 21 août 1902, p. 2, col. 4-5.

———, *Les Français du sud-ouest de la Nouvelle-Écosse*, par le R.P. Dagnaud, supérieur du collège Sainte-Anne de Church Point, Baie Sainte-Marie", dans *le Moniteur acadien*, 21 septembre 1905, p. 1, col. 3-5.

Religieuse (Une) N.-D.S.-C., voir Duguay, Joséphine.

Robichaud, Frédéric, "Complainte sur le voyage du brick Vinalia, par feu Frédéric Robichaud", dans *l'Évangéline,* 23 février 1905, p. 1, col. 6-7.

B. Oeuvres manuscrites

a) ouvrages:

[Anonyme], *Contes d'Acadie,* manuscrit écrit à l'encre, CEA, [non catalogué], 1, 6-223 p.

Boudreau, Eddy, *Le Petit Crucifié,* CEA, fonds Eddy-Boudreau, 32.1-1 [cahier autobiographique].

———, *Le Mutilé de la vie,* CEA, fonds Eddy-Boudreau, 32.1-2 [cahier autobiographique].

Braud, Alexandre, *Subercase ou les Dernières Années de la domination française en Acadie,* drame historique en trois actes et un épilogue [pagination en quatre tranches: 17, 18, 9, 6 p.], CEA, fonds Ferdinand-J.-Robidoux, 4.6-14. [Il s'agit du texte paru dans *le Moniteur acadien,* du 14 avril au 30 octobre 1902, mais dont l'auteur a, par la suite, modifié les 1er et 2e actes et refait complètement le 3e acte et l'épilogue.]

Léger, Antoine-J., *Jean dit l'Acadien,* manuscrit, CEA, fonds Antoine-J.-Léger, 21.5-2.

Poirier, Pascal, *Accordailles de Gabriel et d'Évangéline,* CEA, fonds Pascal-Poirier, 6.4-19.

Richard, Marcel-François, "Scène acadienne à Rogersville", CEA, fonds Mgr Marcel-François-Richard, 8.4-1.

b) lettres:

Albert, Thomas, à Fr. M. Gildas, Shippagan, 14 avril, 14 mai et 1er juillet 1918, CEA, fonds Mgr Marcel-François-Richard, 8.4-8.

———, à Placide Gaudet, Shippegan, 13 janvier 1921, CEA, fonds Placide-Gaudet, 1.76-11.

Boudreau, Eddy, à Suzanne Vachon, octobre 1942, CEA, fonds Eddy-Boudreau, 32.1-8.

Bourg, Joseph-Mathurin, à Mgr Hubert, Carleton dit Tracadies, 28 mars 1795, CEA, fonds Placide-Gaudet, 1.54-15.

Bourgeois, Philéas-Frédéric, à Valentin Landry, Collège Saint-Joseph, 1er juin 1892, CEA, fonds Valentin-Landry, 7.1-6.

————, à Placide Gaudet, Collège Saint-Joseph, 16 mars 1897, CEA, fonds Placide-Gaudet, 1.66-3.

————, à Valentin Landry, Collège Saint-Joseph, 7 juin 1897, CEA, fonds Valentin-Landry, 7.1-10.

————, à Placide Gaudet, Collège Saint-Joseph, 3 août 1903, CEA, fonds Placide-Gaudet, 1.69-3.

————, à Charles LeBillois, Collège Saint-Joseph, 11 mars 1907, CEA, fonds Philéas-F.-Bourgeois, 13.1-1.

————, à Placide Gaudet, Collège Saint-Joseph, 10 octobre 1910, CEA, fonds Placide-Gaudet, 1.71-28.

Coste, Donat, à René Baudry, Montréal, [décembre 1956], fonds René-Baudry [correspondance].

Gagnon, Antoine, à Mgr Plessis, Bouctouche, 13 novembre 1814, AAQ, série 311 CN, vol. 5, F. 36.

————, à Mgr Panet, Richibouctou, 19 novembre 1819, AAQ, série 311 CN, vol. 5, F. 49.

————, à Mgr Turgeon, Shediac, 19 février 1840, AAQ, série 311 CN, vol. 5, F. 100.

Gaudet, Placide, à Édouard Richard, Collège Sainte-Anne, N.-É., 10 avril 1896, CEA, fonds Placide-Gaudet, 1.65-21.

————, à Pierre-Marie Dagnaud, Ottawa, 18 mars 1902, CEA, fonds Placide-Gaudet, 1.68-3.

————, à Valentin Landry, Ottawa, 5 octobre 1907, CEA, fonds Valentin-Landry, 7.1-16.

————, à Valentin Landry, Ottawa, 25 avril 1909, CEA, fonds Valentin-Landry, 7.1-19.

————, à Philéas-F. Bourgeois, Ottawa, 7 octobre 1910, CEA, fonds Placide-Gaudet, 1.71-28.

————, à Pierre-Amand Landry, Ottawa, 12 mars 1911, CEA, fonds Pierre-Amand-Landry, 5.1-8.

————, à Ferdinand-J. Robidoux, Shédiac, 9 septembre 1928, CEA, fonds Ferdinand-J.-Robidoux, 4.5-10.

Gildas, Fr. M., à Stanislas-J. Doucet, Rogersville, 10 janvier 1916, CEA, fonds Stanislas-J.-Doucet, F 1451A.

Léger, Antoine-J., à Émile Lauvrière, Moncton, 22 novembre 1938, CEA, fonds Antoine-J.-Léger, 3.2-15.

————, à Émile Lauvrière, Ottawa, 22 mars 1939, CEA, fonds Antoine-J.-Léger, 3.3-1.

Pichon, Thomas, [probablement au sieur de Surlaville], Beauséjour, 12 novembre 1754, CEA, fonds Placide-Gaudet, 1.12-32.

Poirier, Pascal, à Rameau de Saint-Père, Shédiac, 5 février 1895, CEA, fonds Rameau-de-Saint-Père, 2.1-33.

―――, à Placide Gaudet, Shédiac, 2 novembre 1895, CEA, fonds Placide-Gaudet, 1.65-16.

Robichaux, Vénérande, à Otho Robichaux, Québec, 1er mai 1791, CEA, fonds Placide-Gaudet, 1.31-13A.

―――, à Otho Robichaux, Québec, 17 août 1791, CEA, fonds Placide-Gaudet, 1.31-13A.

―――, à Otho Robichaux, Québec, 19 août 1792, CEA, fonds Placide-Gaudet, 1.31-13A.

―――, à Otho Robichaux, Québec, 20 octobre 1799, CEA, fonds Placide-Gaudet, 1.31-13A.

c) textes divers:

Blanchard, Joseph-Henri, Notes autobiographiques, CEA, fonds J.-Henri-Blanchard, 22.2-4 [6 pages dactylographiées].

Duguay, Joséphine, ''Comment on console un malade'', poème, Archives NDSC.

―――, ''Les Nerveux'', poème, *ibid.*

―――, ''Aveugles Consolateurs'', poème, *ibid.*

―――, ''Pleurs d'enfants'', sonnet, *ibid.*

―――, ''Leçon d'histoire (1755-1800). Le Grand-père et l'Enfant'', poème, *ibid.*

II. ÉTUDES

A. Études imprimées

a) en volumes:

Baudry, René, *Les Acadiens d'aujourd'hui. Rapport de recherche préparé pour la Commission royale d'enquête sur le bilinguisme et le biculturalisme,* [s.l.n.é.], 1966, 2 vol., [pagination multiple].

Boivin, Aurélien, *Le Conte littéraire québécois au XIXe siècle. Essai de bibliographie critique et analytique,* Montréal, Fides, 1975, 385 p.; p. 218-219: "Lanos, Jules", et p. 300-307: "Picard, Firmin".

Campeau, Lucien, *Monumenta Novae Franciae,* t. I: *La Première Mission d'Acadie (1602-1616),* Rome, "Monumenta Hist. Soc. Iesu", Québec, Les Presses de l'université Laval, 1967, 276*, 719 p.

Chinard, Gilbert, *L'Amérique et le rêve exotique dans la littérature française au XVIIe et au XVIIIe siècle,* Genève, Slatkine Reprints, 1970, 448 p.

Dandurand, Albert, *Littérature canadienne-française,* Montréal, Imprimerie du "Devoir", 1935, 211 p.; p. 27: "Pascal Poirier".

Dupont, Jean-Claude, *Héritage d'Acadie,* Montréal, Leméac, 1977, 376 p.

Gautier, Yves, *Le Père Pierre-Marie Dagnaud, prêtre-eudiste,* Québec, L'Action sociale Ltée, 1931, 179 p.

Gérin, Pierre et Pierre-M. Gérin, *Marichette. Lettres acadiennes 1895-1899,* Sherbrooke, Éditions Naaman, [1982], 302 p.

Grandpré, Pierre de, *Histoire de la littérature française du Québec,* Montréal, Librairie Beauchemin Ltée, 1969, t. III, 407 p.; p. 80-82: "Ronald Després".

Johnson, Micheline D., art. "Maillard (Maillart, Mayard, Mayar), Pierre", dans *Dictionnaire biographique du Canada,* vol. III (de 1741-1770), Québec, Les Presses de l'université Laval, [1975], p. 448-452.

Lemire, Maurice, *Les Grands Thèmes nationalistes du roman historique canadien-français,* Québec, Les Presses de l'université Laval, 1970, 281 [1] p.;p. 99-119: "La Déportation des Acadiens".

Longfellow, Henry Wadsworth, *"Evangeline",* en feuilleton, dans *le Moniteur acadien,* du 22 août au 19 septembre 1867 [traduction de Pamphile Lemay, 1865], et dans *l'Évangéline,* du 23 novembre 1887 au 4 janvier 1888 [traduction en prose de Charles Brunel, 1864].

Lucci, Vincent, *Phonologie de l'acadien,* Montréal, Didier, [1973], VIII, 150 p.

Maillet, Marguerite, Gérard LeBlanc et Bernard Émont, *Anthologie de textes littéraires acadiens,* Moncton, Éditions d'Acadie, [1979], 643 p.

Marcus, Jean-Claude, "Les Fondements d'une tradition théâtrale en Acadie", *Les Acadiens des Maritimes,* sous la direction de Jean Daigle, Moncton, Centre d'études acadiennes, 1980, p. 633-666.

Martin, Ernest, *L'Évangéline de Longfellow et la suite merveilleuse d'un poème,* Paris, Hachette, 1936, 376 p.

Okeh, Peter I., "Donat Coste's *L'Enfant noir:* A Literary Projection of the Francophone Example of Racist Mentality in Canada", *Black Presence in Multi-Ethnic Canada,* Edited by Vincent d'Oyley, Vancouver. Centre for the Study of Curriculum and Instruction, U.B.C., and Toronto, The Ontario Institute for Studies, [1978], p. 317-340.

Rameau de Saint-Père, Edmé, *La France aux colonies. Études sur le développement de la race française hors de l'Europe. Les Français en Amérique, Acadiens et Canadiens,* Paris, A. Jouby, 1859, XXXIX, 160, 355 p. [première partie: *Les Acadiens,* p. 13-160; deuxième partie: *Les Canadiens,* p. 1-355].

Richard, Édouard, *Acadia. Missing Links of a Lost Chapter in American History, by an Acadian,* New York, Home Book Company, 1895, Vol. I, 392 p., Vol. II, 384 p.; *Acadie. Reconstitution d'un chapitre perdu de l'histoire d'Amérique,* ouvrage publié d'après le MS original, entièrement refondu, corrigé, annoté, mis au point des recherches les plus récentes, avec une introduction et des appendices par Henri d'Arles, Québec, J.-A.-K. Laflamme, Boston, Marlier Publishing Co., 1916, vol. I, XXXII, 418 p., [1918], vol. II, XVI, 504 p., 1921, vol. III, VIII, 547 p.

Robichaud, Donat, *Les Robichaud: histoire et généalogie,* Bathurst, Séminaire St-Charles, [1968], 264 p.

Roy, Camille, *Histoire de la littérature canadienne,* Québec, Imprimerie de l'Action sociale, 1930, 310 p.; p. 77: "Pascal Poirier".

Rumilly, Robert, *Histoire des Acadiens,* Montréal, [édité par l'auteur, 1955], 2 vol. [pagination continue], 552, 1 038 p.

Thorpe, F.J., art. "Franquet, Louis", dans *Dictionnaire biographique du Canada,* vol. III (de 1741 à 1770), Québec, Les Presses de l'université Laval, [1974], p. 245-248.

Trudel, Marcel, *Histoire de la Nouvelle-France,* t. II: *Le Comptoir, 1604-1627,* Montréal, Fides, [1966], XLIX, 554 p.

Warburton, A.B., *A History of Prince Edward Island,* St. John, Barnes & Co. Ltd., 1923, 494 p.

b) dans des périodiques:

Arbour, Roméo, *"Le Théâtre de Neptune* de Marc Lescarbot", dans *le Théâtre canadien-français,* (Archives des lettres canadiennes, t. V), Montréal, Fides, 1976, p. 21-31.

Arcand, Pierre-André, "La Sagouine de Moncton à Montréal", dans *Études françaises,* vol. 10, no 2, mai 1974, p. 193-199.

Baudry, Ubalde, "J.-H. Blanchard de l'île du Prince-Édouard", dans *Vie française,* vol. 22, nos 9-10, mai-juin 1968, p. 227-229.

Bégin, Émile, "N.-P. Landry. *Poèmes de mon pays",* dans *la Revue de l'université Laval,* vol. 7, no 6, février 1953, p. 567.

Bertrand, Théophile, *"L'Enfant noir",* dans *Lectures,* t. 7, décembre 1950, p. 199-200.

Bérubé, Adrien, "Thomas Albert et la République du Madawaska", dans *le Brayon,* vol. 8, no 1, janvier-mars 1980, p. 10-13.

Bonenfant, Jean-Charles, "Donat Coste, *L'Enfant noir",* dans *Culture,* vol. 11, no 4, décembre 1950, p. 455-456.

Bourassa, Napoléon, *Jacques et Marie. Souvenir d'un peuple dispersé,* en feuilleton, dans *la Revue canadienne,* juillet 1865 - août 1866.

Cormier, Charlotte, "Situation de la recherche en folklore acadien", dans *les Cahiers de la Société historique acadienne,* vol. 6, no 3, septembre 1975, p. 138-146.

David, Albert, "Le Judas de l'Acadie", dans *la Revue de l'Université d'Ottawa,* 3e année, 1933, p. 492-513 et 4e année, 1934, p. 22-35.

Désilets, Alphonse, "Les Poèmes de mon pays", dans *Vie française,* vol. 4, no 5, janvier-février 1950, p. 278-279.

Émont, Bernard, "Marc Lescarbot, premier poète de l'Acadie et de la Nouvelle France", dans *la Revue de l'Université de Moncton,* 7e année, no 2, mai 1974, p. 93-117.

Groulx, Lionel, "Daigle, L.-Cyriaque, *Histoire de Saint-Louis-de-Kent",* dans *Revue d'histoire de l'Amérique française,* vol. 3, no 2, septembre 1949, p. 275-277.

Jolicoeur, Catherine, "Légendes en Acadie", dans *Si Que 3,* Études françaises, Université de Moncton, automne 1978, p. 39-50.

Lacerte, Roger, "État des recherches sur la presse française en Acadie", dans *les Cahiers de la Société historique acadienne,* vol. 6, no 1, mars 1975, p. 25-42.

————, "La Tradition théâtrale en Acadie", dans *Revue de l'Université de Moncton,* vol. 11, no 2, mai 1978, p. 119-128.

Laurent, Albert, *"Les Splendides Têtus.* Roman acadien", dans *Supplément de l'"Action paroissiale",* vol. 4, nos 1-7, 1939.

Mailhot, Raymond, "La Chanson folklorique acadienne: analyse quantitative de thèmes", dans *Revue d'histoire de la Société historique Nicolas Denys,* vol. 2, no 2, mars-mai 1975, p. 18-27.

Maillet, Marguerite, "La Littérature acadienne de 1874 à 1960: état de la recherche", dans *Revue de l'Université de Moncton,* vol. 11, no 2, mai 1978, p. 53-67.

Malchelosse, Gérard, "Henry-Wadsworth Longfellow", dans *la Revue acadienne,* 1ère année, no 1, janvier 1917, p. 14-17.

Masson, Alain, "Étranglement, étalement", dans *Si Que...,* Université de Moncton, 7e année, no 2, mai 1974, p. 165-195.

Morin, Louis, "Landry (N.P.), *Poèmes de mon pays",* dans *Lectures,* vol. 9, janvier 1953, p. 217.

Pichette, Robert, "Prudent L. Mercure a-t-il écrit l'*Histoire du Madawaska?",* dans *Revue d'histoire de l'Amérique française,* vol. 8, no 2, septembre 1954, p. 254-257; repris dans *le Brayon,* vol. 8, no 2, juin 1980, p. 3-4.

Pilon, Jean-Guy, "Acadie 1969", dans *Liberté,* août-septembre-octobre 1969, p. 7-9.

Poulin, Gabrielle, "Cordes de bois et chaise berçante. Il n'y a pas de bessoune... sans besson", dans *Lettres québécoises,* no 9, février 1979, p. 5-7.

Sirois, Georges, "La Contribution de Prudent L. Mercure à l'histoire du Madawaska", dans *le Brayon,* vol. 8, no 2, juin 1980, p. 4-5.

Vachon, G.-André, *"Saisons antérieures",* dans *Études françaises,* vol. 10, no 2, mai 1974, p. 219-226.

————, "Primitifs canadiens", dans *Études françaises,* vol. 4, no 1, février 1978, p. 57-65.

Valilée, John E., "Prudent Mercure et l'histoire", dans *le Brayon, vol. 8, no 2, juin 1980, p. 7-9.*

Vanasse, André, "Un jupon dans les ridelles. Antonine Maillet: *Pélagie-la-Charrette",* dans *Lettres québécoises,* no 16, hiver 1979-1980, p. 13-15.

c) dans des journaux:

Andreyles, "Elle et Lui", dans *le Travailleur* [Lewiston, Me], 27 juin 1940, p. 3, col. 5.

[Anonyme], "Le 19 à Saint-Joseph", dans *le Moniteur acadien,* 24 mars 1881, p. 2, col. 2-3.

[———], "Un Acadien auteur", dans *le Moniteur acadien,* 19 juin 1889, p. 2, col. 4.

[———], "Nouvelles locales et provinciales", dans *l'Évangéline,* 27 juillet 1889, p. 3, col. 1 [à propos de Jules Lanos].

[———], "Encore ces règles à l'Index", dans *le Moniteur acadien,* 15 juin 1897, p. 2, col. 4 [à propos de *l'École aux apparitions mystérieuses,* de Ph.-F. Bourgeois].

[———], "La Fête nationale au Petit-Rocher, N.-B.", dans *l'Évangéline,* 5 septembre 1901, p. 1, col. 7-8.

[———], "Nos feuilletons", dans *l'Impartial,* 21 janvier 1904, p. 4, col. 1 [à propos de Paul, auteur de *Placide, l'homme mystérieux*].

[———], "Une lettre de Paul", dans *l'Impartial,* 22 janvier 1904, p. 4, col. 1.

[———], "Prenez patience chers lecteurs", dans *l'Impartial,* 23 août 1906, p. 2, col. 1 [à propos de *Placide, l'homme mystérieux*].

[———], "Patriotisme en action", dans *le Moniteur acadien,* 12 janvier 1911, p. 1, col. 2 [à propos de l'oeuvre d'A.-T. Bourque].

[———], "Clôture de l'année scolaire, au couvent de l'Immaculée-Conception, Bouctouche, N.-B.", dans *l'Évangéline,* 19 juillet 1916, p. 1, col. 6-7.

[———], "Sir Pierre-A. Landry et M. Ferdinand Robidoux", dans *le Moniteur acadien,* 26 juillet 1917, p. 1, col. 1-2.

[———], "Mort de Firmin Picard, Z.P.", dans *l'Évangéline,* 29 mai 1918, p. 8, col. 2.

[———], "Société historique et littéraire acadienne", dans *l'Évangéline,* 21 mars 1929, p. 7, col. 3-5.

[———], "Pièces canadiennes, par James Branch", dans *l'Évangéline,* 4 avril 1929, p. 8, col. 4.

[———], "La Fête du révérend père Supérieur au collège Sainte-Anne. Séance dramatique: la Dispersion des Acadiens", dans *l'Évangéline,* 1er mai 1930, p. 3, col. 1-3.

[———], "La Drame acadien de M. Branch obtient un beau succès hier soir", dans *l'Évangéline,* 8 août 1932, p. 1, col. 3.

[———], "La Séance de Paquetville un triomphe", dans *l'Évangéline*, 10 août 1932, p. 5, col. 3-5.

[———], "L'Étrange Odyssée d'un jeune écrivain acadien. Daniel Boudreau, né à Petit-Rocher, est en train de se tailler une position enviable dans le monde des lettres", dans *l'Évangéline*, 21 juillet 1949, p. 4, col. 1-4.

[———], "Eddy Boudreau meurt à Québec à l'âge de 40 ans", dans *l'Évangéline*, 14 avril 1954, p. 2, col. 6-7.

[Christy, Christo], "À la douce mémoire de Eddy Boudreau", dans *l'Évangéline*, 4 mai 1954, p. 4, col. 5-8, p. 5, col. 5.

Cousineau, Louise, "Donat Coste est mort. Il n'avait plus la force de combattre", dans *le Petit Journal*, 5 mai 1957, p. 49, col. 1-5.

Daigle, Euclide, "Ami et collaborateur", dans *l'Évangéline*, 15 avril 1954, p. 4, [éditorial].

Désilets, Alphonse, "Les Poèmes de mon pays", dans *l'Évangéline*, 25 novembre 1949, p. 3, col. 4-5.

Després-Péronnet, Louise et Catherine Phlipponneau, "Ce qu'on dit d'Antonine Maillet. *Pélagie-la-Charrette* et le Goncourt", dans *le Voilier*, 2 avril 1980, p. 24, col. 1-6.

Grandpré, Pierre de, "Alan Horic - Ronald Després", dans *le Devoir*, 24 mai 1958, p. 11, col. 3-6.

Groulx, Lionel, "Landry, Abbé, N.-P., *Poèmes de mon pays*", dans *Revue d'histoire de l'Amérique française*, vol. 3, septembre 1949, p. 279.

Lagardère, Martin, "Louis Haché: la rigueur de l'histoire au service de l'imagination du poète", dans *l'Évangéline*, 13 juillet 1979, p. 35, col. 1-6.

Landry, Valentin, "Mémoire sur la presse acadienne", dans *l'Impartial*, 1er septembre 1908, p. 2, col. 2-4.

[Le Doré, Ange], "*Les Français du sud-ouest de la Nouvelle-Écosse.* Le Père Sigogne, 1er apôtre de la baie Sainte-Marie", dans *le Moniteur acadien*, 20 avril 1905, p. 6, col. 2-5, et dans *l'Évangéline*, 20 avril 1905, p. 2, col. 2-5.

L.-M., J. de, "En marge des fêtes nationales à Saint-Basile de Madawaska", dans *l'Évangéline*, 6 septembre 1934, p. 3, col. 4-5 [à propos du *Drame du peuple acadien*, de J.-B. Jégo].

Marcotte, Gilles, "*L'Enfant noir*", dans *le Devoir*, 30 septembre 1950, p. 6, col. 2-3.

———, "Jeune Poésie canadienne-française", dans *la Presse*, 27 avril 1963, p. 7 [à propos de la poésie de Ronald Després].

Poirier, Réjean, "Une interview exclusive de Laval Goupil, auteur, metteur en scène, et interprète principal", dans *l'Évangéline,* 25 janvier 1974, p. 14, col. 1-6.

Roy, Alfred, "Des Mémoires", dans *l'Évangéline,* 8 novembre 1928, p. 1, col. 1-2 [à propos du livre d'Onésiphore Turgeon].

Thériault, William "Jules Boudreau. Dépeindre autre chose que la déportation", dans le supplément de *l'Évangéline,* "Il était une fois... un salon du livre à Shippagan", 1er février 1979, p. 8, col. 3-6.

B. Études manuscrites

a) lettres:

Chiasson, Patrice, à Placide Gaudet, Chatham, 13 mars 1922, CEA, fonds Placide-Gaudet, 1.77-3 [à propos d'Édouard Richard].

Doucet, Stanislas, à Valentin Landry, Grand'Anse, 11 août 1890, CEA, fonds Valentin-Landry, 7.1-5 [à propos des journaux acadiens].

Geoffrion, Louis-Philippe, à Ferdinand-J. Robidoux, Québec, 11 octobre 1928, CEA, fonds Ferdinand-J.-Robidoux, 4.5-10 [à propos du *Parler franco-acadien et ses origines,* de Pascal Poirier].

Hubert, Paul, à Ferdinand-J. Robidoux, Rimouski, 16 février 1929, CEA, fonds Ferdinand-J.-Robidoux, 4.1-6 [à propos du *Parler franco-acadien et ses origines,* de Pascal Poirier].

Landry, Albert, à Placide Gaudet, Cape-Bald, 23 septembre 1918, CEA, fonds Placide-Gaudet, 1.75-6. [à propos des monographies paroissiales].

Lauvrière, Émile, à Ferdinand-J. Robidoux, Paris, 18 octobre 1928, CEA, fonds Pascal-Poirier, 6.1-9 [à propos du *Parler franco-acadien et ses origines,* de Pascal Poirier].

———, à Antoine-J. Léger, Paris, 17 février 1939, CEA, fonds Émile-Lauvrière, 21.3-7 [à propos du premier roman d'A.-J. Léger].

Piana, Antoine, à Dom Pacôme Gaboury, Rogersville, 27 octobre 1919, CEA, fonds Mgr Marcel-François-Richard, 8.4-8 [à propos du manuscrit de Fr. M. Gildas: *Mgr M.-F. Richard*].

Richard, Édouard, à Valentin Landry, Arthabaskaville, 16 novembre 1895, CEA, fonds Valentin-Landry, 7.1-8 [à propos de Firmin Picard].

Roy, Camille, à Ferdinand-J. Robidoux, Québec, 9 février 1929, CEA, fonds Ferdinand-J.-Robidoux, 4.1-6 [à propos du *Parler franco-acadien et ses origines,* de Pascal Poirier].

b) textes divers:

Fohy-Saint-Hilaire, Madeleine, "Eddy Boudreau: le poète de la douleur", CEA, fonds Eddy-Boudreau, 32.1-7, p. 1.

Harpe, Charles-E., *"Vers le triomphe"*, CEA, fonds Eddy-Boudreau, 32.1-8, p. 21.

Lauvrière, Émile, "Le Parler acadien", CEA, fonds Ferdinand-J.-Robidoux, 4.5-8.

Lockwell, Clément, "Eddy Boudreau, prosateur et poète de la douleur", CEA, fonds Eddy-Boudreau, 32.1-8, p. 27.

Vachon, Suzanne, "Eddy Boudreau et son livre", CEA, fonds Eddy-Boudreau, 32.1-8, p. 15.

III. THÈSES

Beaulieu, Gérard, *Pascal Poirier, premier sénateur acadien 1852-1933*, thèse, M.A., Université d'Ottawa, 1971, 107 p.

Bédard, Mère Saint-Marc, *Bibliographie de l'oeuvre du R. Père Philias Bourgeois, c.s.c., ... précédée d'une biographie*, thèse, Saint-Léonard, N.-B., 1964, 98 p.

Chiasson, Laurentine, *Valentin Landry (1844-1919), patriote de la Renaissance acadienne*, thèse, M.A., Shippagan, 1974, 98 p.

Doucet, Yolande, *Bibliographie de l'oeuvre de Pascal Poirier, premier sénateur acadien*, travail présenté à l'École de bibliothéconomie, Université de Montréal, 1941, 39 p.

Émont, Bernard, *Les Muses de la Nouvelle France de Marc Lescarbot. Édition critique*, thèse, D. 3e cycle, Université de Bordeaux, 1975, 332 p.

Lacoursière, M.-A., *Bio-bibliographie de M. l'abbé Joseph-Fidèle Raîche*, École des biblothécaires, Université de Montréal, 1946, 24 p.

LeBlanc, Phyllis, *Le Courrier des provinces Maritimes et son influence sur la société acadienne (1885-1903)*, thèse, M.A., Université de Moncton, 1978, 115 p.

Mailhot, Raymond, *La "Renaissance acadienne" (1864-1888): l'interprétation traditionnelle et "le Moniteur acadien"*, thèse, D.E.S., Université de Montréal, 1969, 177 p.

———, *Prise de conscience collective acadienne au Nouveau-Brunswick, 1860-1891, et comportement de la majorité anglophone*, thèse, Ph.D., Université de Montréal, 1973, 486 p.

Maillet, Cécile, *Antoine-J. Léger, premier romancier acadien*, thèse, M.A., Québec, Université Laval, 1966, XIV, 111 p.

Richard, Camille-Antoine, *L'Idéologie de la première convention nationale*, thèse, M.A., Université Laval, 1960, 124 p.

IV. AUTRES OUVRAGES CITÉS

a) volumes:

Carrière, Gaston, art. "Lortie, Albert", dans *Dictionnaire biographique des Oblats de Marie-Immaculée au Canada*, t. II, Ottawa, Éditions de l'Université d'Ottawa, 1977, p. 333-334.

Harvey, Jean-Charles, *Les Demi-civilisés*, Montréal, L'Actuelle, [1970], 197 p.

Inventaire général des sources documentaires sur les Acadiens, par le Centre d'études acadiennes de l'Université de Moncton, Moncton, Éditions d'Acadie, 1975, t. I, 526 p., t. II: *Bibliographie acadienne*, [1977], 463 p.

St-Coeur, J.-L.-P. et Clarence-F. Cormier, *Chants populaires des Acadiens*, sous la direction de ..., [s.l.], La Société l'Assomption, 1916, 52 p.

Thomas, Adolphe-V., *Dictionnaire des difficultés de la langue française*, Paris, Librairie Larousse, [1956], 435 p.

Vachon, Georges-André, "Le Domaine littéraire québécois en perspective cavalière", dans *Histoire de la littérature française du Québec*, de Pierre de Grandpré, t. I, Montréal, Librairie Beauchemin Ltée, 1967, p. 27-33.

b) articles:

[Anonyme], "Le Presbytère de la Pointe-de-l'Église réduit en cendres", dans *l'Évangéline*, 16 novembre 1893, p. 2, col. 3-4.

[———], "Un collège français", dans *l'Impartial*, 21 janvier 1904, p. 4, col. 2-3.

[———], "À propos d'un collège français", dans *l'Impartial*, 21 janvier 1904, p. 5, col. 1-2.

[———], "Feu Gilbert Buote", dans *l'Impartial*, 28 juillet 1904, p. 4, col. 2-3.

[———], "Les Voyageurs du *Devoir* sont reçus avec enthousiasme en Acadie", dans *l'Évangéline*, 18 août 1927, p. 6, col. 1-5.

[———], "Décès du R.P. Albert Lortie, o.m.i.", dans *le Devoir*, 26 septembre 1942, p. 3, col. 4.

Dupire, Louis, "Les Voyageurs du *Devoir* à Louisbourg, à Sydney, à Descousse, à Grand-Pré et à Memramcook", dans *l'Évangéline,* 25 août 1927, p. 10, col. 1-3.

c) lettres:

Lefebvre, Camille, à Pascal Poirier, Memramcook, 4 mai 1872, CEA, fonds Pascal-Poirier, 6.1-1.

———, à Pascal Poirier, Memramcook, 27 décembre 1873, CEA, fonds Pascal-Poirier, 6.1-1.

Rameau, de Saint-Père, Edmé, à Pascal Poirier, [s.l.n.d.], CEA, fonds Rameau-de-Saint-Père, 2.1-35.

INDEX DES NOMS DE PERSONNES*

TABLE DES MATIÈRES

Achevé d'imprimer
en décembre mil neuf cent quatre-vingt-trois
sur les presses de l'Imprimerie Gagné Ltée
Louiseville - Montréal.
Imprimé au Canada